湛庐CHEERS

与最聪明的人共同进化

HERE COMES EVERYBODY

助推2.0

HOW CHANGE HAPPENS

[美]卡斯・R. 桑斯坦 著
Cass R. Sunstein

倖绪娴 孙梁 李井奎 译

四川人民出版社

测一测

你了解助推吗？

扫码鉴别正版图书
获取您的专属福利

扫码获取全部测试题及答案，
测一测你了解助推吗

- 自助餐厅里食品的摆放方式会影响人们的选择。这是真的吗？

  A. 真

  B. 假

- 人类有两种思维方式，直觉思维系统和理性思维系统，这是真的吗？

  A. 真

  B. 假

- 人们在大多数情况下会接受默认的规则，以下哪项不是其中的原因？

  A. 人们的惯性和拖延

  B. 主动选择有风险，默认规则相对比较安全

  C. 人们无法做出自主选择

  D. 损失厌恶

我们都是表现主义的一部分。有时候，我们只是想对不公正发声，或者想站起身让旁人意识到自己的存在。这些都是高尚的动机，但任何严肃的革命家都必须常常提醒自己不要沉溺于表现自我的乐趣中。必须通过给制度带来的最终影响来检验自己的行为。

——赫伯特·西蒙（Herbert Simon）

目录

第二部分 助推的作用与局限

第 14 章　道德启发式 / 247

第 15 章　权利 / 279

第 16 章　美国的党派主义 / 295

改变是如何发生的

社会改变是如何发生的？其中一个答案是社会规范的作用，它既可能是强大的（对行为产生较大影响），也可能是脆弱的（短时间内就会坍塌）。如果规范使人们保持沉默，那么即使有人或许多人讨厌现状，或那些看似支持现状的人实际上对其漠不关心，现状也会持续下去。直到有一天，有人提出了挑战：也许是说出了皇帝并没有穿衣服的事实的那个孩子。在这个小小的挑战之后，其他人可能也会开始说出他们的想法。一旦这种情况发生，就会形成燎原之势。

我们中的大多数人，至少在某些时候，是依照自己所厌恶的规范生活的。我们可能不会去探究，因为这就像家居生活的一部分。但在内心深处，我们却可能在厌恶这些规范。可问题是，没有人能靠自己改变一项规范。诚然，我们可以挑战一项规范，但挑战是有代价的，且挑战的最终结果可能是巩固而非打破现有的规范。我们需要的是由那些明确表示不赞同这项规范的人发起运动，当达到某个临界点时就会成功；到那时，说出“我也是”几乎没有社会成本，并且也许是有益的，甚至是义务性的。

同样的动态过程也存在于一系列社会运动中，其中包括那些众所周知的政治性或社会性大事件，如法国大革命、年龄歧视和奴隶制废除等。当然，这些运动在诸多重要方面的意义是不同的，其中一些无疑是好的，而另一些难以评估，还有一些则令人深感不安。但在所有这些事件中，被压抑的信仰、价值观和愤怒都会重获生机。一旦人们行动起来，改变将不可避免。

预测这些社会运动很困难，甚至是不可能的。其中一个主要原因是人们会掩饰自己的偏好，同一社会中的个体并不知道彼此的真实想法。存在偏好掩饰的情况正是释放社会改变信号的恰当时机，但又因为偏好是经过掩饰的，所以很少有人能意识到这个事实。

另一个原因是社会互动的首要性。要使改变发生，需要通过互动在适当的时间和地点产生一种日益强烈的认识，即现有的规范是脆弱的。这种认识可能会出现，也可能不会出现。机缘巧合可能至关重要：谁在恰当的时候与谁进行了交谈？报纸在恰当的时候报道了什么？谁又在恰当的时机转发了什么？

科幻作家往往喜欢探索“反事实历史”(counterfactual history)：南方赢得了美国南北战争，约翰·肯尼迪没有遇刺，唐纳德·特朗普决定使自己的房地产事业再上新台阶而不是竞选总统。在他们看来，最有趣的是强调反事实历史引发了巨大改变这一过程中的小转变(或助推)。他们让人们相信，只要稍加推动或拉动，整个社会最终可能会变得截然不同。

但历史不能重演，我们不知道什么时候才是真理时刻，但我们确实在短时间内看到了巨大的转变。如果对导致这些转变的机制有所了解，我们可能会重新意识到，现在认为理所当然的事情在多大程度上并非完全是命中注定的，以及如何在适当的时候施加一点助力，未来几十年可能就会走上完全不同的道路。

本书共有 16 章。虽然并未构成一个整体的叙述，但它们之间是存在联系的。这种联系在于将行为科学的发现与法律和政策中的长期问题结合起来，并努力向人们阐释：看似微小的扰动往往可以引发巨大的变化。本书的前 3 章探讨了社会规范的力量、社会级联效应（social cascades）的重要性、群体极化现象以及法律的表达功能。我要强调的是，在多数情况下，人们的思想得到了解放，不管这是好还是坏；而在其他情况下，一些非常不同的事情发生了，因为人们最终持有了他们以前不会持有的观点。这一部分的主题是从不可言说甚至不可想象的观点向传统观念转变（反之亦然）。

第 4 章到第 11 章探讨了“助推”作为改变工具的优势和局限性。这里的问题是，公共或私营机构如何通过看似微小的步骤改变甚至“放纵”人们的行为。

助推是一种保留选择的干预措施，由行为科学提供信息，可以极大地影响人们的选择。助推并不是什么新鲜事物。在《创世记》中，上帝轻轻地说：“你可以随意吃园中所有树上的果子；唯独分辨善恶树上的果子，你不可以吃，因为你吃的那天就是你的忌日。”蛇也是一个助推者：“上帝知道，当你吃它的时候，你的眼睛会睁开，你将像上帝一样知道善恶。”上帝和蛇以威胁、承诺，以及一种独特的架构，维护了选择的自由。

近年来，政府官员在助推项目方面开始变得训练有素起来，他们往往会借鉴最新的行为科学研究成果。有时他们会跨过助推，征集关于人为错误的调查结果，包括“现状偏差”（present bias）和不切实际的乐观主义，以证明授权和禁令（或征税）是合理的。在这里，我会尝试探讨当前最紧迫的话题，这些话题在法律、经济和政治哲学等多个领域引发了深刻的问题。例如：评估助推的标准是什么？我们该往哪边助推？什么时候助推会失败？当助推失败时，我们应该怎么做？助推是否合乎道德？人们控制自己命运的欲望又如何呢？

在回答这些问题的过程中，我强调了两个相互矛盾的要点。第一个要点涉及人的主观能动性的重要性。人们常说：不要告诉我什么事不能做！这是人们发自内心的呼唤，表明人们重视自己控制生命进程的能力，应该被理解、欣赏和珍惜。

第二个要点涉及合法使用强制手段。在某些情况下，授权或禁令是合理的，至少在我们关心人类福祉的情况下是这样。如美国的反式脂肪禁用令、社会保障项目、能效要求及香烟税。在过去的 10 年里，助推一直是行为科学应用领域讨论的主题。鉴于自由和能动性的重要性，这没什么好抱怨的。但是，如果我们真的关心人类福祉就会发现，我们正处于更认真地思考更激进的工具和定义这些工具在何种情况下更有意义的早期阶段。

第 12 章到第 16 章探讨了公共政策、行为科学和政治哲学领域的交叉问题。我认为，透明度通常是至关重要的，因为它促进了问责制，也允许人们获得可以用来改善自己生活的信息。透明度可以起到极大的助推作用，并且往往会推动社会改变。

我认为，在许多国家流行的预警原则（Precautionary Principle）是一种概念上的混淆，因为它禁止了预警原则所要求的关键步骤，而我们可以通过参考行为科学的研究成果来更好地理解它的流行及其表面上的混乱。或许最具争议的是，我建议最好将对人权的一些思考理解为“道德启发式”（moral heuristics）的产物，即简单的经验法则。这通常是明智的，也是获得人类福祉这一最重要事物的一种天然方式。最后，我讨论了美国“党派主义”的兴起。在某些方面，党派主义是社会改变的一大障碍，尤其是在国家立法层面。但是，正如我们将看到的，探索出一条有希望的前进之路仍然是有可能的。

HOW CHANGE HAPPENS

第一部分

社会规范与价值

第 1 章

社会规范的力量

20世纪80年代末，我在哥伦比亚大学法学院担任客座教授时，有一次在办公室附近的走廊上撞见一个法律系的女学生和一个年长的男教授正在交谈。我惊讶地发现教授竟然在摩挲女学生的头发，我确信有一瞬间我看到她的脸因反感而扭曲，不过扭曲的神情只是一闪而过。教授离开后，我对她说："教授的做法非常不合宜，他不应该那样做。"她却不屑地说："没关系，他是个老人，这样做真的没问题。"

但30分钟后，我听到一阵敲门声。那个女学生泪眼婆娑地站在门口，哭诉道："教授总是做出那样的举动，实在是太可怕了。我男朋友认为我应该义正词严地反对，但我不想这样做，真的，我不想大惊小怪。你可千万不要和教授谈论这件事，也不要告诉任何人。"

社会规范犹如枷锁，束缚了这名法律系学生的言行。尽管她讨厌教授的所作所为，感到自己被骚扰了，并且听到我的微词后，她也愿意告诉我她的真实想法，但现有的规范依然使她畏首畏尾、不敢反抗。

有趣的是，我发现社会上存在着两种针对社会规范的不同主张。第一种主张认为，当社会规范开始坍塌时，人们就会得到解放，即人们可以自由地表达自己的信仰和偏好，谈论过去难以启齿的经历，随心所欲地交往和生活。当然，旁观者在这个解放过程中起着重要作用。新的社会规范及相关法律可能会将人们的信仰、偏好和价值观展露于世人面前。这一发现是振奋人心的。它还可用于解释 20 世纪 60 年代的民权运动、女权运动、残疾人权利运动和反堕胎运动。

第二种主张认为，社会规范的修订有助于构建新的偏好和价值观。新的规范及相关法律有助于催生不同于以往的信仰、偏好和价值观。在这个过程中，人们不是被解放了，而是被改变了。禁烟运动和安全带的推行就是最好的例证。

就第一种人们得到解放的情境而言，当某些规范生效时，人们会掩饰自己的偏好或保持沉默。因此，陌生人甚至朋友和家人可能都无法了解他们的真实偏好。[1] 某些拥有特定政治或宗教信仰的人索性三缄其口。一旦社会规范得到修订，人们便会重拾先前被压抑的偏好和价值观。曾经遮遮掩掩的想法，如今可以大方地谈论；曾经不敢妄想之事，转眼成为现实。

上述观点可以解释前例中女学生被性骚扰一事：女性不喜欢甚至十分厌恶被骚扰，因此修改旧有社会规范对于鼓励她们勇敢表达自己的情感和信仰来说至关重要。[2] 显然，法律在维护既有社会规范或加快其修订进程方面经常发挥着重要作用。[3] 禁止性骚扰的司法规范之所以重要，部分原因就在于它有助于纠正陋习。[4] 正如选举新的领导人或颁布新的法案往往传递出一个关键的甚至是变革性的信号一样，它为人们提供了关于他人想法的信息。[5] 又由于人们会受到自认为的他人想法的影响，因此一旦人们接收到这个信号，社会规范的变迁便应运而生。[6]

但是一些规范的修订及相关法律并不能使人们得到解放。随着规范被修订，人们开始持有或假装持有他们从未有过的偏好和价值观。规范的修订及相关的法律改革并不能释放被压抑的欲望，它们只是催生了新的欲望，或者至少是与新的欲望一致的言行。

政治正确的影响

现在来看看“政治正确”（political correctness）这一概念。在美国，政治正确指的是“左倾”的社会规范，它严禁人们表达与左派正统观点相悖的观点，从而使一部分人噤若寒蝉。政治正确意味着人们不能吐露自己的心声，他们犹如被锁入某种“密室”。“密室”这一术语应被视为试图与现有规范作斗争的一种努力。此术语的巧妙之处在于，它将那些遵循现行观点的人视作懦弱的墨守成规者，而不是不畏艰难困苦实现道德准则变革的勇士。[7]“政治正确”在现实中屡见不鲜。在美国的许多大学校园里，那些持右倾观点的人不再言论自由，他们学会了保持缄默以明哲保身。这是多么可怕的事情：他们被束缚住了。若置身于其他的社会规范中，他们则能说出自己的真实想法。因此，有时他们的朋友和同事会感到惊讶，甚至震惊：“他真的这么认为吗？我不知道。”

在美国的教育领域，政治正确带来的一个问题是左派学生并不清楚社区内意见的真实分布情况，因为他们可能误以为每个人都与自己无异，都保持左派立场。政治正确带来的另一个问题是人们越来越难以从差异化的见解中相互借鉴和学习。但是当人们勇于表达真实想法时，情况或许会发生明显的变化。20 世纪 80 年代初，我在芝加哥大学法学院任教，当时一群优秀的学生创建了联邦党人学会（Federalist Society），这是一个致力于探索和捍卫以保守立场看待美国法律制度的组织。联邦党人学会对美国的政治和法律生活产生了巨大的影响，因为它创建了一个论坛或者说一方净土，人们可以在那里畅所欲言。

但是，无论是左派还是右派，政治正确的触角都超越了对观点的压制。它还试图重建人们的偏好和价值观，使某些观点变得不可思议，无论这种做法对社会而言是利还是弊。如果某些观点超出了政治正确的范围，人们便不再说下去。最终，这些观点可能再无人问津。这是耸人听闻吗？有时是，但也未必。

> 源于沙特阿拉伯的一项惊人的研究揭示了政治正确力量的强大。沙特阿拉伯仍然延续着“监护权”的习俗，丈夫对妻子是否能外出务工享有最终决定权。绝大多数年轻的已婚男性私下支持女性进入劳动力市场。但是他们对大众观点的预估出现了明显的偏差，他们误以为其他男性都不希望女性进入劳动力市场。当研究人员随机选择部分年轻男性并纠正了其看法后，他们变得更愿意让妻子参加工作。对部分年轻丈夫的信念的干预对妻子的生活产生了重大影响。4个月后，该研究中受到干预的男性的妻子更有可能会去申请和面试一份工作。[8]

对这项研究的最好解读是社会规范的存在使沙特阿拉伯男性在某种意义上受到了束缚，他们的妻子也因此受到了禁锢。大多数年轻人私下支持女性进入劳动力市场，但即使是对自己的妻子，也只有在获悉其他年轻人的想法与自己不谋而合后，他们才会勇敢地表达自己的观点。客观地说，在研究人员揭示了年轻男性的真实想法后，男性和女性最终都变得更加自由了。

社会规范的修订

明确规范的修订究竟是可以让人们自由地表达自己的想法，还是构建出了新的偏好和价值观，这重要吗？对于理解社会现象而言，这当然重要。如果偏好和价值观被隐藏起来，那么急剧的社会变迁便可能出乎意料地发生。[9] 当人们对自己的偏好或价值观闭口不谈或选择掩饰时，其他人便很难知道其真实偏好。一旦人们隐藏自己的偏好，局外人往往无法轻易识别。如果人们对现状敢怒而不敢言，且一旦现行的社会规范遭到冲击和挑战便立即转变态度，那么他们的行为突然发生非常大的转变也是可能的，尽管无人能预测社会改变何时会来临。[10]

形成反性别歧视和反性骚扰的社会氛围就是一个例证（我们很难说性别歧视和性骚扰都已消失）。允许或鼓励歧视变性人的社会规范的局部坍塌也是一个例证：对于许多变性人来说，其效果是不再沉默或掩饰偏好。

当社会规范的修订促进新的偏好和信仰形成时，社会习俗也可能会迅速变迁，但这与上述机制有所不同。推动这种改变的人不会试图颠覆人们既有的偏好、信仰和价值观。随着社会规范的转变，人们不是放弃了原有需求，而是受新兴规范的影响萌发了全新的思想和感情，或者至少假装如此。[11]

除了以上两种情形，应该还存在着一种折中的情况。人们并未持有为社会规范所不容的先验偏好，但他们的脑海中始终回荡着一个不甘但不被重视的声音，人们只是觉得何必费心聆听心底的呐喊呢？但是随着社会规范的转变，人们的态度也发生了转变："也许它在试图告诉我一些重要的事情，或者是一些可以唤醒我的真实感受和信仰的事情。"在此情形中，个人的情感一定会出现转折，经此转折，心底的答案变得更清晰且笃定，人们的言行也随之改变。

虽然我引用的例子大多与歧视有关，但这套逻辑的适用范围很广，例如：吸烟、系安全带、饮酒、使用绿色能源、购买有机食品、善解人意[12]、素食主义者、使用新语言[13]等。在这些情况下，先前的规范约束了人们的先验偏好，新规范则将人们解放了出来，或促进了新偏好的形成（至少使人们表现出新的偏好)。在上述情况下，规范的修订会以惊人的速度引起包括社会及相关法律改革在内的大规模变化。

偏好掩饰与规范倡导者

让我们从政治理论家乔恩·埃尔斯特（Jon Elster）提供的一个合乎直觉的观点谈起，他强调：“社会规范同样作用于其他人，某种程度上可以说它是由人们的赞同或反对意见构成的。一个人因违反社会规范而遭受的尴尬、焦虑、内疚和羞耻感也在支撑着社会规范体系。”[14] 埃尔斯特提出的这 4 种情绪值得注意，但尴尬、焦虑、内疚和羞耻感的含义各不相同。哥伦比亚大学法学院的那名学生同时产生了这 4 种情绪。在性骚扰案例中，这种情形并不鲜见。

由于违反社会规范会使人产生尴尬、内疚等负面情绪，从这个意义上说，与征税一样，它们或多或少会让违规者付出代价。[15] 然而有一点值得注意，有些人天生便是或后天会变为叛逆者，对他们而言，蔑视和打破社会规范可能会带来益处而不是代价。后面我会阐述这类叛逆者的重要性。

举一个简单且普遍的例子，被歧视者拥有先验偏好，而社会规范阻止他们表现出这种倾向。正如那位法律系学生最初明确表示她不反对教授的行为那样，人们可能会掩饰偏好。因此，被歧视者就像戏剧演员背诵台词一样，按照人们的期望生活。这种情况常常发生在遭到性别或种族歧视的人身上。被歧视者诉求的合法化使他们得以挣脱思想的牢笼，回忆一下对女性进入劳动力市场没有异议的沙特阿拉伯年轻男性的做法便知事实确实如此。

在这种情况下，出现声势浩大的社会改变是很有可能的。假设一个族群中有许多人反对歧视，但迫于现有的规范而不敢声张，同时我们还假设反对现行规范的人响应反对呼声的心理阈值不同。若只有一个人挑战或公然对抗规范，则仅有少数人会呼应他；如果有一小部分人挑战或公然对抗规范，则更多的人会效仿；如果不只少数人挑战或公然对抗规范，那么便会激励更多人勇敢抗争；以此类推。在适当的条件和阈值分布情况下，星星之火可以燎原，并最终摧毁原有的社会规范。[16]

在这方面，私营或公共机构的规范倡导者发挥着重要作用，他们反对并试图改变现行规范。[17] 规范倡导者会将公众的注意力引至他们认为的现行规范中愚蠢、造作或具有入侵性和丑陋性的部分。他们可能认为，许多或大多数人私下也反对现有规范，从而减少多数无知（pluralistic ignorance），即对大多数人的真实想法的无知。[18] 他们向大家讲述着自身的经历。那些仅仅为了违反规范，以及拒绝按照规范行事的规范破坏者，不一定会成为规范倡导者。这取决于他们是希望引发某种社会改变，还是为了独善其身，只做他们想做的事。

如果社会机制向规范倡导者期望的方向转变，他们的努力便可能是卓有成效的。规范倡导者不仅表达了自身冲破规范的愿望，也传递出普遍潜藏于人们心中的反对声音。“沉默的大多数”可能是用以描述这种反抗精神的一个有效且精确的概念。重要的是，规范倡导者也可能会改变遵守规范的社会意义：一旦他们取得成功，遵守规范的行为可能就变成了令人叹惜的毫无主见的表现，而那些公然对抗规范的人则成了英勇无畏、正直坚毅的象征。

从开始对抗到社会规范的坍塌

值得强调的是，社会初始状态和关键节点上的社会惯性、阻力或参与程度的不同，决定了社会改变是否会发生。假设一个社会长期以来都是重男轻女的，而其中许多人对这个规范深恶痛绝，也有些人仅仅是讨厌或不在意它，还有部分人倾向于支持重男轻女，另一部分人则是其坚定的拥趸。在该社会中，如果规范倡导者公开对抗这种规范，并且呼声传达到了呼应阈值相对较低的人群，反对浪潮就会如滚雪球般增加。同时如果反对意见越来越多，且最终传播至呼应阈值相对较高的人群，那么旧有的社会规范便可能会迅速坍塌。但是，如果早期的公开对抗之声几不可闻，或者如果它只被传达给了那些呼应阈值相对较高的人，结局将惨淡收场，原有社会规范甚至不会发生丝毫改变。

上述情形是两种极端情况。我们很容易便能想象出一种中间的情景，其中的社会规范正在缓慢而平稳地趋于灭亡，或者正遭受冲击但苟延残喘。正是由于这个原因，初始条件相似的社会可以趋于多个不同的均衡状态。我们可将其理解为由截然不同的社会规范形成的稳态。某些社会的人员流动很频繁，其他社会则不是。某些社会的人可能喜爱饮酒，其他社会则不然。

基于以上事实，人们很容易认为，正是由于规范有别，社会之间才截然不同，而且人们还坚持认为不同社会之间存在着根本的文化差异。但这种想法可能是一种错觉，人们没有意识到一些小的社会影响、冲击或随机事件才是导致某种社会规范延续或解体的原因。历史会捉弄人，但因为它无法重演，因此我们无法参透其中的招数。

社会级联效应

关于社会影响力的几项有趣的研究涉及了信息和声誉“级联”(cascades)，这种研究显然与社会规范的修订及最终的法律改革相关。[19]

信息级联（informational cascades）往往是由缺乏大量非公开信息的个体（甚至有时他们拥有这些信息）密切关注他人的言辞或行为所蕴含的信息开始的。如果 A 不确定转基因食品是否有害，那么当 B 认为需要警惕转基因食品时，A 也会倾向于保持戒备。如果 A 和 B 认为警惕是合理的，那么当缺乏与之抗衡的非公开信息时，C 最终可能也会对转基因食品抱有警惕心态。如果 A、B 和 C 都认为转基因食品是一个严重的问题，那么 D 将需要对转基因食品有足够的信心才能拒绝接受他们的共同结论。当大部分人仅仅因为其他人似乎相信某些事情就最终也选择相信时，级联效应便产生了。很明显，社会级联效应发生与否取决于一些看似微小的因素，如信仰的初始分布、人们公开自己想法的顺序，以及人们为了尊重他人的观点而放弃个人信念的阈值。

虽然对于社会级联效应的讨论主要与事实判断相关，但在社会规范的形成过程中也伴随着社会级联效应，我们可以很容易联想到基于信息或其他因素的规范级联，这对法律改革有很好的促进作用。[20] 某些社会级联效应可能是信息的产物，而某些可能与价值观有关。在这种情况下，许多缺乏独立而坚定的信念的人最终可能会跟随他人做判断。社会公众对吸烟、饮酒、气候变化、循环利用和性骚扰的态度转变就与这些效应密切相关。初始条件、迫于声誉压力而放弃个人信念的阈值，以及人们接触到的他人意见的微小差别，都会导致结果呈现巨大差异。

可用性启发式

可用性启发式（availability heuristic）[21]，通常在规范级联中扮演着重要角色[22]。首先必须明确一点：人们是以相关事件是否会在脑海中呈现来判断事件发生的概率的。例如，一个极端歧视案件若受到公众的广泛关注，那么人们可能会意识到或开始相信这种歧视是普遍存在的。在可用性启发式的变体中，单个事故可能演变为一件非常严肃的事件，最终影响人们对某事件发生概率的判断，甚至影响人们对道德和规范的判断。在性骚扰方面，广为传播的安妮塔·希尔（Anita Hill）指控克拉伦斯·托马斯（Clarence Thomas）性骚扰案，给 20 世纪 80 年代公众对性骚扰的看法带来了重大影响。始于 2017 年的“我也是”（Me Too）运动也是如此，包括女演员阿莉莎·米兰诺（Alyssa Milano）、阿什莉·贾德（Ashley Judd）和乌玛·瑟曼（Uma Thurman）在内的知名女性，引起了社会对众多女性面临的性骚扰或性侵犯的关注，并最终引发了世界范围内的轰动。

包括希尔和“我也是”运动成员在内的这些人扮演着可用性倡导者（availability entrepreneurs）的角色。她们渲染的这些特定事件，产生了一个包含事实或规范的可用性级联效应。

到目前为止，我们的讨论着重于阐述纯粹的信息压力和信息级联。由于人们不知道该持何种观点，所以他们关心别人的见解，根据别人的意见来判断什么样的观点才是正确的。但在规范方面，还存在着声誉压力和声誉级联效应。为了维护自身的声誉，人们选择吐露心声或保持沉默，有时甚至需要付出不能说出真实想法的代价。例如，假设 A 认为气候变化是一个极其严重的环境问题，同时 B 对此持怀疑态度，但 B 为了维护 A 的观点可能会选择保持沉默或者甚至选择同意 A。C 看到 A 赞同气候变化是一个严重的环境问题，而 B 似乎同意 A，因此即使 C 私下持反对或将信将疑的态度，也依然会表示同意。

我们很容易理解声誉压力和声誉级联在政治生活中的表现，如政治家即使私下持怀疑态度，但依然公开表达他们对持枪权利、死刑、阻止移民潮和消除歧视变性人的支持。由此可见，当许多人只是跟随其他人的立场行事时，结果便是引发朝着某一个方向发展的大规模社会运动的级联效应。

思维方式的革命

当然，尽管被歧视者往往对歧视行为持反对态度或保持沉默，我们也仍然不能简单地认为被歧视者都是这样想的。因为当歧视现象普遍存在且被社会规范默许时，被歧视者可能理所当然地认为歧视是与生俱来的。在某些情况下，他们甚至可能感觉不到自己的偏好和价值观受到了限制，人们可以适应某些由不公正的社会施加给自己的价值观。如果性骚扰的受害者发自内心地认为"这没什么大不了的"，这可能是因为坚信此事无关紧要是最让人舒服或最容易的。

我们可以参考历史学家戈登·伍德（Gordon Wood）对美国革命前殖民地时期的描述。当时"平民"被迫承认和感受他们比绅士低一等的身份，"所以那些地位低下的人……变成了所谓的'下等公民'"，并且"清楚地知道自己所处阶层的位置，当绅士们骑马时，他们就心甘情愿地选择步行；到目前为止，他们很少表现出任何强烈的改变自身状况的意愿"。[23] 在伍德的叙述中，我们"只有了解当时众多平民依然接受自己低人一等这一状况的程度有多深，才能理解这个前现代世界等级的森严"。[24]

伍德竭力主张：随着美国共和制的确立，社会规范会发生巨大改变，人们不会再接受自己的卑微。他的主张产生了一定的级联效应，但这种级联效应并不是通过唤醒人们先前存在的偏好形成的，因为过去平等的思想从未浸染过人们的内心。随着时代的发展，人们的认知发生了根本性转变。美国前总统约翰·亚当斯（John Adams）惊叹道："对君主的盲目崇拜和对傲慢贵族的卑躬屈膝，从来没有在这么短的时间内从这么多人的大脑中彻底被根除。”[25] 美国历史学家大卫·拉姆齐（David Ramsay，在美国革命战争期间被英国人俘虏）惊呼美国人已从“臣民转变为公民”，这个转变是“巨大而深刻”的，因为公民“拥有自主权，臣民仰望主人，但公民之间是如此平等，没有人拥有比其他人更优越的世袭权利”。[26] 政治家、思想家托马斯·潘恩（Thomas Paine）这样说：“我们的模式和思维方式经历了一场比一个国家的政治革命更非凡的革命。我们换了眼睛，换了耳朵，也换了思想，我们摒弃了过往。”[27]

亚当斯、拉姆齐和潘恩谈论的是全新的偏好、信仰和价值观，而不是被压抑的那些。但人们还不能完全理解新偏好产生的机制。虽然我正在研究的领域很大部分都与偏好掩饰有关，但与此同时我也会探讨适应性偏好被全新的或经过修正的社会规范转变的机制。

部分自适应偏好

事实上还存在一些中间的情形，也就是所谓的部分自适应偏好（partially adaptive preferences）。这些情形十分有趣，因为它们不仅普遍存在，而且是急速的社会改变得以壮大的沃土。

被歧视者和其他遭受不公正或被剥夺权利的人，或许并不完全接受歧视、不公正或被剥夺，但因为他们自觉难以改变现状，于是只能平静且无奈地接受这个事实。不撞南墙不回头并不有趣。在部分自适应偏好的情况下，被歧视者不会像戏剧演员一般掩饰自己的真实偏好，他们能感觉到异样，脑海中萦绕着微弱的反抗声。而关键在于他们选择摒弃心底的声音，还是试图侧耳倾听。

一旦社会规范发生改变，一些过去被压制的或者始终盘旋于心底的不成熟的信仰或价值观就可能会被激活。我们固然可以认定人们在此过程中获得了解放，但这并不像哥伦比亚大学法学院的那名学生那样简单明了，毕竟她完全明白自己想要什么。而部分自适应偏好者只是对内心的呐喊感到亲切且熟悉，因此规范倡导者的任务便是把他们从思想的桎梏中解放出来。

歧视者的偏好

到目前为止，我的注意力一直集中在“歧视”上。但是沙特阿拉伯年轻男性的案例表明，歧视者也会受到社会规范的影响。我们可以把那些基于性别和种族（或其他特征）因素而歧视他人的人划分为 4 种类型：

1. 想要歧视他人，并且规范允许他们这样做。
2. 想要歧视他人，但规范不鼓励或禁止这种行为。
3. 不想歧视他人，同时规范也肯定他们的做法。
4. 不想歧视他人，但规范鼓励或要求他们这样做。

在类型 1 和类型 3 中，偏好和规范之间没有冲突。类型 2 则是我们熟悉的情形，这里规范充当着规训和约束者的角色。需要注意的是此情境中，至少在相关规范有效的情况下，人们不会表现出歧视他人的言行。歧视者会掩饰自己的偏好，或者至少不会将其泄露，他们会假装自己并不想歧视别人。与此同时，他们可能希望至少可以改变所在社区的规范，而问题的关键在于这能否成功。为达目的，他们很可能必须集体行动。如果他们的这种有组织的活动被广泛传播，那么其目标便更有可能实现。显然，一些歧视者会公然对抗规范。

类型 4 可能是最有趣的情况。许多歧视者也会掩饰自己的偏好。正如沙特阿拉伯男性一样，即使自己并不是性别歧视者，他们也会表现出性别歧视者的样子。这在人类历史上经常发生。面对此类矛盾，他们除了公然对抗规范外是否已无计可施？

其实不然，规范倡导者也可以采取行动来修改规范。他们可以要求或呼吁立法。思考一下这个发人深省的事实：一些受美国 1964 年《民权法案》（the Civil Rights Acts）监管的餐馆和酒店实际上也在大力游说颁布该法。[28] 也许你会好奇，为什么这些公司会坚持呼吁立法来禁止种族歧视？如果他们不想歧视他人，大可以直截了当地停止歧视。他们为何还需要法律？

规范可以帮助我们找到答案。企业的固有偏好就是实现利润最大化，而实现利润最大化的最好方法是为所有愿意买单的人提供服务。因此，他们不想歧视任何人，对于他们而言歧视黑人的代价是难以承受的。但根据现行规范，如果不表现出歧视，将会招致来自本社区的敌视，他们也将为此承担高昂的代价。正如法学家劳伦斯·莱斯格（Lawrence Lessig）所说："对于一个白人来说，为黑人服务或雇用黑人会被其他白人视作利欲熏心或对黑人怀有特殊感情。"[29] 因此，人们需要借助法律的力量重新定义人人平等的含义。1964 年《民权法案》一经颁布，人人平等就成了必须遵守的准则，此后以营利为目的的公司便获得了解放。

我们可以在其他领域看到类似现象，修订后的规范或新颁布的法律起到了反歧视的作用。毋庸置疑的是，许多有过性别歧视行为的男性其实内心并不愿这样做，但他们遵从了自己不认可甚至是深恶痛绝的规范。随着规范倡导者的积极反抗，规范开始发生改变，再加上法律也开始禁止歧视行为，他们终于可以按照自己的内心行事。诚然，这还远不是反歧视运动带来的所有好处，但至少是其中的一部分。

不仅是反歧视，我们也借助法律工具实现了其他方面的解放。许多人对于交通法规中系好安全带的要求非常赞同，因为这使他们既能遵从内心所愿系好安全带，也不需要去指责他人危险驾驶。许多人支持酒驾法，部分是因为这部法律保障了他们酒后拒绝驾车的权利。新规范、修订后的规范及相关法律，可以被人们用作事先承诺策略以帮助他们可以按自己的意愿行事，这一点是原有规范做不到的。

公开与匿名

一些规范减少了歧视，但另一些则增加了歧视。假设人们对某社会群体的成员有成见和敌意，而规范限制他们这种带有敌意的言行。这是“政治正确”有利的一面，因为它防止了人们冲动之下的口无遮拦。但是约束性别主义和种族主义的社会规范有时比较严格，有时却可以被放宽或取消。我们很难严格地检验这个论断，不如思考下面这个具有高度启发性的实验。

芝加哥大学的莱昂纳多·布尔茨坦（Leonardo Bursztyn）、美国西北大学的乔治·埃戈罗夫（Georgy Egorov）和加州大学洛杉矶分校的斯特凡诺·菲奥林（Stefano Fiorin）曾尝试对特朗普的上任是否影响了美国人公开支持排外组织的意愿进行测试。[30]2016 年，在美国大选前 2 周，他们从明智预测网站（Predict Wise）预估的特朗普将获胜的 8 个州（亚拉巴马州、阿肯色州、爱达荷州、内布拉斯加州、俄克拉何马州、密西西比州、西弗吉尼亚州和怀俄明州）中招募了 458 人。一半的参与者被告知特朗普会赢，另一半则没有收到关于预计特朗普将获胜的信息。

随后，所有参与者都被问到各种各样的问题，包括他们是否授权研究人员向美国移民改革联合会（Federation for American Immigration Reform）

捐赠 1 美元。准确地说，这是一个反移民组织，该组织的创始人曾写道："我认为要使欧美社会和文化延续下去，需要欧美人占多数，这一点是毋庸置疑的。"[31] 如果参与者同意捐赠，他们将被告知会额外得到 1 美元。研究人员向其中一半的参与者承诺他们授权捐赠的决定是匿名的，而另一半则没有得到这样的保证。相反，他们被告知研究人员可能会与他们联系，以向他们表明其授权捐赠的意愿可能会被公开。

对于那些没有收到关于预计特朗普将获胜的信息的人来说，在匿名的情况下授权研究人员向反移民组织捐赠更具吸引力：当授权以保密方式进行时，54% 的人同意捐赠；而当公开授权时，只有 34% 的人同意授权。但对于那些得知特朗普很可能会获胜的人来说，匿名与否变得无关紧要！当被告知特朗普可能获胜时，大约一半的参与者表示无论是否得到匿名承诺都愿意授权捐赠。因此我们得出的关键结论是，关于特朗普或将取得胜利的信息改变了社会规范，使许多人更愿意公开授权捐赠，并消除了匿名捐赠相对更受欢迎的现象。

此外，研究人员还进行了附加测试，在特朗普 2016 年选举胜利后的第 1 周，布尔茨坦等人在相同的州重复了这个测试。他们发现特朗普的胜利也消除了匿名对捐赠意愿的影响：大约一半的参与者表示无论授权是否公开都会同意捐赠。因此，我们可以推断出如果特朗普没有到达权力中心，许多美国人会拒绝授权向反移民组织捐款，除非他们得到匿名的承诺。但在特朗普担任总统后，人们感觉获得了解放。显然这是因为特朗普的当选削弱了舆论对反移民运动的阻力，匿名变得无足轻重。现在人们仿佛更容易接受这种观点：欧美社会和文化的延续需要欧美人在社会中占多数，这一点是毋庸置疑的。

这一重要发现也可以被用来解释那个法学院学生和教授的案例。对于某些人来说，对反移民群体的不满是一件私事，他们不想在公共场合表达这种敌意。但如果规范正在被削弱或改变，他们将愿意公开表达自己的想法。沙特阿拉伯男性的情况基本亦是如此。

我们可以很容易地联想到削弱社会规范的约束力衍生出来的负面影响，如警察执法事件增加，以及社会歧视、暴力冲突愈演愈烈等。出现以上情形的其中一个原因便是过去对这些现象具有抑制作用的规范已被削弱或改变。[32] 在某些情况下，类似征税那样的惩罚效果被消除了；而在另一些情况下，这部分则被转化为类似财政补贴的奖赏效果。这种奖赏足以激起破坏性行为，但对于那些渴望得到解放的公民来说，仅仅去除规范中原有的那些征税般的惩罚就已足够了。

规范内化行为

在前文的论述中我一直将重点放在这类情形上：人们怀有先验偏好或价值观，既有规范阻碍了他们的自由表达，而修订后的规范则解放了他们，使其能够随性而为。性欲望可能是最贴切的例子，在规范被修订后人们可能会吃惊地发现自己并不排斥性欲望，尽管此时我们还难以分辨人们究竟是发现了自己固有的性欲望还是建立了这种新的偏好，毕竟这两者之间可能存在着盘根错节的相互作用。对于性欲望，规范的削弱能够且确实使人们得到了解放，因为人们可以自由地承认和表达这种潜在的偏好。有时人们甚至不承认自己有这些偏好，这时就需要一个评论、一个形象或一个伴侣来释放它们。

但我也注意到，一些规范被人们内化了，因此人们根本不会感到被束缚。一旦规范被修订，人们会迫于新规范的压力或形成了与新规范一致的偏好和价值观，开始改变自身的言行。

这是规范内化的负面性。但让我们回到性骚扰的案例上，许多男性一想到性骚扰就会感到震惊。对于他们来说，反性骚扰的规范和法律规则不是问题，超过反对盗窃和攻击范畴的规范和法律规则才是问题。一部分年长男性在其一生中可能会经历思想上的转变，一些年轻男子则可能无法想象对别人进行性骚扰怎么会是一个“有趣的经历”。

对于这样的男性，我们不能用偏好掩饰来解释。对于其中一部分人而言，适应偏好可能更有助于解释他们的言行，也更清晰易懂。但与其如此，倒不如认为这些人已将规范内化，恪守规范已成为一种本能，因此公然反抗规范不仅代价高昂且是难以想象的。

生活中还有许多将规范内化的行为。比如大多数人不会认为反对打架斗殴的社会规范是一种困扰。对于许多人来说，扣上和松开安全带也不是代价，而只是每日惯例，对于那些扣上或松开安全带的人来说，这种行为对自身是有益的。当社会上盛行的是一种体贴入微的社会规范时，那些同样善解人意的人通常不会觉得自己被束缚了，因为体贴他人、推己及人正是他们需要的。若事事如此，便能形成和谐社会。规范倡导者无法识别普遍但隐蔽的对规范的不满。无论局内人还是局外人都很难判断是真的出现了规范内化，还是只是一种假象。因此，有时发生出人意料的社会改变也是无法避免的。

第 2 章

群体极化现象

我们可以设想以下 3 种情形：

1. 一群关心移民问题的美国公民认为非法移民在社会中会犯下累累罪行。他们还担心合法移民已“深深扎根本土”，占用了“我们的就业机会”。这群公民决定每两周举行一次会议，来讨论他们共同的忧虑。一年后，我们是否可以判断出他们对于移民问题的真实想法？
2. 发生在美国某高中的一起枪击事件在全国范围内被广泛报道后，社区里的一群人聚集在一起讨论实施新的枪支管制措施的可能性，其中大多数人暂时支持加强枪支管制。经过讨论后，人们的观点会发生怎样的变化？
3. 平权运动在得克萨斯州受挫。得克萨斯大学某一分支机构的大多数教授倾向于支持平权运动，他们组织会议进行意见交流，并在必要时计划下一步行动。这些教授在交流后，可能会持有哪种观点、采取哪种行动？

这一章的主要内容是探讨一个惊人的符合统计学规律的现象——群体极化（group polarization），并将这一现象与群体商讨在多元民主社会的“公共领域”中的作用之间存在的潜在问题联系起来。简而言之，群体极化意味着群体成员的观点会可预见性地朝着成员们的先前倾向所指示的更极端的方向前进。正如极端主义者那样，群体成员在他们先前倾向的方向上变得更加一致。[1] 因此，第一种情形下的人们将可能对移民产生强烈的敌意；第二种情形下的人们最终可能热烈欢迎枪支管制；第三种情形下的人们可能更坚定地支持平权运动。

值得注意的是，由具有极端主义倾向的个人组成的群体更容易走向极端，也可能在极化的道路上走得更远，同样的结果也会在具有某种显著共同身份的群体中出现。当志同道合的人参加“迭代极化博弈”（iterated polarization games），也就是定期见面且没有持续地接收到矛盾性观点时，发生极端行动的可能性会增加。

群体极化有 3 个主要机制。第一个机制是信息领导机制，尤其是群体可能只存在有限的“观点池”，这些观点对成员有引领作用；第二个机制则是社会对言行的约束机制，尤其是人们都希望在保留自我意识的同时还可以维护好自己的社会声誉；第三个机制强调了信心、佐证和极端主义之间的关系。其基本思想是，当人们发现自己的观点被他人证实时，就会充满自信，从而变得更加极端，激进行动就会通过这种方式得到加速传播。

这 3 个机制为理解社会改变和民主制度提供了许多见解。它在很大程度上揭示了政党、立法机构和多成员法庭内部意见达成一致的可能进程。

本章的另一个主要内容是评估“舆论飞地”（enclave deliberation）的社会影响。舆论飞地，即一小群志同道合的人围簇在一起自由交流见解。我认为，舆论飞地是社会稳定的隐患，是社会分裂的根源之一，同时也是防止社会不公正和不合理的保障。正如我们将看到的那样，群体极化有助于解释为什么社会同质化会严重破坏良性的社会思考氛围，而这一传统观点在许多国家的宪法中都有明确体现。因此，深入了解群体极化现象有助于在社会实践中降低舆论飞地可能给社会带来的风险。

群体极化的产生

群体极化是每个小群体最有力、最强势的特征之一，在群体的许多不同的任务中都有体现。群体极化的结果是与其中的典型或普通个体相比，群体通常会做出更极端的决策（这里的极端仅仅相对于群体内部的初始观点分布而言，不涉及与其他外部群体的比较）。群体极化与级联效应的关系十分明确，前者和后者一样，都与信息和声誉影响密切相关。一个关键的区别是，群体极化还涉及群体商讨的效果。

虽然这是一个标准的心理学概念，但是“群体极化”这个词可能会引起误解。群体极化并不意味着群体成员的观点两极分化。相反，这个术语指的是在讨论一个案例或问题时，群体内成员的观念转变是可预见的。并且群体极化发生时，群体和群体成员的观点并不是朝着他们初始偏好的中间立场移动，而是朝着这些倾向所指示的更极端的方向移动并趋于一致。群体商讨的效果是减少群体成员之间的差异，并在初始偏好的一个相对更极端的点上趋同。

我们可以思考以下几个现象：[2]

1. 参与群体商讨后，一组激进程度中等的女权主义者将转变为更坚定的女权主义者。[3]这一发现显然与“我也是”运动的发酵有关。
2. 参与群体商讨后，法国公民对美国及其在经济援助方面的意图越来越多地持批评态度（这一发现显然与各国对美国的怀疑有关）。[4]

3. 参与群体商讨后，有种族偏见倾向的白人，在面对白人种族主义是否需要对美国城市的非洲裔美国人所面临的糟糕状况负责这个问题时，给出了更多的否定回答（这一发现显然与种族敌对情绪的上升有关）。[5]
4. 参与群体商讨后，无种族偏见倾向的白人对上述问题给出了更多的肯定回答（这一发现显然与种族分裂形势的趋缓有关）。[6]

根据统计规律，那些对正在进行的战争持适度批评态度的人会在群体商讨后强烈反对这场战争；那些认为气候变化问题很严峻的人在群体商讨后可能会更坚信这一观点。

群体极化现象与社交媒体和通信市场有着显著的相关性。在这些领域，具有独特观点和身份的群体经常进行内部商讨。群体极化现象也与许多和法律、政治有关的审议机构的运作有着显著的相关性，这些机构包括立法机构、委员会、多成员法庭和陪审团。我将在下文中对这一点进行阐述。现在，我们只需注意一些明显的可能性。如果公众之间存在明显的分歧而同时不同群体依然各说各话，那么结果可能会是公众意见的进一步分裂。因为群体成员会在初始倾向的基础上互相推动，朝着更极端的方向移动。而由志同道合的人构成的群体大多数时候只与内部成员讨论，所以不同群体之间可能会越来越疏远。

同理，内部商讨的存在可能会促使政党或主要政党的成员走向极端，这种理论可以部分解释按党派路线投票的成因。极端主义组织往往会变得更加极端。一组由三个具有相似偏好的法官构成的小组，很可能会产生一个比任何一个成员在自己审判时所形成的裁决更为极端的裁决。正如我们即将看到的那样，最突出的群体极化通常发生在群体中的成员已经有极端主义倾向的情况下。

风险转移与谨慎转移

在需要受试者做出一系列涉及风险决策的实验中，研究人员首次发现了群体极化现象。1961 年之前的传统观点认为，与提出某项计划的个人相比，决策小组、委员会或董事会可能会赞成中间立场，从而避免风险。但最初由管理学家詹姆斯·斯托纳（James Stoner）进行的相关实验却产生了另一个结果，即风险转移（risky shift）。[7] 群体商讨倾向于使群体成员愿意承担更大的风险，而寻求达成一致决议的小组，它的风险偏好程度通常高于甚至远高于单个成员的初始平均风险偏好。

在这一点上，我们有必要对这些实验结果的两个层面进行区分，这两个层面都与法律和政策有关。第一个层面是指当需要达成一个群体决策时，讨论组会朝着极端目标移动——这有时被描述为群体的立场转移（choice shift）。这意味着，当需要达成群体决策时，该群体将倾向于采纳一个相较于群体成员初始观点分布更极端的观点。换言之，该群体将比中间或平均成员观点更极端。毫无疑问，群体决策准则在此过程中扮演了重要的角色；少数服从多数的准则可能产生不同于全员一致通过准则的结果。如果那些持极端观点的人最固执，也最自信，那么全员一致通过准则可能会导致群体向最极端的观点转变。

第二个层面涉及群体如何影响个人（甚至是私人）的判断，这是群体极化一词的标准含义。群体商讨后形成的成员私人判断会朝着比其初始观点倾向更为极端的方向发展。群体成员的观点只朝着某一个方向推进而非另一方向是可能的，尽管两种截然相反的观点通常是相伴而生的。

我们可以这样解读斯托纳的早期研究，即群体动力（group dynamic）通常会使群体和个体朝着承担更大的风险的方向移动，但这个结论过于简单。后续研究表明，在某些条件下，群体商讨可能（甚至容易）会使群体和成员的态度更谨慎。事实上，某些问题确实产生了谨慎的态度转变。[8] 例如决定是否结婚和在腹部剧痛可能需要医疗救治的情况下决定是否登机。在这些情况下，群体和成员都转向更谨慎的态度。事实上，尽管窃贼一起偷盗时倾向于承担更大的风险，但他们在讨论后则会趋于谨慎。[9]

研究人员注意到，在斯托纳的原始数据中，当群体成员“有相当大的初始风险偏好时，群体可能会表现出最大的向高风险决策转变的倾向”，群体商讨的结果会倒向高风险的一端；那些“稍微改变或根本不改变风险倾向的群体，其成员最初的观点往往接近于天平中间的位置”。[10] 因此，群体态度转变的方向似乎取决于最初的偏好分布，且转变程度取决于原始倾向的极端性。由一组非常谨慎的人构成的群体将显著地向更谨慎的方向转变；由一组倾向于冒险的人构成的群体将显著地向更冒险的方向转变；由一组持中间立场的人组成的群体将产生朝着初始倾向的较小转变。而转变的具体方向由他们的原始倾向决定。

在许多与法律和民主有关的议题中也有类似的群体极化现象，例如经济援助、建筑、政治领袖、种族主义、女权主义和有罪或无罪判决等。人们对事实不明的问题（如淹没于死海的索多玛城距离海平面有多远），以及政治和法律问题，甚至是幻灯片中人物的魅力大小等评价性问题都出现了观点极化的现象。

愤怒启发式

几年前，我曾参与一系列关于愤怒、惩罚性意图和罚款的研究。我们的基本发现是，当普通人在考虑如何实施惩罚时，会使用愤怒启发式

（outrage heuristic）方法。[11] 他们首先判断潜在行为引起的愤慨程度，对惩罚的衡量就建立在这一判断上。我们发现，在有限的数值尺度上，通过人们的愤怒程度几乎可以准确地预测出他们的惩罚性意图的强烈程度。这意味着人们是凭借愤怒的直觉进行惩罚性报复的，认为人们应该因自己的错误行为受到惩罚，以此作为对社会愤怒情绪的回应。除非受到引导，否则人们不会去思考什么样的威慑才是最合适的（即使有提示，也不愿意去思考）。

我们在一项研究中测试了群体商讨对惩罚性意图和罚款的影响。[12] 该研究涉及约 3000 名符合陪审团资格要求的美国公民，主要目的是确定观察和讨论他人的惩罚性意图是如何对个人情绪产生影响的。我们的核心目标是探索社会互动加剧愤怒情绪的机制。

首先，受试者需要在一个给定的范围内私下记录自己的个人判断，然后加入 6 人组群体，讨论并产生一致的"惩罚判决"。最初，受试者需要填写一个由 0 到 8 标识的"惩罚判决"，其中 0 代表根本不应惩罚被告人，8 则代表应极其严厉地惩罚被告人。通过这种尺度量表进行衡量，惩罚判决的严重程度能反映出人们的愤怒程度，所以我们实际上是在衡量愤怒程度。在记录每个人的判决之后，陪审员需要和其他成员讨论以达成一致的惩罚判决。预测陪审团的最终裁决将是单个陪审员惩罚判决的中间值看似是合理的，但其实大错特错。

值得强调的是，与陪审员各自独立的初始判决的中间值相比，群体商讨后原本较低的处罚等级进一步下降，而原本较高的处罚等级则有所上升。当组内的陪审员不希望进行惩罚时，该小组最终的结果会呈现出向宽容态度的转变，这意味着该处罚等级系统性地低于陪审员各自独立进行的初始判决的中间值。这说明，当人们的初始愤怒程度较低时，经商讨后人们的愤怒水平会更低。但是，当陪审员都赞成严惩时，整个陪审团的决议产生了向严厉态度的转变，这意味着这一处罚等级系统性地高于陪审员各自独立进行的惩罚判决的中间值。群体中的愤怒情绪不断地被渲染和加剧就是群体极化的表现之一。

对群体极化的解释

对群体极化的解释主要有以下几种，每种解释都有坚实的理论支撑。[13]

信息的作用

第一种解释强调信息的作用。我们先从一个简单的假设开始：每个人的立场都将受到其最终听到的信息，以及群体中提出的似乎最具说服力的论点的影响。因此，人们努力采取与群体内普遍认同的信息和论点相适应的立场。因为（这是关键点）一个其成员已有既定倾向的群体，将收到越来越多的支持同一倾向的论据，所以群体商讨将加深成员的初始倾向。

产生群体极化的关键是有限的信息和有限的具有一定倾向的论点池的存在。一个群体的成员会想到一些而非全部可以证明其初始倾向的论点。在商讨中，人们陈述和倾听他人的不同论点，但群体整体的观点将朝着其中一个方向倾斜，至于朝哪个方向倾斜则取决于群体成员的初始倾向。因此，群体商讨加深了群体成员的初始倾向。

社会对照的作用

第二种解释强调社会对照的作用，也就是说，人们希望得到群体内其他成员的认同，因此一旦听到他人的想法，便会根据主流观点调整自己的观点。例如，人们可能希望表明自己并不懦弱或谨小慎微，尤其是在一个排斥该特征的创业者群体中，因此他们将明确自己的立场，以便在与其他群体成员相比时，不会显得懦弱胆怯。

在进行风险决策方面，人们希望在与他人的竞争中占上风；在听到别人的想法之前，他们很可能会假设自己确实处于优势地位。但当他们听到别人的想法后，往往会发现自己所处的位置与预期有所不同，因此可能会相应地做出调整。其结果便是将群体的整体立场推向极端，并诱导其他持相反立场的群体成员转变态度。

在其他情况下也会发生类似过程。例如，人们可能希望自己在平权运动、女权主义或国防建设方面不要显得过于热情或过于克制，因此当他们意识到群体其他成员的想法时，其观点可能会随之改变，结果将是个人观点的转变和群体观念的极化。由此可见，人们调整观点是为了维护自己和他人的形象。值得注意的是，即使没有经过讨论，仅是提供与其他人实际想法相关的信息就足以使人们的态度发生变化。相关证据已经证明了这一事实：仅仅获悉他人的信息便会引发巨大的风险偏移（尽管它比群体商讨产生的风险偏移程度少了近一半）。[14] 这种效应也有助于解释为什么人们有时会向谨慎立场偏移。

佐证、信心与极端主义的关系

第三种解释指出了佐证、信心和极端主义之间的关系。[15] 那些缺乏信心和不确定自己应该持有何种立场的人倾向于成为中间派。正是由于这个原因，手足无措的谨慎之人很可能会在两种极端之间选择中间值。但如果其他人似乎也认同你的观点，你可能会更加确信自己的观点是正确的，从而朝着更极端的方向发展。

进一步理解群体极化

在这里我将对群体极化做出一些补充说明，这会使关于群体极化的基本描述更加复杂化。在理解极化现象、群体和民主之间的关系时，有两点十分重要。首先，人们是否认为自己与其他成员属于同一个社会群体，这种归属感扮演着重要的角色，它会加剧人们态度的转变，而不认同感会减少并可能消除这种转变；其次，如果群体由持有对立观点的成员组成，且成员在其立场上有一定的灵活性，那么该群体将倾向于“去极化”。

群体极化的走向

当然，并非所有的群体都会出现观点极化的现象，有些群体最终会处于中间立场，而不是走向任何一个极端。注意，在斯托纳最初的测试里，12个群体中有一个根本没有发生极化。其实这也不难理解，如果捍卫初始倾向的人极其缺乏说服力，那么群体极化就不太可能发生。如果标新立异者的观点十分令人信服，那么群体甚至可能会偏离其最初的趋势，朝着少数人甚至某一个人所持有的观点倾斜，电影《十二怒汉》（*Twelve Angry Men*）[①]便是这种可能性的生动体现。

此外，外部约束或“冲击”有时可能会阻止或减弱群体极化。对某一问题有明确立场的群体成员可能有极化倾向，但为了保持政治效力乃至基本信誉，他们有时会公开地甚至是私下里也保持中立的态度。为了提升自身的

① 电影《十二怒汉》是一部黑白电影，讲述了一个在贫民窟中长大的男孩被指控谋杀生父，而担任此案陪审团的12个人要于结案前讨论案情，而讨论结果必须一致通过才能正式结案的故事。——编者注

合法性或者由于某种新启示，原本已经开始走向极端的群体可能会向中间靠拢。

情感因素

情感因素在群体决策中起着十分重要的作用，情感因素会显著地增加或减少群体走向极端的可能性。如果群体成员之间有情感联系，彼此了解并喜欢对方，那么成员间频繁发生分歧的可能性就会大大降低。因此，情感纽带的存在减少了分歧的产生，人们选择观点时也更容易受群体的影响。如果观点倡导是由关系不睦的群体成员推动的，人们就不太可能遵守；当人们认为同伴友好、招人喜欢且与他们相似时，人们改变观念、遵循新观点倡导的可能性就会增加。[16] 共命运感和相似感会促进群体极化，引入外部竞争对手则会增强本群体的共命运感，从而增加极化倾向。[17]

特定成员对自身观点的笃定程度在群体决策中也发挥着重要作用。事实上，造成群体极化的部分原因似乎是极端分子的立场往往不仅不易被驯服，而且会表现得更坚定、自信。这一点是对群体极化的第一种解释的重要补充：论点的说服力显然不仅取决于论据本身，还取决于表达论点时的笃定程度。想想陪审团和多成员法庭。成员因拒绝接受群体的观念趋势而选择离开，群体极化通过退出机制得到强化。如果群体普遍存在退出机制，极化倾向将会大大增加。

身份认同与团结

无论人们是原本就意识到了自己属于一个联系紧密且团结的群体还是之后才逐渐意识到的，这种意识对改善日常生活都是十分必要的。如果他们对群体有认同感，那么群体极化的可能性就更大，而且可能更极端。[18] 因此，当环境试图强调每个人在社会群体中的成员身份时，极化的可能性就增加了。

更普遍的证据证实了以上观点，即群体成员之间紧密的社会联系往往会压制很多反对意见，从而导致群体决策失误。[19] 这并不奇怪。如果群体极化是社会比较和有限的论据池的产物，那么我们有理由推断当群体成员在一个显著维度上认为彼此相似，或者某个外部因素（政治、地理、种族、性别）将他们联合起来时，群体极化效应就会增强。

去极化

是否可以构建一个倾向于采取中间立场或成员态度不朝着极端演化的去极化群体？这两种情况在需要做出慎重讨论和思考的群体中似乎是真实存在的。事实上，有令人信服的理论指出，一旦有人提出全新的、有说服力的且与成员初始偏好相反的论点，群体将有可能去极化。当群体由持有两种极端观点的个体组成时，也会出现去极化，而非偏向某一极端。[20] 因此，如果赞成谨慎的人与赞成冒险的人组成一个群体，那么该群体的判断将趋于中间立场。

持有极端立场的成员很少由于群体商讨或群体意见转向温和而改变自己的极端看法。我们可以参考这样一项研究，每个实验组由 6 名成员组成，每组包含两个持有相反的极端观点的子组（每个子组 3 人），小组讨论的结果是群体观点趋于温和。[21] 一个可能的原因是两个极端立场都存在能被部分成员接受的有说服力的论据。[22] 有趣的是，这项研究显示，显著的去极化现象往往存在于对不明事实的看法中（如 1900 年的美国人口）；对高度透明、被反复探讨过的公共问题（如死刑是否合理）的辩论产生去极化效果的可能性最小；有关个人品位的问题，例如选择篮球、足球或房间油漆颜色方面的偏好，会表现出适度的去极化趋势。[23]

这些结论与第一种解释强调信息和有说服力的论据的描述非常吻合。当人们对一些非常突出的公共问题有固定的看法时，他们很可能已经听到了各种各样的论据，形成了一个完整的论据库，因此额外的讨论不太可能对既定看法造成冲击。对于熟悉的问题，人们的观点不太可能发生改变。当群体中的一个或多个成员知道一个事实性问题的正确答案时，这个群体的观点很可能会朝着这个正确的方向转变。当人们灵光乍现，惊呼“我找到正确答案了”时，群体极化现象出现的可能性就会很小。这就是人们通常认为群体擅长解决复杂问题的原因之一。

关于群体极化的简单结论

接下来我们将阐述一些关于群体极化的简单结论：基于大量论据的观点是最不可能被轻易转变的；去极化会在含有势均力敌的对立子群体的群体中出现；如果一个或多个成员知道真相，则群体观点通常会朝着准确的事实判断转变；但如果群体普遍持有的观点没有被完全证实，且群体存在一个初始偏好，那么群体极化往往随之产生。群体商讨在成员观点转变方面的效果可能取决于成员对群体的认同感，以及他们与其他成员间的关系。一个由各种各样的“人”组成的群体发生群体极化的可能性比由“共和党人”或“第二修正案的捍卫者”组成的群体要低。

在包含相反倾向且势均力敌的子群体的群体中，去极化很可能发生。但是，在以下两种情形中去极化发生的可能性较低或即使发生也不甚明显：第一，子群体成员持有坚定的难以被动摇的观点；第二，子群体成员知道他们和另一个子群体成员分属于两个截然不同的流派。

迭代极化博弈

以上所述的关于群体极化的研究仅涉及一次性实验。我们将很快转向现实世界中的群体极化现象，但首先让我们考察一下这些实验的有趣含义，其中一个对于民主审议特别重要，即民主商议不是一次完成的，成员需要定期见面交流。

如果参与者进行重复多次的讨论，例如每月都开例会、发表意见并投票，那么群体观点势必会多次突破极点。再例如，如果一组公民正在考虑与食品基因工程、最低工资或恐怖主义有关的观点，那么随着时间的推移他们的讨论结果应该会朝着非常极端的方向发展。在这些迭代极化博弈中，随着时间的推移，群体商议应导致一种情况，即成员所持的立场比他们在这一系列讨论开展前更为极端。事实上，迭代极化博弈比单次实验更接近现实。

似乎没有人对这种迭代极化博弈进行研究，迭代极化博弈的结果并没有看上去那么离奇。在上文提到的陪审团案例中，陪审团经常得出等同甚至高于任何个人初始偏好的惩罚等级的结论。不难想象，随着时间的推移，现实世界中的群体进行讨论的结果似乎是将群体和个人推向他们从未设想过的前所未有的极端。

迭代极化博弈是个重要的现象，但这里存在两个问题：第一，为什么及何时会停止极化？第二，群体极化为什么及何时会在某一点终止，不再继续或甚至向相反的方向移动？有关群体极化的文献都无法充分回答这些问题，但我们可以推测，由于一些外部冲击，如当新成员带入新的争论点时，或当群体政治领袖的个人利己主义导致方向发生转变时，抑或当事实上或价值上的新动态改变了成员的观点和动机时，群体极化往往会终止或逆转。社会级联效应往往会由于新信息的发布等外部冲击而改变方向，同样的过程似乎也会终止或逆转群体极化。

推动群体极化

群体极化对许多群体和机构产生了重大影响。与之相关的调查证据表明，马丁·路德·金遇刺和民权运动等戏剧性的社会事件往往会导致大众态度的极化，使积极和消极两方的极端态度都得到了增强。[24] 一般来说，群体辩论往往会使人们对外来者和社会变化的态度更加强硬，因此，“形成一个折中方案或采取矫正措施的建议通常会引起公众的忧虑，经过讨论发酵，这些忧虑会被极化成明显的偏执和敌意”。[25]

我们可以很容易地联想到职业极化者或极化促进者——政治活动家，他们的目标之一是创造一个领域，在这个领域里，志同道合的人可以从一个或多个表达清晰的人那里听到一个特定的观点，并直接或间接地参与一场讨论，从而使得某种观点变得更加根深蒂固。对于那些寻求社会改变的人来说，一个理想的策略是在倾向于支持相关改革的人之间组织讨论，这种讨论可能会强化潜在的信念和关注度。这里我们可以参考一个数十年前的案例，洛伊斯·玛丽·吉布斯（Lois Marie Gibbs）是拉夫运河（Love Canal）的居民，她成功地唤起了美国人民对向运河倾倒危险废弃物的关注，并在此过程中扮演着中坚角色。[26] 吉布斯主动投身动员美国公民关注这一问题的活动，她先是组织少部分环保人士对这一问题进行探讨，然后逐步吸引更多的人士加入讨论。在环境保护和公民权利领域，类似的利用级联效应和群体极化的意见领袖数不胜数。

具有独特优势的渠道方或东道主也可能会推动群体极化，他们拥有一群相关受众。由于群体极化的结果不能抽象地加以评价，因此这些努力没有什么不光彩的。可以抽象地说，确保具有相似倾向的人之间尝试进行讨论，可能有助于增加个体参与者的信心，并将他们推向更极端的立场。在任何社会中，无论是面对面的、无线的、网络的还是平面的，未来的社会变革推动者都会很好地创建这样的论坛：具有相似倾向的人经常进行交谈，并形成清晰的身份认同感。

孤立的局外群体

群体极化对孤立的局外群体（out-groups）也有着特殊的影响，这些群体可能是政治群体、族群或以任何其他可识别的方式定义的群体。回想一下，当群体成员能以某个显著维度定义自己的身份，特别是当群体成员可以通过与另一个群体的对比来定义自己时，群体极化就会增强。从定义上讲，局外群体就是那些与某一群体成员特征截然不同的人群。可以说部分由于存在群体极化，那些选择或被迫无法与其他人交流的群体可能会走上极端。当一个局外群体被孤立时，它的成员往往会有一种认同感和耻辱感。当我们考虑到极端群体通常表现出更大的极化倾向这一事实时，局外群体的极端主义便在意料之中了。

局外群体的极化趋势有助于解释人们对排外言论的担忧和惧怕，群体极化的存在让我们确实有理由害怕这种言论带来的后果。在分析群体极化时，人们可能会质疑群体商讨是否真的提升了人们的“认知水平”。群体商讨可能不仅仅是或主要是为了提高人们的认知水平（这个模棱两可的观点有待阐明），而是引导群体成员形成某个方向上的极化的一致观点，并使他们坚信此新观点。但这并不意味着人们的认知水平永远不会被提升，毫无疑问，群体商讨可以识别并澄明以前被压抑的或被理解为个人独有的观点其实是社会

去这一现象（见第 1 章）。但因为商讨使观点已经发生了改变
商讨后被群体成员高度拥护，这样一来就很难判断人们的认知
程中是否得到了提升。

群体极化的理解也为共谋罪（criminal conspiracy）的责任追究提
索。在大多数司法审判中，共谋罪同样可以被追加到实体罪的处罚
人们很容易认为这种“双重惩罚”过度了，是为道德所不容的。但如果
谋行为使人们实施犯罪行为的倾向超过了适度范围，那么因为他们是共同
预谋的，基于威慑目的采取额外的、独立的惩罚是合理的。一些法院在讨论
对共谋罪实施明确制裁时已接近承认这一点。[27]

纷争与冲突

在各种各样的纷争中，群体极化正在发挥作用。纷争的一个特点是，存在纷争的双方往往只与彼此交谈，他们的愤怒情绪被逐步助长和放大，对相关事件的印象更加刻板化。信息和声誉力量在此过程中发挥了重要作用，通常会促进级联效应的产生，而群体极化会导致双方的态度越来越极端。

尽管存在较高的民族异质性，但这些影响在民族群体甚至民族内部依然存在。在美国，白人和非洲裔美国人之间在某些突出事件或更普遍的事件上的明显分歧，就可以用群体极化来解释。通常人们更愿意倾听志同道合者的意见或与之交流。民族、种族冲突或敌视“多元文化主义”（multiculturalism）也是因群体极化产生的。

舆论飞地与被压制的声音

我已经提到但还没有探讨异质性的潜在缺陷，以及由一群志同道合的人形成的审议“飞地”的潜在益处。显然，这种群体在一个多元社会中非常重要，尤其是某些特定群体成员在参与面向更广泛人群的审议活动时往往沉默不语。从这个角度来看，舆论飞地的一个特殊优势是，它有助于促进在公众辩论中不可提及、沉默或被压制的观点的发展。

在许多情况下，这是舆论飞地的一大优势。许多社会运动都是通过这一途径得以实现的，如女权主义、民权运动、环境保护主义等。舆论飞地有助于解释为什么边缘群体倾向于排斥局外人，甚至政党也往往把初选权利限制在党员范围内。也许正是因为群体极化发挥了作用，舆论飞地才发挥出了广泛的社会效益，尤其是它极大地丰富了社会的“观点池”。

实证研究表明，在民主审议机构中，由于地位较低的成员对自己的能力缺乏信心或者害怕遭到报复，导致地位较高的成员与地位较低的成员相比可以发起更多沟通，他们的想法也更有影响力。[28]例如，女性的想法产生的影响力往往较小，甚至有时在男女混合的群体中“被完全压制了”。[29]因此，促进形成小众群体成员自由交谈的氛围，形成舆论飞地对多元文化社会的繁荣兴盛有着深远的意义。

但这种舆论飞地同样存在着严重的隐患。这种隐患在于舆论压力和貌似有说服力的论据，会把人们导向有害但却是舆论飞地所在的特定境况下可预见的立场。在极端情况下，舆论飞地甚至可能危及社会稳定（无论是喜是忧）。

没有可以杜绝舆论飞地存在的隐患的简单方法。有时这种对社会存在的威胁是可取的。正如美国前总统托马斯·杰斐逊所言，动荡也能“产生好的结果，它可以防止政府堕落，并滋养了公众对……公共事务的普遍关注。我认为……偶尔有一点反叛是一件好事”。[30] 抛开动荡不谈，在不了解飞地与社会主流的实质区别的情况下，我们很难对舆论飞地做出判断。从制度设计的角度来看，问题在于任何促进舆论飞地的政策都将使广泛的群体间产生群体极化，有些是追求正义所必需的，有些则可能会引发不公正，还有一些甚至可能招致祸患。

从这个意义上说，我们应该能够更清楚地意识到爱尔兰政治思想家埃德蒙·伯克（Edmund Burke）反对“局部目的”和“局部偏差”而赞成“普遍的一般原因”不是偶然的，而是本质上的保守主义。[31] 换句话说，这是对现行惯例的维护。其原因是，“局部目的”和“局部偏差”淹没在一个反映多元声音的“审议大会”中必然会削弱各个群体坚信自身立场的决心，尤其是地位低下或边缘化的群体，而这些群体的内部讨论原本是会导致高度的群体极化的。[32]

因此，美国前总统詹姆斯·麦迪逊（James Madison）担心大众的热情会导致“对纸币、债务废除或任何其他不正当项目的愤怒”[33]，因此，不出所料他会被埃德蒙·伯克的代议制观点吸引，即倾向于以大选区和长任期来抵消群体极化的影响。相比之下，那些认为“打破社会稳定状态”本质上是好事的人，或者认为现状存在不公正，即使冒着增加群体极化的风险也要支持构建舆论飞地的人，更倾向于或理所当然地支持促进包含狭隘的审议飞地形成的制度。

在一个普遍遭受不公正待遇或以各种方式被误解的国家里，舆论飞地可能是树立正确价值观或正义感的唯一方法，至少对于某些国家来说是这样。因此，舆论飞地可能对飞地内的成员多有裨益。飞地可能有不同于外部社会的规范，人们在飞地里通常会感觉更放松、更好。民权运动的孕育离不开飞地。虽然飞地可能会减少其内部成员观点的多样性，但如果有足够多的飞地，它们将有助于增加整个社会的多样性。多样性飞地的一个优势是，它们可能会产生二阶多样性，即整个社会范围内的多样性，这对所有人来说都是有益的。[34]

但即使在上述国家里，舆论飞地也很难引发社会改变，除非成员之间有互相交流。在宪政民主国家中，对飞地最好的应对措施是确保飞地成员的观点不被孤立、隔绝，并且在某些时候，飞地成员和不同意其观点的人之间可以进行切磋和交流。正是飞地成员的观点完全或近乎完全地被隔离，而不是纳入公众辩论中，才招致了最严重的危机，不幸的是这往往是以极端主义和边缘化相结合的形式呈现的（有时甚至是致命的）。

由于对群体极化的作用持肯定态度，因此宪政民主国家会采取措施保护飞地内的言论自由，确保飞地成员能听取外部意见，同时也确保特定飞地外的人能获悉飞地成员的见解。最重要的是，要避免人们只囿于自己所在的圈子，不断重复已被认同的观点。在一个多元社会中，这种形式的自我隔离会导致社会成员互相不理解或产生更糟的情形，从而给社会造成严重困扰。异质性从来不是社会分裂的根源，它是社会创造力的源泉，有助于发现和解决那些原本很可能被忽视的问题。

第 3 章

法律的表达功能

行为是具有表现力的，它们能传达出特定的含义。这几乎适用于一切言行，从最平凡的到最重要的。一位在法庭上系着一条会发出声响的领带的律师，一位穿蓝色牛仔裤讲课的教授或一位穿着西装听课的学生，往往都有着独特的对自我和他人的认知。同样，人们的语言也在表达着他们的立场。当一位银行行长使用“小姐或夫人”这个称谓，或者某人把非洲裔美国人称为“黑佬”时，他们在性别和种族问题上的态度就已经被充分展示出来了。

很多时候个人语言传达的或者被他人解读出来的含义不一定能反映他的真实意图。从这个意义上讲，行为传递的含义并不完全在个人的掌控之中。实际上，有些人甚至可能不知道相关言行的含义，例如一个不了解自己行为的社会意义的外国人，他所说的也可能与他想表达的意图完全不同。

行为的社会意义在很大程度上是由现行社会规范决定的。当社会规范禁止人们在公共场所吸烟时，公共场所吸烟就是失礼的象征甚至更糟。当社会规范认为人们在晚餐时只需穿休闲服即可时，穿着正式服装便会“传递出”一些负面的含义，如给人一种急于彰显优越感或者过于守旧死板的印象。当社会规范发生变化时，某种特定行为的社会意义也会随之改变。由于社会基本规范发生了深刻的变化，如今吸烟、性骚扰、使用安全套或拒绝吃肉的社会意义与 1961 年相比已大不相同。

与言行举止一样，法律的价值导向与其后果也不一定一致。许多人因为赞成法律条款传递的态度和目的而支持某项法律，而对法律提出异议的人往往是不满于法律的价值导向而非执行该法律的后果。例如，关于学校种族隔离的许多争论都是围绕实施种族隔离的法律条款的含义展开的。普莱西诉弗格森案（Plessy v. Ferguson）主张，此类法律“并不意味着”黑人的卑微；[1] 布朗诉托皮卡教育委员会案（Brown v. Board of Education）则试图通过实证研究传达相反的观点。[2]

同理，关于移民问题的争论可能也不聚焦于移民带来的经济发展和就业问题，辩论双方可能更关心移民政策所传递出的态度。那些试图减少移民的人想宣称：这是我们的国家，而不是他们的国家。而那些寻求增加移民数量的人则希望表现出对外开放的态度。诚然，支持和反对移民的双方都关心移民的后果，但他们更关注移民政策所传达的内容和价值导向。

在 20 世纪 80 年代，美国人关于焚烧国旗是否应该受宪法保护而进行冗长且激烈的辩论，这个辩论往往充斥着他们对这一规定的价值导向的担忧。人们希望通过禁止焚烧国旗这一行为来彰显自己的爱国精神。如果我们认为这是阻止焚烧国旗的最优方法，就会发现这场辩论是莫名其妙的。因为在 20 世纪 80 年代，焚烧美国国旗的人数并不多。因此我们有理由推断，将焚烧国旗定为刑事犯罪的宪法修正案，反而可能导致每年焚烧国旗的事件大幅增加。事实上，该宪法修正案的通过可能正是促进焚烧国旗事件发生的最可能的诱因：人们可能会通过焚烧国旗表达他们对该修正案的不满情绪。

在这种情况下，那些支持该宪法修正案的人事实上对该法案的价值导向的关注多于其颁布后的结果。他们反对焚烧国旗这一行为，也许是为了促进爱国的社会规范的形成，也许仅仅是因为他们认为表明自己的这一立场是符合道德规范的。美国前总统唐纳德・特朗普鼓励美国国家橄榄球联盟（National Football League）惩罚那些在演奏国歌时拒绝下跪的球员。当然，特朗普没有言明拒绝下跪应该被判为犯罪行为，但他确实希望那些球员受到惩罚。人们对此观点展开的辩论多是基于其价值导向。比如，拒绝下跪就象征着对国家的不尊重吗？这是一种可接受的抗议不公正的方式吗？

在许多国家里，对是否应约束充满戾气的言论这一问题进行争论时也是如此，即人们更关心这种约束对社会价值导向的影响。禁止仇恨言论是否“意味着”仇恨言论的受害者需要特殊的家长式保护，他们柔弱不堪、脸皮薄且无法照顾好自己？或者这些禁令是希望传递出一种偏执在自由社会里是完全不可接受的观点吗？这种辩论通常不可能聚焦于结果，因为焚烧国旗产生的危害通常很小，不值得我们花费时间和精力讨论它的后果。由此可见，关于是否应该出台法律禁止焚烧国旗和仇恨言论的辩论有很多共同点：它们都更关心法律的价值导向作用。

同样，让我们来思考一个与宪法无关但直接关系到法律在民主社会中的作用的主题：风险监管（risk regulation）。在环境保护议题中，公众的争论往往集中在相关法律的社会意义上。因此，美国《濒危物种法案》（Erdamgered Species Act）的实施彰显了人们对人类与环境关系的态度。无论“削弱”《濒危物种法案》是否会对濒危物种产生重大影响，倡导保护濒危物种的人都会坚持他们的价值观。强制回收（尽管从经济角度看似乎不如路边收费）很可能会因其价值导向而得到公众的支持。同样的，尽管很多律师拒绝提供公益性法律咨询服务，但强制要求律师提供法律服务工作的法律倡导广受欢迎。

在这一章中，我将探讨法律的表达功能，即法律在“表明态度”而非直接控制人们的行为上的作用。至少在没有制裁的情况下（见本书第二部分），这种法律声明可以被视为对社会规范的一种补充。我的关注点在于法律“声明”是如何被制定以改变社会规范这一特定问题的。我列举了一系列可能的（以及在我看来是合法的）通过法律传递恰当的价值评判标准来改变社会规范的努力。我还认为，法律的表达功能的主要意义在于促进良好社会规范的形成，如果法律产生了不良后果，那么即使它们看起来是合理或高尚的，也不应予以颁布。

法律表达的引导作用

我们可以用两种不同的方式理解法律的表达功能。首先，显然法律对分心驾驶风险的“陈述”可能会影响社会规范，并最终影响人们的判断和行为。法律的目的是减少分心驾驶，从而使人们幸免于难。从这一观点来看，法律表达方式的好坏取决于其对社会规范产生的影响；某些表达之所以受到青睐，是因为它们会（或最终）促成良好的结果。

我们做出以下基于事实的推测：一个恰当的法律框架可能会影响社会规范，并将其推向正确的方向。如果法律强制要求垃圾回收利用，可能会促成更加理想的环保规范。而假如法律把性服务作为可以销售和交换的商品，社会规范可能趋于混乱，卖淫的合法化可能会破坏正常的社会关系。

有时法律会影响社会规范的说法是合理的，毕竟偏好和信仰等普遍的规范通常不是社会出现前就天然存在的，而是包括法律在内的复杂的社会力量共同作用的产物。我旨在研究促进社会规范改变的法律。但有时人们支持一项法律，不是因为它促进了良好社会规范的形成，而是他们认为相关法律“陈述”在本质上是有价值的，有时法律对社会规范的影响很小或几乎没有。

因此，对法律表达功能的第二种理解根本不涉及其对社会规范的影响，而是建立在人们的正义感上的。哲学家伯纳德·威廉姆斯（Bernard

Williams）指出了一个简短但具有启发性的事实，人们通常拒绝采取冒犯性或令人反感的行为，即使他们的拒绝会导致更糟糕的后果。[3]威廉姆斯认为，我们的行为不仅取决于其后果，还取决于我们对个人情操、承诺、人生连续性，以及个人行为对于个人和社会来说是否有意义的相关判断。行为的表达程度是人们实施某种行为时会考虑的一个重要因素。威廉姆斯还提供了相关的案例。有人可能会拒绝应恐怖分子的要求去杀害无辜的人，即使拒绝这个要求会使更多的人被杀害；或者和平主义者可能会拒绝在军火厂工作，即使这一拒绝本身对军火厂的运作没有任何影响。

在不考虑表达性的前提下讨论人们对上述案件的回应是不充分的，威廉姆斯认为人们的反应总是正确的。可以肯定的是，拒绝杀害一个无辜的人的决定是人们权衡再三后做出的，因为人们总是会采取效用最大化的行为。但这是一个复杂的问题，这不是威廉姆斯的观点，也不是那些为了表达这个理由而捍卫法律的人的观点。

在我看来，威廉姆斯的论据并不具有说服力。他在从道德角度判断什么是重要的，即福利（见第 14 章和第 15 章）。即使我们都相信行为的后果也很重要，而且人们也不应该过度关注和纠结于此，但我在这里的观点是：人类行为具有表达思虑的功能。

社会和法律层面上也有类似的情况。一个社会能显示出它坚守的规范，并通过法律来捍卫这些规范，即使这种坚持的结果是模糊的或未知的。一个社会可能会出于价值观倡导的需要而坚定支持宪法赋予的反对种族歧视的权利或支持民权法，即使不确定该权利或法律能在多大程度上真正帮助到少数弱势群体。一个社会可能赞成或拒绝死刑，因为它希望以此表明自己对于杀人行为该受何种正当处罚的立场。一个社会可能出于同样的诉求而保护动物福利。

这一点关系到法律、司法审判甚至最高法院判决的文化作用。这些判决的实证效应是具有争议性的。如果美国最高法院裁定种族隔离是非法的，对仇恨言论的某些限制违反了第一修正案，或者认为不能强制学生在学校里祈祷，但这些判决的实际作用可能比我们预想的要小得多。但是，美国社会依旧密切关注法院审判，这与这些审判结果的象征意义有关：法院的裁定通常被认为反映着国家的意志和承诺。法院的判决具有价值传导功能，这才是问题的关键。

我并不认为法律的引导作用对于促进社会规范的转变具有决定性意义，也不认为它不会被墨守成规的较差的执行力所抵消。事实上，我会提出相反的观点，从而试着为赫伯特·西蒙的话进行辩护。他说："我们都是表现主义的一部分，有时候，我们只是想对不公正发声，或站起身让旁人意识到自己的存在。这些都是高尚的动机，但任何严肃的革命者都必须常常提醒自己不要沉溺于表现自我的乐趣中，必须通过给制度带来的最终影响来检验自己的行为。"[4]我的主要目的是捍卫尝试改变社会规范的法律，而不是只说不做的法律。然而，不能否认的是法律的价值引导功能十分显著。如果不了解法律的价值引导功能，我们将很难充分理解公众在公民权利、言论自由、福利、环境、移民、濒危物种、死刑和堕胎等问题上的意见。

解决集体行动问题

许多社会规范可以解决集体行动中的协调问题与囚徒困境问题。[5]社会通过规范对背叛者实施制裁来解决这些问题。当背叛者违反规范时，他们很可能会感到内疚或羞耻，内疚和羞耻感是重要的处罚机制。社区可以通过非正式惩罚来执行其规范，其中最极端的形式是排挤。但最有效的处罚往往发生在一项行为还未付诸实施之前。内疚或羞耻感通常足以使人们遵从规范，它作为一种社会“税”，有时能达到很高的程度。

因此，社会规范如果能保障人与人之间的合作，人们就可能会以符合他们共同利益的方式交流与合作。官员们要写任期信或从事各种冗长乏味的行政工作，而违反这些制度规范需要付出一些小的情感代价，即内疚或羞耻感。我们还可以假设有一个普遍且热烈地支持禁止乱扔垃圾的社区。如果这一规范确实深入人心，那么环境退化问题自然就可以得到解决，无须任何法律干预。规范能实现法律需要付出更高的代价才能达到的目标。注重礼貌和善解人意的规范是促成陌生人、朋友和家庭内成员良好互动的一个尤为重要的因素。[6]

然而，有时优良的社会规范并不存在，而社会恶习则普遍存在。我们会通过社会规范在解决群体行为问题过程中发挥的作用来分辨其“好”与“坏”。例如，想象一个没有任何制止乱扔垃圾的公序良俗或者干脆支持乱扔垃圾的社会。此时乱扔垃圾可能是独立和无畏的象征，清理或不乱扔垃圾则可能是挑剔、懦弱甚至神经质的象征。在这种情况下，我们能想象到这样的社会本可以通过自发的尝试很好地重新思考和重建其规范。

我们已经看到，私营领域的规范倡导者试图通过识别其不良后果和改变内疚、羞耻感和自豪感的触因来改变规范。许多规范倡导者会对集体行动问题保持警惕。公共利益集团会通过将个人行为推向合乎大环境所需的方向来发挥作用，有时也会通过改变使人们感到自豪（非正式的社会补贴）和内疚或羞耻（非正式的社会税）的触因来实现。

但有时这些个人努力也会以失败告终，这时就可能需要法律发挥其矫正作用。事实上，法律在作为解决集体行动问题的尝试性解决方案时，人们对其具有表达功能的争议最小。法律的目标是重建现有的规范，并通过陈述什么才是正当的行为来改变某种行为的社会意义。规范性法律致力于解决集体行动中存在的问题，尤其是在环境、汽车安全、职业安全与健康等诸多方面的问题。换句话说，法律致力于形成足够多的社会规范。法律要么充当与社会规范一样的引导角色，要么充当促进现有规范发挥作用并将其推向新的正确方向的角色。后一种情况正是基于这样的假设，即法律具有道德效应，能使人们相信现有的规范存在问题，应该被新的规范所取代。

有时，法律通过法定要求及其配套执行措施，跨过了社会规范约束公众言行的步骤，从而直接促进某些特定行为的实施。例如，环境法严格规定企业需控制工业污染，为此还制定了相关条款保障法律的实施。

但是，还有一类更微妙和有趣的案例有助于我们理解法律的价值引导功能。有时法律的变动向人们展示了一个全新的社会规范，但没有给出配套执行措施。例如在很多地方，公共场所禁烟、禁止乱扔垃圾和要求人们处理好宠物排泄物的法律就很少通过刑事程序来执行，但它们在传达和灌输什么是适当或应该被唾弃的行为方面具有重要作用，那些偏离法律要求的人会有内疚感或羞耻感。

无论法律有无配套执行措施，它们都有助于重建行为规范和改变某些行为的社会意义。如果有人在其宠物狗排泄之后不及时清理，那么这种行为可能会被视作对他人的不尊重甚至蔑视。如果许多人、大多数人甚至所有人都这样想，人们的行为将发生巨大变化。最终，随着声誉激励促使人们的行为向新的方向转变，社会规范的级联效应就可能会随之产生。毫不奇怪，即使人们心中十分不乐意，即使相关法律很少真正被执行，很多时候人们还是会自觉清理宠物狗的排泄物。

当法律引导的规范转变有助于解决集体行动问题时，原则上不应该再有反对意见。因此在这里，法律的价值引导作用的争议是最小的。

法律进行价值引导的风险

法律的价值引导作用往往会触发危险行为，仅或主要包括对自己做出的危险行为。当然，所有的行为都有风险：开车、在城市街道上行走，甚至志愿兵服役都伴随着风险。政府意识到有时人们表现出某些行为并不是因为这些行为给人们带来了效用，他们只是受到了社会规范的声誉效应的影响，因此政府试图通过改变那些不良社会规范以杜绝恶习，增进社会福利。我们接下来就探讨一些由于存在鼓励有害行为的社会规范，而导致这些行为屡禁不止的案例。

这样的案例不胜枚举。社会学家伊莱贾·安德森（Elijah Anderson）对非洲裔美国人聚居区进行的鲜明社会学分析揭示了社会规范引导各类风险形成的机制。[7] 安德森指出，在毒品、怀孕和使用枪支方面，人们的行为很大程度上受到了声誉效应的影响。社会规范可能极大地促进了风险行为的形成，尤其是在年轻人中，如吸烟、饮酒、使用违禁药物、开车时发短信、携带和使用枪支等。人们吸烟或不系安全带并不是因为这种行为的内在或潜在效用，而是受到了声誉效应的影响。

私营机构的规范倡导者可以在完善社会规范上发挥重要作用，因此，20 世纪 90 年代初，非洲裔美国年轻人中的吸烟人数急剧下降。[8] 吸烟不再是魅力、独立和叛逆精神的象征，而是肮脏和易受骗的代名词。

但有时个人努力也可能落空。鉴于此，法律可以尝试通过传达价值判断从而改变社会规范。如果我们将社会规范对个人行为产生的影响视为征税或补贴，法律可能会试图将某种社会舆论影响从补贴转变为征税，或者相反。事实上，这是许多监管政策背后的核心和隐含的目标。政府发起的教育和宣传活动往往具有改变某些风险行为的社会意义。除了提供信息和助力外，强迫可能被认为是增加针对某些行为的社会制裁的一种方式。例如，通过对时间、地点和方式实施限制或直截了当的禁令，法律试图将吸烟、吸毒或从事不安全的性行为描述为愚蠢或软弱的表现。

这种尝试是一种难以接受的家长式作风吗？答案显然是否定的。人们常常身不由己，被迫顺应社会规范，尽管很多人可能并不认可这些规范。人们在这些社会规范问题上可能会保持沉默，依旧遵守这些规范，尽管他们在内心深处会持鄙夷的态度。因此在探讨是否应该制定法律以尊重这些看似是公众普遍接受的“偏好”或“选择”时，偏差和混淆便产生了。

在这一方面，社会规范往往是现有信息的反映。如果人们开始相信吸烟对自己和他人都是具有危害性的，那么社会规范就更倾向于禁止吸烟。当然，在过去的 50 年里，吸烟已经历了巨大的规范级联效应，这个效应在很大程度上是由吸烟有害健康的判断推动的。新研究发现的某项行为的潜在风险很可能会促进社会规范的转变，尽管社会规范可以向两个方向转变，甚至有时某行为的危险性反而会增加该行为的吸引力。我们可以想象，类似的由信息引致的规范级联效应还体现在规律饮食、减少糖分摄入、加强锻炼和杜绝不安全性行为上。事实上，人们经常会调整规范，使其与现有信息相匹配。

作为一种助推方式，提供信息是最不具侵入性的策略，所以它应该是修正社会规范时的首选，当然除此以外还有其他的调整措施。是否还需要采取更加激进的策略取决于它们的成本和收益结构（见本书第二部分）。

以金钱为行为动机的社会规范

货币使用方式是由一个复杂的社会规范网络决定的。这体现在两个不同的方面：第一，一些社会规范会对以金钱为出发点的行为实施制裁。如果人们的目的是攫取经济利益，他们就不应该从事这些行为；第二，现行的社会规范要求不同类型的货币用于不同的目的。[9]社会规范和法律的价值引导作用增加了金钱交易合宜性这一问题的复杂性。总之，笼统地评价某种金钱交易是否可接受是不合适的，因为这取决于金钱交易发生的环境。

让我们从惩罚以金钱为行为动机的社会规范开始。经济学家乔尔·瓦尔德福格尔（Joel Waldfogel）的一篇有指导意义的文章《圣诞节的无谓损失》（*The Deadweight Loss of Christmas*）将有助于解释这一议题。[10]瓦尔德福格尔发现，由于人们在圣诞节时倾向于以实物为礼物而非现金，导致每年产生至少400万美元的无谓损失。瓦尔德福格尔的分析很简单。对于那些圣诞节送礼物的人来说，若只送现金的话，他们的成本可以降低很多，因为送礼物的成本不仅包括金钱支出，还包括挑选礼物的时间和精力。对于那些收到礼物的人来说，他们收到现金比收到礼物的效用更高，因为很多人不喜欢自己收到的礼物，即使喜欢，也只是对礼物有一点点好感罢了。如果接受者收到的是现金，他们将能自由地支配这些现金，从而获得更高的效用。食品券与现金不同，它只能用于购买食品，正如食品券的价值低于它所代表的美元的价值，400万美元的“无谓损失”就这样产生了。

瓦尔德福格尔的这一发现很有趣，但他忽略了社会规范在赠送礼物这一过程中的作用。在许多情况下，社会规范严格限制了人们以现金为礼物的做法，却没有对领带、书或毛衣等礼物做出任何限制。在美国现行的社会规范下，丈夫送给妻子或父亲送给儿子现金可能是态度轻蔑或冷漠的象征，甚至可能是个笑话，这是因为现金不仅是没有人情味的同时还是可替代的。以一条领带或一本书作为礼物，无论领带是否漂亮，书的内容是否精彩，至少它们都符合社会规范对赠送者的预期，即礼物必须体现个性。瓦尔德福格尔没有关注与赠送礼物相关的各种社会规范及不同的赠送方式的社会内涵。

在社会生活的许多其他领域，以金钱为行为动机的做法同样不被社会规范所认可。通过付钱的方式要求邻居给自己的步行道铲草或修剪草坪，通常会被视为一种侮辱他人的行为，因为这是在对邻居进行不适当的估价。这种要求在美国现行的规范下被认为是不合宜的，因为邻居不是仆人。即使被要求者在接受任务后获得一笔可以使自身境况更好的现金回报，社会规范依旧不认可这种行为。

一般来说，在美国无论是为了弥补给朋友造成的伤害或失望，还是希望朋友帮忙或表达对朋友的喜爱而送金钱给朋友都是不恰当的。如果你之前对朋友出言不逊，那么向朋友道歉才是个好主意，而不是赠送支票。事实上，社会规范不允许金钱交换的范围是非常广泛的，但因为我们对这些情况见怪不怪了，以至于常常忽视了它的存在。在一些国家，听到朋友的父母去世后赠予他一笔钱，或者出钱让一个同事帮你打扫办公室都是令人匪夷所思的。我们会和朋友、邻居或伴侣交换礼物，尽管赠送金钱是出于好意但还是会让人觉得奇怪。

公民之间人人平等的观念可能是导致这种规范形成的原因。社会规范往往倾向于反对金钱交易，原因在于尽管每个人的经济财富可能存在差异，但在社会地位上应该保障人人平等的权利不受侵犯。禁止贿选就是一个贴切的例子。用金钱购买他人的服务或商品有时也会成为一种社会禁忌，如购买他人的器官（我的目的不在于探讨这种禁忌的好与坏）。在美国，反对朋友和陌生人之间进行金钱交易的错综复杂的社会规范与公民平等原则有关。在某些领域金钱交易是不合法、不平等的体现。

一些常见的对“商品化”的反对意见是禁止金钱交易的社会规范的重要组成部分。[11] 人们不应该在市场上出售性服务或生殖能力，因为这些“东西”的市场交易不符合社会规范。这并不是说社会规范认为市场对这些服务的估价“过高”或“过低”了，而是根本就不应该以这种市场估价的方式出售性服务或生殖能力。在现实中，显然社会规范还限制拐卖儿童交由他人抚养的行为，并对任何拐卖儿童的人，甚至是愿意抚养和疼爱被拐卖儿童的养父母施行严厉的制裁。事实上，附带保障措施的领养体系使得这类“销售”至少是含蓄的，这也是在重申现有的规范。

这一点与法律有很大关系。法律试图用各种方式维护约束货币使用方式的社会规范，并防止新的社会现实侵蚀这些规范。这是法律价值引导作用的重要体现。法律试图创造两种相互独立的社会领域：在一个领域内，以金钱作为行为动机是恰当的；而在另一个领域内，这种金钱交易是不合适的。因此法律禁止了很多种金钱使用方式。

社会规范与平等

公序良俗的偏颇性是社会不平等的重要组成部分。[12] 社会规范可能要求妇女尽可能多地从事家务劳动；在某些地方，拒绝从事家务劳动的妇女可能会受到社会制裁，甚至可能会感到内疚或羞愧。女性拒绝从事家务劳动传递的社会意义可能是她对作为女性的本分的拒绝，还可能会被其他人解读为她有一系列不良品质。对种族或性别怀有歧视的社会规范是人与人之间不平等的缘由。此时，与很多其他情况一样，集体行动有时是重组现有规范所必需的。

私营机构中的规范倡导者也许可以发挥巨大作用。而在男女家务分工方面，个人努力发挥了重要作用。拒绝洗衣服或做饭等个体行为表现出的性格特征是现代女权主义的一个重要组成部分。但是，法律的价值引导作用也很重要，法律可以指引公众讨论的方向。如果歧视他人符合现行社会规范，那么歧视行为将显著增加。如果歧视者为自己歧视他人的行为感到羞耻，那么歧视现象可能会相应减少。法律的一大作用就是改变社会规范和行为的社会意义（见第 1 章）。

回想一下，许多餐馆和旅店的老板都支持美国于 1964 年颁布的禁止歧视他人的《民权法案》。为什么人们希望国家制定这样的法律？答案在于法律有助于打破不良的社会规范，以及重新定义人人平等的含义。先前情况下的非歧视意味着保持中立，往往使种族歧视的社会规范愈演愈烈，但自从相关法律制定后，非歧视将意味着自觉遵守法律，不会反向刺激不良社会规范的产生。

社会规范构建了许多针对不同行为的定性评价，这些评价在很大程度上影响着人们的行为选择和特定行为的社会意义。这些规范无处不在，通常被认为是理所当然的。例如，假设有两个不同寻常的人，简将种植的植物当作自己的孩子，桑迪则将车视作艺术或文学作品。反歧视法通常旨在改变规范，以确保人们的尊严得到重视，尊重而非抨击那些和公众不一样的行为。

平等不仅限于种族和性别平等，还包括与自然界中的其他生物之间地位的平等。动物权利运动正在如火如荼地展开。有些人认为动物应该受到尊重，而不是仅仅为了人类的消费、玩耍和利用存在。在很大程度上，人们在谈论此观点时其实是在谈论需要改变原有的社会规范，因此没必要进一步主张动物的生命是无限宝贵的。这种观点其实是在表达人们改变粗暴对待动物的社会规范的愿望，且认为新的社会规范对人类也大有裨益，即如果我们以这种友善的方式看待动物和大自然，我们将能够解决人类面临的自然生态问题；我们需要逐步将维护动物基本尊严的理念扩展到所有生物。动物权利运动的宗旨是确保所有生物都能得到善待和尊重，而不是仅仅被当成物品。法律的价值引导作用有助于促进这种可能性成为现实。

关于法律的价值引导作用的两个基本问题

到目前为止，我们对法律的价值引导作用的讨论当然是不够全面的。在许多领域，法律的价值引导作用主要是改变现行的社会规范。刑法充分体现了法律的这一功能。正如我们所看到的，关于美国焚烧国旗的辩论也与法律的这一功能息息相关。我希望可以充分阐明了法律具有的价值引导作用及其对社会规范的影响。

我即将讨论两个基本问题。第一个问题是如果法律陈述看似正确，但执行结果却很糟糕，还应该支持这样的法律吗？第二个问题是需要对法律的价值引导作用施加何种制约？

结果

我曾指出一些表达主义者（关注法律的价值引导作用的人）会关注法律对社会规范的影响，而其他人则更关注法律“陈述”，且完全不考虑法律的执行结果。表达主义者可能既狂热又低效，这是最不幸的情形。

对于那些表达主义者来说，最重要的矛盾在于：人们会因为某项法律的陈述而支持该法律，但这些法律的效果似乎并不理想或不甚明确，甚至在其支持者所倡导的价值观的贯彻上效果也不明显。如何理解这种矛盾？我的基本主张是，任何对法律“陈述”内容的支持都应基于它在改变社会规范上的执行效果，即对其结果的“平衡”判断上。因此我们可以通过向人们表明合格的表达主义者也是结果主义者这样的论断，来填平两者之间的鸿沟。他们都想让世界变得更好，而不是仅仅停留在号召层面。如果这些号召能促成一个更美好的世界，那就应该大声宣扬；如果不能，那不说也罢。

例如，环境法中关于污染权的规定引发了热烈的讨论。通过排放交易，污染者可以买卖污染权，目的是以适当的成本将污染降至适当的程度。针对排放交易的一些最普遍的反对意见本质上是表达主义。[13] 批评人士声称，排放交易通过将优质的环境视作为可由市场定价机制定价的商品，从而对社会规范产生破坏性影响，使人们误以为污染是无法避免的，无须呼吁大众保护环境。在某种程度上，我们可以对这种观点进行实证预测和评价。排放交易体系真的会对社会规范中与环境相关的部分产生重大影响吗？

我们也许能在这个问题上取得一些进展。实证问题原则上应该通过实证方式解决。如果排放交易项目真的会给社会规范带来不良影响，那么即使它有再多的其他优点，我们也不能接受这些项目；也许这些项目的整体影响确实十分糟糕。将该问题与是否需要回收相比较，强制回收比路边收费更有助于有环保意识的社会规范的形成。但在排放交易项目方面，我们应该对表达主义者的担忧持怀疑态度，事实上没有证据表明这些项目削弱了人们保护清洁空气和水的意愿。公众对环境的态度不太依赖于政府是否有管控体系，也不依赖于是否有排放交易或其他经济激励措施。

有些人似乎认为，利用法律宣称优良的环境是价格合理的普通商品，在本质上是有问题的。如果（我们可能会这样设想）排放交易项目可以在同等程度的环境保护下节省数十亿美元，那么上述的反对意见是否还能站稳脚跟？事实上，如果排放交易的社会成本比想象中更低，能创造更多工作机会，可以使空气更清洁，使穷人更少，且不会削弱人们的环保意识，那么我们就很难再去反对它。引起公众关注的法律“陈述”到底应基于什么理由？

我们可以再考虑一个问题，即是否应该大幅提高最低工资标准。认为应该提高最低工资标准的观点可能在本质上是也是表达主义。许多人认为，政府应该做出一个清单，表明人力劳动的价值至少是每小时几美元；也许任何少于该数额的标准都是对人类尊严的侵犯。但也要预料到实施最低工资标准的后果是增加社会弱势群体的失业率。如果某项法律的总体效果并不理想，我们为什么还要只关心该法律的陈述呢？如果最低工资标准的大幅增加真的会使大量弱势群体失业，那么人们就不应该支持这项法律。我并不打算就是否应大幅提高最低工资标准这一问题发表最终看法，毕竟这取决于相关政策和法律的执行结果。非常关键的一点是当法律对规范并未起作用或产生了不良后果时，还一味地大谈特谈法律的引导功能就有点近乎狂热主义了。

制约

政府在管理社会规范方面会面临哪些阻力？答案其实很简单：那些同样适用于任何其他类型的政府行为的阻力。

因此，无论我们如何定义权利，政府都不应该侵犯人们的权利。用于约束政府行为的准则在这里也完全适用。如果政府试图通过立法改变社会规范，使女性而非男性承担所有家庭责任，将违反宪法中的平等保护条款。如果政府行为是强制性的，至少这些结论是有道理的。

除了上述的权利限制外，政府还面临着其他制约，其在社会规范管理方面的努力有时是徒劳或适得其反的。当政府试图将社会规范推向某个特定的方向时，它可能会惨遭失败（见第 9 章）。因此政府有必要确保从事规范管理的人能得到人们的信任，最好设法招募私营机构，以确保相关社区的权威人士可以参与这一进程。

有人进一步讨论了政府面临的阻力。他们认为政府在社会规范管理方面的所有努力都是不合法的，这根本就是一个政府不应插手的禁区。但这一论点很难令人信服，毕竟政府对社会规范的影响是不可或缺的，任何政府的制度都可能通过建立基本的合同制、侵权认定标准和财产制度等影响着社会规范。而且，在预防暴力犯罪方面，有意识地进行社会规范管理是政府的一项传统职能。当然，政府还致力于解决各种虐待问题，甚至是那种难以言说的虐待。无论如何，正确的立场应该是坚持以广泛的权利为基础，通过法律来对社会规范的管理进行约束。

任何法律体系都在发挥着管理作用，即便是在很大程度上作为法律产物的市场体系，也是规范管理的实践。在这种情况下，政府最好实事求是和因地制宜地推进相关改革，去发现那些不利于提高人民福祉的规范，并在法律能有效地对其产生纠正效果时保障法律的实施。

HOW CHANGE HAPPENS

第二部分

助推的作用与局限

第4章

助推

有些政策的实施采取的是行政命令和禁令的形式。例如，刑法禁止盗窃和袭击他人。有些政策的实施采取的是经济激励（或抑制）的形式，如对可再生能源补贴、对某些活动收费、对汽油和烟草产品征税。还有一些政策的实施采取的是助推形式，即一些维护自由的方法：为人们指引特定的方向，但允许他们各行其是。近年来，私营及公共机构都对助推的使用表现出越来越强烈的兴趣，这是因为助推的成本通常很低，并且能够促进经济目标和其他目标（包括公共卫生领域）的达成。

在日常生活中，全球定位系统就是一个助推案例。这样的案例还包括：告知人们前一天摄入总热量的应用程序，通知消费者账单即将到期或第二天要与医生碰面的短信，闹钟，自动加入养老计划，电脑或手机的默认设置，信用卡账单及按揭自动还款系统。在政府方面，助推的应用包括：香烟的警告图示，能源效率标识或燃油经济性标签，食品上的“营养成分表”，“我的餐盘”计划（MyPlate）即为健康饮食而提供简单的指南，公共援助项目的默认规则（如获得免费校餐的贫困儿童的“直接认证”），向公众开放的大数据网站，以及政府网站上用大号字体标识的条目。

选择的自由

助推的目标在于使生活变得更简单、更安全或更易于应对，意识到这一点是非常重要的。路标、减速带、健康信息或金融信息的披露、教育措施、减少文书工作及公共警告都是如此。公职人员减少或消除文书要求，提高工作的简便性和透明度，这样就能减轻人们的负担；某些产品（如手机和平板电脑）使用起来更加直观且容易。因此，许多助推的目的在于确保人们在与政府互动的过程中，或者在实现目标的过程中不会感到麻烦或吃力。

诚然，一些助推可以被看作“温和家长主义”（soft paternalism）形式，因为它们可以引导人们朝着某个方向前进。即便如此，助推也是为了保护完全的选择自由而被特意设计出来的。全球定位系统会为人们指引特定的方向，但人们可以自由地选择路线。必须强调的是，影响人们选择的社会环境（或者说“选择架构”）永远都存在。助推与人类历史形影相随。新的助推通常会取代旧的助推，但不会在原本不存在助推的地方产生。

透明度与有效性

任何官方的助推都必须是透明公开而非隐秘的。透明度确实应被纳入基本实践。假设政府（或私营雇主）启动了一个让人们自动加入退休金项目的计划，或者假设有一个大型机构（如在政府办公楼内经营食堂的私营连锁商店或公司）决定让健康食品变得更醒目、更方便获取。在这两者情况下，相关行为无论如何都不应被隐藏。政府决策尤其应该接受公众的监督和审查。助推与行政命令和禁令相比的一个主要优势在于它避免了使用强迫。虽然如此，助推的实施也绝不该采取操纵或欺瞒的方式。与任何其他类型的政府行为相比，公众在助推方面的审查和监督权限不应更低。

在世界范围内，许多国家都对助推产生了强烈的兴趣。例如，英国设立了“行为洞察小组”（Behavioral Insights Tearn，有时也被称作“助推小组”）；美国设立了“白宫社会和行为科学小组”（White House Social and Behavioral Sciences Team），如今已更名为“评估办公室”（Office of Evalvation）。各国对助推的兴趣与日俱增，这并非什么谜题。助推的成本通常较低（或为零），有时能即刻产生结果（包括大量的经济上的节约），它们能够维护自由，可以非常高效。在某些情况下，助推能比更昂贵、更具强制性的工具产生更大的影响力。例如，默认规则、简化，而且社会规范有时比重大经济激励措施的影响力更大。

对于退休计划而言，自动加入在促进效果和增加储蓄方面起到了极大的作用。在消费行为方面，披露要求和默认规则（明确人们如果什么都不做会产生什么结果）可以使人们避免遭受严重的经济损失，节省了数以百万计的金钱。简化金融援助形式与为每位学生增加援助金额一样，能在提高大学入学率方面产生同样有益的效果。在用电量显著上升时，告知人们其用电情况及与邻居的对比情况同样能够促进节约。如果设计得当，信息披露可以避免经济和人身损失。政府信息的公开，即数据和绩效的披露能够防止低效，甚至可以抵制腐败。

助推的实证检验

对于所有政策而言（包括助推），依靠实证而非直觉、轶闻、愿望或教条是极其重要的。最有效的助推往往会引入行为科学（包括行为经济学）的研究成果，因此能够反映出人们对政府相关举措的反应的现实理解。但有一些政策，包括一些助推，从理论上看希望很大，但在实践中却惨遭失败。因此，实证检验，包括随机对照实验都是不可或缺的。糟糕的意外肯定也会出现，如意想不到的不良后果；而明智的政策制定者必须尽量提前预测到这些意外，并在发生意外时进行弥补。实证检验表明，有时候计划周详的改革确实有效，但做出一些变动或采取一些替代方案将会产生更好的效果。

精心控制的实验是助推的首要目标。幸运的是，许多助推实验可以低成本快速进行，并且可以进行连续测量和改进。其中的缘由在于这类实验有时只需对已有项目做细微的改动，并且能以相对较低的成本或较少的精力在当前的举措中做改动。例如，公务部门想要鼓励人们缴清欠税，他们可以对当前的催缴信做各种各样的改动，从而检验改动之后是否能有更好的效果。

10 类重要的助推

助推的范围非常广泛，其数量和种类也在不断增加。以下是 10 类重要的助推及其说明。对于政策的实施而言，这几类助推很可能是最重要的。

1. **默认规则**（如自动加入教育、健康、储蓄等方面的计划）

默认规则也许是最有效的助推。如果人们自动加入退休计划，他们的储蓄就会显著增加。自动加入医疗计划或健康改善计划都能产生显著效果。各种各样的默认规则，如双面打印，可以促进环境保护。请注意，若非涉及主动选择（这同样是一种助推），某些类型的默认规则基本上是不可避免的，因此反对使用这样的默认规则是错误的。诚然，让人们自主做出选择而不依赖于默认规则是有意义的。但在许多情境下，默认规则是必不可少的，因为要求人们做出选择既麻烦又费时间。

2. 简化（部分是为了促进现有计划的实施）

无论是在富裕国家还是贫穷国家，复杂化都是一个严重的问题。首先，它会造成混淆，并且可能造成违法；其次，它会增加成本，从而可能会阻碍经济增长；最后，它会阻碍人们参与重要的项目。许多项目会因为复杂而失败或未达到充分的成功。一般来说，项目应该易于“通航”，甚至是直观的。在许多国家，形式和规则的简化是一个优先事项。简化的效果很容易被低估。在许多国家，重要项目（包括教育、健康、金融、贫困和就业项目）的益处由于复杂程度过高而被大大削减了。

3. 社会规范的使用（强调大多数人的所作所为，如“大多数人打算参与投票”“大多数人按时交税”或“90% 的酒店客人减少了毛巾的使用”）

最有效的一种助推就是告诉人们大多数人在做什么。如果这类信息尽可能地本地化和详尽，如“你所在社区的绝大多数人都按时交税”，那么它的效力就能最大化。社会规范的使用可以减少犯罪行为及有害行为（如酗酒、吸烟和歧视）。诚然，有时大多数人或许多人会做出不良行为。此时，强调大多数人认为人们应该如何行事而非实际上如何行事是有益的，如“在爱尔兰，90% 的人认为应该按时交税”。

4. 增加易用性和便利性（如让低成本的选择或健康食品显而易见）

人们通常会做简单的选择，因此精辟的口号是这样说的：大道至简。要想鼓励某种行为，减少各种障碍（包括减少理解该做什么所需的时间）是有益的。拒绝改变通常不是因为不同意或怀疑，而是因为感知到了困难或不够明确。同时，如果简单的选择还很有趣，那么人们更有可能做到。

5. **披露**（如披露与能源使用相关的经济成本或环境成本，某些信用卡的全部成本，大数据）

美国最高法院前大法官路易斯·布兰代斯（Louis Brandeis）曾经说过，“据说阳光是最好的防腐剂”，而披露可以让市场和政府更加“干净”。[1] 对于消费者而言，如果披露的信息易于理解和获取，则披露政策将会非常有效。简化极为重要。感兴趣的人可以在网上获取更加详细和完整的披露信息。在某些情况下，披露可以用来检查私营或公共机构的粗心、疏忽、无能、不法行为和贪污情况。“开放政府合作伙伴”（Open Government Partnership）如今已覆盖数十个国家，这反映了世界范围内将开放作为促进实质性改革的工具所做出的努力；各国必须制定包含提高透明度新政策的国家行为规划。

6. **警示、图示或其他方式**（如香烟警告）

如果涉及严重风险，最好的助推可能是私下的或公开的警示。大号字、粗体字和鲜艳的颜色可以有效地引起人们的注意。关键在于，注意力是一种稀缺资源，而警示正是利用了这一事实。警示的优点之一在于它可以阻止人类本性中不切实际的乐观倾向，并即刻增加人们关注长远的可能性。然而，这也存在着一种风险，即人们可能会忽视警示（“我没事的”）；在这种情况下，利用积极信息进行实验也合乎情理。例如，为某些倡导行为给予奖励，哪怕奖励的不是金钱，就像某些应用程序会进行统计和发送祝贺。研究还表明，如果警示还附有可以降低相关风险的具体步骤，如“你可以通过某些行为来降低自身的风险”，那么人们忽视警示的可能性就会降低。

7. 激发执行意图（“你打算投票吗？”）

如果有人激发了人们的执行意图，那么这些人更有可能参与某项活动。在健康方面，一个关于未来行为的简单问题，如“你是否打算让孩子接种疫苗？”就能产生明显的效果。强调人们的身份也很有用，如“过去的做法表明，你是一位选民。”

8. 预先承诺策略（人们为某种行为做出承诺）

通常人们都会制订一些目标，如戒酒或戒烟、参加某项生产活动或存钱，但他们的行为又无法使这些目标达成。如果人们预先承诺采取某项行动，如参加戒烟计划，则更有可能根据目标来行事。值得注意的是，及时地为未来某个确切时刻的某种具体行为做出承诺能更好地激励行动并减轻拖延症。

9. 提醒（如通过电子邮件或短信提醒逾期账单、即将到期的债务或约会）

人们脑海中的事情总是很多，他们没有采取某些行动（如支付账单、服药或赴约）的原因有可能是懒惰、拖延、抵触，以及忘记。提醒可以发挥重要的作用。对于提醒而言，时机非常重要；确保人们能够按照信息立即行动也很关键，尤其是在偶然忘记的情况下。有一种密切相关的办法是提示选择，人们不需要做选择，而是被询问是否愿意做选择。例如，是否愿意选择清洁能源或新能源供应商，是否愿意选择电脑的隐私设置，或者是否愿意成为器官捐献者。

10. 告知人们过去所做选择的本质与后果（美国的智能披露）

私营和公共机构往往拥有关于人们过去所做选择的大量信息，如人们在医疗保健上的支出记录或电费账单。问题在于，个人通常缺少这些信息。如果人们能获取这些信息，他们的行为就可能会发生改变，能让市场更好地运行并节省大量资金。例如，如果人们知道去年的电费，那么他们就能采取措施，降低未来在这方面的支出。

实施助推的最佳方法

实施助推的最佳方法是什么？当然可以完全依靠现有机构。我们可以假设存在这样一个系统，现任的公职人员，包括领导和高层人员，都在运用他们对助推的理解。例如，相关研究可以由促进竞争力、环境保护、公共安全、消费者保护和经济增长的机构，或减少私营和公共腐败，以及消除贫困、传染病和肥胖的机构主持。身居高位的公职人员通常关注的是具体问题而不是抽象理论，他们可以利用这样的研究，至少可以偶尔利用一下。

如果相关公职人员既有知识又有实权，他们就不仅仅是研究团队或智囊团（即便是个人，如果被赋予了适当的权力和使命，也能产生很大的影响力），他们或许可以发起重大改革。有一种模型是这样的，相关公职人员不参与新研究，至少不会大量参与。他们会在已知的基础上构建模型，并且有可能与私营机构中处理同样问题的人建立正式或非正式的伙伴关系。重要的是，这个方法是最简单的。因为它不需要新的办公室或大量的额外资金，只需要关注相关问题和工具，以及恰当的任命即可。在美国，采用包含各种助推的此类方法已被证明是非常成功的。

还有一种完全不同的方法，那就是成立一个新的机构，如建立一个行为洞察小组、助推小组或其他类似的机构。此类机构的组织方式、形式及规模各有不同。在极简的模型中，会有一个由资深人士组成的小团队，他们让相关的发现开花结果，并且也可能参与或促进自身发起的研究。在更为宏大的模型中，团队的规模可以更大，他们会参与大范围的相关研究。行为洞察小组可以被设立为政府的正式部门（这是首选模型，以确保真正产生影响），或者仅担任咨询的角色。

无论具体情形如何，此方法的优势在于它拥有一个专职的、专业化的团队，他们消息灵通、拥有设计实验的专业技能，致力于相关的工作。如果团队可以与其他人合作开展研究，包括随机控制实验，或许可以产生重要的研究结果。而这也存在风险，因为这样的团队通常是学术兼职团队或局外人，没有能力激发或发起真正的改革。权力是极其重要的。英国在采用此类方法方面的经验最丰富，它的成功部分源于获得了高层的支持和授权。

在这个议题上，并不存在放之四海而皆准的标准模式，但值得关注的是，越来越多的国家认为拥有专职团队是值得的。当然，以上两种模式或许可以相辅相成。

第5章

助推与选择

有时你在大城市乘出租车去机场，司机很有可能会问你：“你想走哪条路？”不出意外的话，你可能不太喜欢这个问题，甚至有可能憎恶它。毕竟，如何到达机场是司机需要考虑的事情，并且大多数情况下他们都有全球定位设备。对于你而言，做选择就像一种心理上的赋税，这肯定是一种认知税（因为需要思考），并且还有可能是一种享乐税（因为思考如何到达机场并非乐事）。当然，这种税并不重，但它极有可能是不受欢迎的。

如果医生或律师向患者或客户抛出一连串的问题，他们的反应也许会是：“对于其中的部分问题，你为什么不能帮我做决定？”如果情绪强烈或者问题很棘手，这种享乐税和认知税就会很高。如果政府公职人员要求人们为参加培训或获得某项福利而填写复杂的表格，这种税就会产生抑制作用，至少对部分人来说会产生这种效果，甚至会导致人们放弃申请。因此，复杂的表格填写要求不仅仅是一种文书负担，还会危害甚至完全阻碍潜在的项目。

对此，我们需要思考 3 个问题：

1. 一家线上服装公司正在进行决策：一是采用具有隐私默认设置的系统；二是要求初次使用的用户明确隐私设置，然后才能访问网站。

2. 一家大型用人单位正在以下选择中徘徊：第一，让员工自动加入医保计划；第二，在征求员工同意的情况下让他们加入医保计划；第三，告知员工必须在入职前明确是否愿意加入医保，如果愿意则选择其中的一类。
3. 一家公共事业公司正在决策：为消费者选择采用“绿色默认设置”，成本稍高，但使用的是环保能源；或者采用“灰色默认设置”，成本稍低，但不如之前的选项环保；又或者，询问消费者愿意采用哪种能源。

在以上案例及其他无数案例中，公共机构、私营机构或个人都在对是使用某种默认规则，还是要求人们做出主动的选择进行决策。对于拒绝家长主义、珍视自由选择的人来说，主动选择具有明显的吸引力。的确，主动选择似乎比任何一种默认规则都要好得多，因为它尊重个人的自主性，有利于推广责任理念，可呼吁行使个人自由。它似乎反映了对人类尊严的维护。

鉴于以上因素，人们很容易认为主动选择应该占据首要位置，特别是当它还能够提升或“增强”人们的能力，为其提供信息，或提升其统计素养时。人类的人脑分为两个系统，系统 1：直觉思维系统；系统 2：理性思维系统。[1] 理性思维系统会告诉你，航空旅行是非常安全的，哪怕直觉思维系统认为飞机不能长距离飞行。或许最佳的办法是强化理性思维系统并坚持主动选择。

近年来，人们针对自由选择、家长主义、行为经济学、个体自主性、默认规则的使用及选择架构进行了激烈的争论。通过援引最新的行为研究成果，有人提出，由于人们会以可预见的方式犯错并为自身带来严重后果，某些家长主义近来变得合理起来，尤其是当它保全了选择的自由时，正如在“助推”或“自由家长主义”理念中所体现的那样。另外一部分人则认为，正是由于这些错误，才需要采取某些形式的强制措施来增进人们的福祉。他们相信，最终关于拒绝选择或非自由式家长主义的观点会不断增强。[2]

在此，我的核心目标在于动摇那些反对意见并指出它通常是一种错觉。其核心原因在于人们往往选择不做选择，而强迫他们选择则是一种赋税。在许多情形中，坚持主动选择或强迫人们选择其实就是一种家长主义，而非反面。在可以想象的假设下，任何要求他人做出选择的做法都符合家长主义的标准定义，并且与家长主义最常见的反对做法相矛盾。很多人相信，在许多情境下，做选择既劳神又费钱。有时他们选择不做明确的选择，有时他们宁可向那些愿意代替他们做选择的人支付可观的费用。他们主动选择了不做选择。

有时人们没有做出明确的选择，他们没有主动选择任何东西。但我们有理由推断，在某些特定的情形中，他们偏向于不做选择，并且在被问到时也会如此回答。回想一下乘出租车去机场，或者与医生和律师互动的案例。他们这样做的原因很多。他们或许担心自己会犯错误。或因为太忙而导致“带宽”不够用，因而认知资源受限，不愿意缴（认知）税。[3]他们也可能是希望将注意力集中在某些特定问题而非其他问题上，或者认为选择会消除这种自由。更或者他们意识到了自己的信息量不足和自身存在的行为偏差（如不现实的乐观主义）。他们可能发现无论是从经验、道德还是其他方面来说，潜在的问题令人困惑、畏难、痛苦和烦恼。他们也许并不喜欢做选择，甚至是不想为有可能发生在自己身上的不利后果承担责任（至少对于他人而言是间接的）。[4]也许他们预料到了自己将会后悔从而试图避免。

但即便人们情愿不做选择，许多私营和公共机构基于主动选择对人们有利的立场，依然赞成和促进主动选择。他们有足够的理由坚持这一信念。有时，作为克服集体行动困境的一种方法，主动选择是必需的（人们不能将投票权委托给他人），但有时它也是一种保护那些选择不做选择以避免自己犯错的人的手段。其中心思想在于，哪怕人们不愿意做选择，他们也应该进行选择。机构或许认为选择能够锻炼人类的某些肌肉，或许认为选择有助于人们学习。如果机构对于要做出选择的偏好凌驾于选择者（那些不愿意做选择的人）之上，那么主动选择就成了家长主义。因为它凌驾于人们本身对于什么是好的，或什么最能增进自身福祉或自由的判断之上了。

可以肯定的是，保姆式的美国州政府会禁止选择，但同时他们也禁止不做选择的选择权。促进选择或要求选择或许是比较受欢迎的，但这些其实都是自相矛盾的，因为它们都是家长主义。

如果人们在不想做选择的时候被要求做出选择，主动选择就成了非自由家长主义的一种形式，因为人们本身的选择被否定了。我们应该看到，在很多案例中，许多赞成主动选择的人都是在强制要求，从家长主义的立场来说这或许会践踏人们不做选择的权利。如果人们宁愿不做选择，要求其选择就是一种强迫——虽然它或许披着一层合理的外衣，至少在不做选择不会被征收高额赋税，不会增加犯错的可能性和严重性，对于促进人们学习和发展自身偏好有着重要意义的时候是这样。

相反，如果询问人们是否愿意做出选择，并且可以选择退出主动选择（如赞成默认规则），那么主动选择就成了一种自由家长主义。在某些情况下，这具有特别的吸引力。公司或许会询问人们愿意自己选择电脑的隐私设置还是使用默认设置，愿意自己选择电力供应商还是使用默认供应商。

在这种方式中，人们就可以在默认设置和自身偏好之间做出主动选择。从这个角度来说，他们的自由得到了完全的保障。我们可以称之为简化版的主动选择。简化版的主动选择有一些优势，它既可以避免来自默认规则的压力，又允许人们在愿意的情况下使用默认规则。在未来，我们应该看到，并且我们应该希望看到，许多机构，无论是公共还是私营机构，都会采用这种方式。

然而，这种方式并非万灵丹。它本身就是一种赋税，哪怕是一种很低的赋税。我们有必要承认，无论何时，公共或私营机构让人们进行选择都有可能是在践踏他们不做选择的权利，从而变成要求进行选择的家长主义。即便是在人们被问到是否要做选择时，也是如此。出租车司机哪怕只是询问：“你能告诉我怎么走，还是愿意让我选择路线呢？”乘客也必须集中注意力。毕竟，他们或许不希望做二阶选择，因此情愿选择默认规则。如果这么说还不够清楚，请想想那些征求答案的问题，其实就是在对人们稀缺的认知资源进行征税。

就此而言，要求人们在主动选择和默认规则之间进行选择这种看似明显的保全自由的方法其实是典型的非自由主义。如果这种说法并非不言而喻且听起来有点刺耳，那是因为主动选择的理念对于人们来说是如此熟悉和具有明显的吸引力，因而让人看不清它的真实面目：它是一种许多选择者并不喜欢的选择架构，至少在不熟悉或困难的情境中如此。

主动选择的意义

许多赞成主动选择的人认为，商品和服务的消费者，以及各种选择的决策者不应受到政府的影响。当然，他们承认，生产者会在市场中施加各种各样的影响，但是他们主张如果不涉及第三方、武力和欺诈，政府就应该保持中立。他们拒绝政府的家长主义。

公职人员要求商家提供准确的信息以确保消费者充分了解自己的选择，这或许是合法的，进行提示也是合理的。但有人认为，如果政府试图通过默认规则或任何形式的家长主义等其他方式助推人们往政府所偏好的方向走，那么它就会失了分寸。尤其是这些人偏好主动选择，并且希望鼓励这种选择时。即便他们重点关注的对象是公共机构，但对私营机构也会持有同样的意见。

然而，主动选择意味着什么呢？“要求”人们明确自身的偏好又意味着什么？这个问题并不像表面上看起来的那么简单。如果说这个问题没有明确的答案，那些坚持认为默认规则必不可少的人是不会同意的。即便选择架构师试图推广主动选择，他们也必须指明如果人们拒绝选择的后果是什么。难道答案不就是（拒绝之后要选）默认规则吗？

这个问题很好，因为一些默认规则最终是必不可少的。选择架构师必须指出如果人们拒绝选择的后果，而这是助推的批评者们时常忽略的一点。选择架构本身是不可避免的。但是这不应该成为摧毁主动选择与默认规则之间的差异的工具。为了说明缘由，我们可以考虑以下 3 种可能性。

1. 对那些拒绝主动选择的人进行刑事或民事处罚。

在大多数情况下，没有人会同意这种观点：如果有人拒绝选择，那么他们应该被处死、监禁、罚款或受到其他处罚。对于不做选择的一般处罚是他们无法得到某种商品或服务。但也有例外。在某些国家，如澳大利亚、比利时及 1970 年之前的荷兰，如果有人不投票，那么他们就会受到民事处罚；从这个角度来说，他们因为拒绝主动选择而受到了惩罚。同样，美国《平价医疗法案》（Affordable Care Act）的一项规定（如今已被废止）曾要求人们加入医疗保险，否则将会以税务罚款的形式进行处罚。如果人们被要求加入医疗保险，一般来说，他们也会被要求选择特定的医保方案。

关于主动选择，这些案例都采取了同一种做法：人们被迫按照同一维度进行选择（给谁投票及选择哪种医保计划），但被禁止按照其他维度进行选择（是否投票或是否加入医保）。但是，只要有一种选择是必须的，我们就有理由认为这是强迫选择。在上述两个案例中，强迫选择可以作为克服集体行动困境的手段，因而被合理化了，其理由是：除非大多数或所有成年人都进行投票，否则民主系统将有可能受到损害；医保系统需要广泛的参与。

单纯从家长主义的立场来说，我们很容易就能找到为两种强迫选择进行辩护的理由。例如，为了保护人们免遭灾难损失，他们应该被要求加入医保；为了确保他们选择正确的医保计划，人们应该被要求选择他们应该选择的计划。当然，第二种家长主义反映出了对于个人能动性的尊重，而第一种却没有。但根据合理的假设，这两种形式都有道理，并且它们之间并不矛盾。

我们还可以想象其他的如果人们不做选择就会受到处罚的情形，虽然我们也承认，其中的部分案例看起来更像科幻小说而非真实故事。而现实中，我们可以想一想这些案例，如人们必须选择是否捐献器官，否则将面临刑事处罚；或者必须为电脑选择隐私设置，否则将要接受民事制裁。人们很少会因为不做选择而受到处罚，这个事实似乎说明了一个默认的共识，即在自由社会中，这样的选择通常是可以接受的，并且这其实是消费者主权的合法组成部分。其中一个原因与知情权有关：人们最清楚自己想要什么，其他人不应该替他们做选择，即便这个选择是不做选择。我坚持认为，那些声称尊重个人选择权的人并没有充分强调这一点。

2. 对相关或辅助事项进行主动选择，以此作为获得某种商品或服务（或工作机会）的条件。

有时，主动选择是强制性的：如果人们不对一些问题做出主动选择，那么就无法获得某种商品或服务，哪怕这种商品或服务从狭义上来说与他们被要求进行选择的主题无关。我们可以想象，在需要解决的问题（要求进行主动选择）与需要选择的特定商品之间存在着一个连续体。它们之间可能存在紧密的联系，如人们被告知，除非他们指明自己想要哪种汽车保险，否则将无法租车。再如人们被告知，除非他们设置一个密码或表明自己在隐私设置方面的偏好，否则将无法使用电脑。实际上，这两种情况都是很典型的。在市场中，卖方有时会要求买方必须针对某些相关问题做出主动选择，这样才能获得或使用某种产品。

相反，如果人们被告知只有明确自己的退休计划才能在某些单位就职，那么两者之间的联系就会变得较弱。如果人们被告知，必须表明自己在器官捐献问题上的偏好，否则将无法获得驾照，那么这种联系就会更弱。如果人们被告知必须选择自己电脑的隐私设置偏好，否则将无法登记投票，那么这种联系将会进一步减弱。

在最后一个例子中，人们被要求做出选择的问题与他们刻意寻求的事物之间没有任何联系。在某些案例中，选择架构师要求的是对真正具有辅助功能的问题做出主动选择。请注意，在我们可以想象到的此类案例中，对于主动选择的要求具有强烈的强制性维度，因为需要选择的好处是人们无法轻易拒绝的（如驾照、工作机会或投票权）。实际上，选择架构师正是利用这种益处来确保人们在其他问题上做出主动选择。

从规范的角度来说，我们或许需要区分一下公共机构和私营机构。也许，私营机构由于受到市场力量的约束，需要与其他机构在此方面进行自由竞争，而公共机构应该在要求人们做出选择之前多思考一下，除非需要选择的商品或服务与主动选择的目标之间存在密切的联系。

3. 对商品、服务或工作机会做出主动选择，以此作为获得商品、服务或工作机会的条件。

对于大多数消费决策而言，人们拥有许多选项，可以选择其中的一个或多个。如果不做选择，他们就无法获得相关的商品或服务。他们不会默认购买苏打水、平板电脑、手机、鞋子或钓鱼竿。事实上，这就是自由市场的标准模式。在人们逛网站、餐馆、杂货店或电器商店时，他们通常会被要求做出主动选择。可以将默认选项理解为如果人们什么都不做就会发生的结果，在这里就是什么都不购买。除非做出主动选择，否则他们不会得到任何商品或服务。在就业市场亦是如此。通常人们不会对某些工作设置默认选择，至少从正式意义上来说不会。他们拥有一系列选项，如果不选择其中一个，那么他们就不会被雇用。因此，自由市场通常要求人们做出主动选择。

在这种情形中，没有什么是无法避免的。我们可以想象一个场景，其中卖方假设或推测人们想要某些产品，并且买方必须被动地付费。假设销售员拥有充足的信息，知道约翰逊想要购买哈兰·科本（Harlan Coben）、理查德·塞勒（Richard Thaler）或乔伊斯·卡罗尔·奥茨（Joyce Carol Oates）的一本新书，或者史密斯想要购买某款平板电脑的新版本，拉莫特想要购买某款运动鞋，乌尔曼想为宠物狗购买某种产品，威廉姆斯在牙签用完后想要购买同款产品。再假设卖方的判断从不出错，或者说几乎不出错，那么安排默认购物究竟是令人反感的或具有干扰性的，还是具有很大的益处？科技的发展开始越来越多地涉及这个问题。

有一种很不错的说法认为，要求主动选择的最有力的理由在于，足够可靠的可预见性的购物算法并不（尚未）存在，而主动选择是对抗错误购买的无可取代的保障。算法的使用并不（尚未）符合那些可能被（默认）指定的购买者的利益。从这个角度来说，关于主动选择的观点根植于这样一个信念：明确同意能够防止犯错——如果有可靠的技术，就可以进行“被动购买”。我们已经在接近这种可能性，在某些方面或许已经实现了这种可能性，但只要这种技术还不存在，被动购买就无法被人接受。有这样一种假设：一旦可靠的算法真正出现，我们将在诸如上一段购物之类的案例中看到更多的支持。

选择者的选择

如上节所示，私营和公共机构或许都会选择第 2 种可能或第 3 种可能，当然只有政府能够选择第 1 种可能。我们应该清楚，主动选择并非无法避免。机构可以选择某种默认规则，指明如果不做选择的后果是什么，而不是强行让人们主动选择。当然，第 2 种可能和第 3 种可能都伴随着一种默认规则：除非人们做出主动选择，否则他们将无法获得商品、服务和工作。但其他方式可能也是可行的。

举个例子来说，那些获得驾照的人可以自动成为器官捐献者，或者开始在某个公司工作就会被默认加入某个退休计划或医保计划。这些案例并非只是虚构的。或者，那些做出主动选择以便购买某种产品的人或许可以参加定期收到相似产品的项目，无论他们是否做出主动选择。每月一书俱乐部采用的正是这类策略。

主动选择购买产品可能还会产生与该产品无关的默认规则。例如，购买某本书产生了加入医保计划的默认设置，或者加入医保计划的主动选择产生了加入读书俱乐部的默认设置。在极端案例中，如果披露不够充分，这种方式就有可能是一种欺诈。我们可以想象在某些情况中，这种方式可以追踪人们的偏好。

例如，假设有一家私营机构得知购买甲产品（如某类音乐）的人也有可能喜欢乙产品（如某类书）。各种建议、默认的广告、默认的政治见解，甚至默认购买都有可能是受欢迎的，并且符合人们的利益，尽管这种联系或许看起来并不常见。例如，美国的一个音乐网站会追踪人们的音乐偏好，并且可以从中推断出用户可能的品位和对其他事物（包括政治）的见解。[5]

我们还可以想象人们被明确要求选择是否要做选择的情况。消费者会被问道：你是否愿意选择手机设置，还是选择最适合大多数人或最适合你这一类人的默认设置？你是否愿意选择自己的医保计划，还是选择最适合你这一人口类别的默认计划？在这些情况中，许多人或许会决定选择默认规则，从而拒绝选择，因为二阶愿望是不愿意做选择。他们或许不信任自己的判断，或许不愿意学习。这类问题或许会让他们感到焦虑。他们或许还有其他更愿意做的事情要做。

简化版的主动选择，即包含默认规则选项的主动选择，具有很好的前景和吸引力，这不仅仅是因为它避免了默认规则包含的许多影响，还因为它在高度尊重自主权的同时也让人们能够选择默认规则。对于手机设置或医保计划而言，主动选择者可以在愿意的情况下做出主动选择，而其他人则可以（主动地）选择默认规则。

然而，这类问题同样也是一种侵犯和赋税。因此，至少对于那些真的不愿意做选择的人而言，这并不是一种完美的解决方案。毕竟，他们是被要求进行选择的。至少有部分人不愿意必须在主动选择和默认设置之间做出选择，因此在两者之间，他们更喜欢默认规则。即便是主动选择也许需要花费时间，并且会增加成本，因而有些人或者许多人也不愿意花费这些精力。从这方面来说，想象中的自由家长主义，即在主动选择和默认设置之间进行主动选择，本身就具有一种强烈的非自由主义维度。这个结论会直接将我们引入下一个话题。

促使选择的家长主义

现在转向本人论点的核心部分，它很简单：那些赞成主动选择的人，以及那些强迫他人做选择的人通常会表现出家长主义的行为，至少在他们要求人们选择而人们不愿意做选择的情况下是这样。由于这样的情况无处不在，所以从相应的意义上来说，那些要求他人做选择的人的作风就是家长主义。与在其他情况中一样，家长主义或许有其必要性，促使选择的家长主义或许能带来自主权和福利，但它或许会遇到家长主义在其他情况中所遇到的同样的反对意见。然而，我们将会看到，促使选择的家长主义还有一个独特的好处。

家长主义

在人们不愿意选择的时候，要求他们主动选择是不是一种家长主义的做派？要想回答这个问题，我们应该首先对家长主义进行定义。这方面的文献很多。[6] 我们暂且把最难的问题放在一边，需要注意的是尽管人们已经给出了不同的定义，但很明显，家长主义做派的统一主题是私营或公共机构不相信人们的选择能增进他们自身的福祉，并且正在采取措施来影响或改变人们为了自身利益所做出的选择。

拥有这种定义的家长主义又有什么不对的地方呢？那些拒绝家长主义的人通常会提到福利和自主权的问题。他们倾向于相信个人能对符合自身利益、增进自身福祉的事物做出最佳判断，而外人不应干涉，因为他们缺乏关键的信息。[7] 在谈到福祉问题时，哲学家和经济学家约翰·斯图尔特·穆勒（John Stuart Mill）强调这是包括政府公职人员在内的局外人的主要问题。穆勒坚持认为，个人"是对自身福祉最感兴趣的人"，而且"普通男性或女性拥有无与伦比的获取知识的手段，其他任何人都望尘莫及"。[8] 社会试图推翻个人的判断，它是基于"一般性推论"做出的，这些推论"或许全都是错的，即使是对的，也有可能被错误地运用到了个人情况中"。穆勒的目标在于确保人们的生活如意，并且他主张，对于政府而言，最好的解决方案就是允许人们去寻找自己的道路。

穆勒提出了一个关于福祉的论点，其基础是认为个人更具信息优势。但是还有一种关于自主权的独立观点，这种观点强调，即便人们并不知道什么对自己是最好的，并且人们会做出糟糕的选择，但他们也有权利按照自己认为合适的方式行事，至少只要不伤害他人或者不涉及集体行动困境就可以。选择的自由具有内在价值，而不仅仅是工具性的价值。家长主义是对个人尊严的一种侵犯，是婴儿化的一种形式，是在试图消除人们独立自主的能力。

强迫人们进行选择的家长主义者

无论这些关于家长主义的异议是否完全令人信服，它们在许多情况下都具有相当强大的力量。是否及如何将这些异议适用于推翻人们不做选择的选择行为，似乎涉及合理性的问题。或许那些希望人们进行选择的人的行为一点都不像家长主义，或许他们是在试图促进自我决策并且对人们表现出了高度的尊重。

这可能是他们认为自己正在做的事情。回想一下出租车司机的案例，他们正是这么做的，而且还惹起了乘客的怒气（“为什么你选择那条糟糕的路线？”）。让患者和客户做出选择的医生和律师与此类似。如果公职人员促使或要求人们做出选择，他们或许认为其目标是避免出现此类家长主义。他们关注穆勒的担忧或类似的问题，坚持认为对个人自主性的尊重需要一则四字声明：你来选择。这跟家长主义有何相干呢？

然而，经过反思，对家长主义的反对意见非常有效，因此促使选择的家长主义和要求选择的家长主义本身并不矛盾。如果一位局外人告诉人们必须做出选择，那么局外人就是在拒绝人们关于自己应该做什么的构想，从而危及他们的利益（在穆勒论点的前提下）并拒绝尊重他们的自主权。人们可能出于多种原因而拒绝做出选择。在他们看来，选择不做选择是因为这能最大限度地提升自身的利益，并且他们希望这种选择能够得到尊重。他们可能有一个直观的框架：希望能够最大化地降低选择成本和犯错成本。如果选择会带来很高的成本（从某种意义上来说相当于认知税或享乐税），他们或许不愿意这么做，除非这些成本能够很好地降低犯错成本。如果他们认为有人（出租车司机、雇员、公职人员）更有可能做出正确的选择，就会觉得降低犯错成本的最佳途径就是不做选择。他们可能会委托其他人作为自己的代理人；他们可能会将自己视为委托人，并以自信、满足或愉悦的态度委托代理人进行选择。

更具体地说，他们可能认为，在当前背景下，自己缺乏相关信息或专业知识，担心自己会犯错；也许只是不喜欢做选择这种行为而更乐意让别人替自己做决定；或许太忙了，也或许是不希望产生选择带来的情绪成本，尤其是在需要痛苦地或艰难地思考的情况下（如器官捐献或临终关怀）。他们或许会发现委托是一种解脱，甚至乐趣；他们或许不希望承担责任；他们或许不想因后悔做了决定而付出精神成本。这样的原因还有很多。主动选择会使选择者背负选择的责任，并因此使选择者的利益减少。

在日常生活中，在数不清的事情上，人们会顺从他人，其中包括朋友和家庭成员，并且这通常能取得更好的结果。在普通的关系中，人们会从默认规则的功能等效中受益，有些是明确表达的，有些则不是。例如，在婚姻中，某些决定（如管理财务或规划假期）默认是由丈夫或妻子去做，他们有权在特定的情况下选择退出。在许多情况下，这种做法与人们在面对私营或公共机构时选择不做选择有着相似之处。他们可能希望租车公司、医疗服务人员或雇主能代替自己做一些选择。事实上，人们通常愿意支付高额的费用来让别人做这些决定。但即使不涉及明确的支付或代理权的授予，人们可能也会宁愿被免除选择的义务，因为这种免除会降低决策成本或犯错成本，或两者兼有。

举个例子来说，假设琼斯认为他不可能为自己的退休计划做出很好的选择，又不想通过学习获得这种能力，因此他偏向于（选择）由相关专家选择的默认规则。用穆勒的话来说，难道琼斯不是最了解自身情况的吗？穆勒坚称：“普通男性或女性拥有无与伦比的获取知识的手段，其他任何人都望尘莫及。”[9]

或者，假设史密斯特别忙，希望将精力集中在最重要的事情上，而非正确的医保计划或计算机隐私设置。难道穆勒的观点不支持尊重史密斯的选择吗？无论选择者选择了什么，福利主义者的观点似乎都要求尊重选择者的选择，即便这种选择是不做选择。如果我们对于自由选择的信仰是建立在只有人们自己知道什么最适合自己的基础之上，那么当人们自由地选择不做选择时，这种观点也应该支持并尊重他们的决定。

或者可以从福利转向自治和尊严方面的来考虑。假设温斯顿行使自主权，决定将决策权下放给其他人，从而放弃选择权，如在涉及医保、能源供应商、隐私设置或信用卡计划等情况中。如果私营或公共机构拒绝尊重这种选择，这是对温斯顿尊严的侵犯，还是维护？至少我们有理由认为，如果尊重自主权，那么需要尊重人们是否及何时做选择的决定。鉴于人们要做无数决定，这种观点显得特别合理，他们可能会通过关注对自身来说最重要的事情而不是看似微不足道的、无聊的或者困难的事情来决定是否愿意行使自主权。

但人们是否真的会因默认规则的存在而感到困扰，或者说如果他们意识到默认规则已经为他们做了选择，他们是否会感到困扰？对于这个问题，我们没有完备的答案；默认设置和信任程度毫无疑问是相关的。但请注意，根据临终关怀的经验发现，即使人们被明确告知默认规则的存在，并且因默认规则会影响人们的决策而选择了默认规则，但实际上也没有影响人们的行为。[10] 这个发现说明人们会对默认规则感到不舒服，即便他们意识到选择架构师选择了它们，并且它们被选择是因为其具有显著效果。越来越多的证据表明，默认规则的透明度不会降低其效果。[11]

选择的自由

诚然，我们可以想象在艰难的情况下，选择不做选择似乎是对自由的放弃。在最极端的案例中，人们可能会选择以某种基本方式放弃自由，就像“9·11”事件之后那样。在次极端的案例中，人们可能会选择不投票，这并不是说不出现在投票站，而是（正式地）将他们的投票权委托给他人。此类委托是不被允许的，原因之一是这也许会破坏投票制度的内在逻辑（部分原因在于这种行为会产生禁止兜售投票权原本已经化解的集体行动困境），但也可能是因为个人放弃了自己的自由。

或者，人们可能会因为尊重宗教信仰或未来的配偶而选择不做选择，也可能会将这些选择委托给其他人。在涉及人们生活的核心问题的案例中，我们可以得出这样的结论：选择的自由不能被放弃，人们必须自己做出决定。

我们无法轻易指出哪类情况属于此类别。人们可以就这个问题进行很好的辩论。但即使该类别范围很广，这也不该成为对“出于对自主权的考虑，人们应该被允许在一些领域不做选择”这一主张的普遍反对。

非对称

促使选择的家长主义并不是一种自我矛盾的说辞，但它可能具有独特的吸引力，并且在某些方面与家长主义的形式完全不同：不促使选择，积极劝阻选择，禁止选择。第一类的案例很常见，如默认规则的案例；第二类则包括用来劝说人们委托权力而非亲自选择的警告或提示。第二类的案例确实少见，但我们绝对可以想象出在金融或医疗抉择方面的案例；第三类的案例也很常见，是那些反对家长主义的人最常用的靶子。

那些赞成促使选择的家长主义的人可能会承认上面一段话的合理性，但也会抗辩说我们实际上讨论的是辩论者的观点，甚至是一种双关语。他们可能会指出其动机明显具有吸引力，并且只要促使选择，对家长主义的关注就会被削弱甚至消除。我曾指出这些关注非常重要。但那些赞成主动选择的人可能会说，他们实际上并没有表现出不尊重选民或以任何方式侮辱他们，相反一直都在尊重他们。

这些人也可能会补充说，他们真正关心的是选民的福利。当然，还需要警惕选择架构师犯错的风险，他们可能会对个人情况的重要性一无所知、有偏见或忽视，并可能声称自己是穆勒最忠实的追随者。即使承认有些人会选择不做选择，他们也可能会提出这种说法。可以肯定的是，将机场路线委托给出租车司机做选择的决定可能并非是错误的，但涉及自己的医疗保健或财务状况的决定呢？

其中有些观点是合理的。没有人怀疑那些不想选择的人可能会反对那些试图影响或推翻他人欲望的局外人或中间人。但确实，促使选择的人拥有独特的动机，这与尊重选择者有关。这就引出了正当性的问题。

家长主义是正当的吗

福利

即使选择者自由选择不做选择，这种选择也可能会不符合选择者的利益（选择者会对利益做出定义）：承认这一点很重要。因此，促使选择甚至要求选择的家长主义可能也有福利主义的理由作支撑。或许，选择者选择不做选择仅仅是因为自己缺乏重要的相关信息，这表明默认规则可能是有害的或者选择架构师是无知的或不值得信任的。也或许他在承受着某种形式的有限理性。行为市场失灵通常被理解为由人为失误引起的非标准性市场失灵，它可能会影响不做选择的决定，就像它可能会影响做选择的决定一样。

例如，一位非选择者或许会因为在最近的选择中犯了错并对此产生了过度反应而受到可用性偏差的不良影响。又或许选择者是短视的，并且受到短期选择成本的过度影响，进而低估了可能非常大的长期利益。现状偏差可能会对不做选择的决定产生影响。人们可能会面临人际关系中的集体行动困境，在这种情况下，前期所做的选择会在后期损害其福利。

但对于那些基于福利主义立场而拒绝家长主义的人来说，这些顾虑通常是提供更多和更好的信息的理由——这不是为了阻止人们做出选择，包括不做选择的选择。或许选择者应该受到助推而进行选择。促使选择的家长主义，作为自由家长主义的一种形式，可能会比要求选择的家长主义更受欢迎。

从福利的角度来看，支持促使选择或支持要求选择的观点在广义上与促使或要求任何其他行为的观点是一样的。当然，福利主义者反对家长主义或许是错误的。我们能够轻易地想象，基于福利的理由，家长主义是十分正当的。我们尊重他们反对的权利，但问题在于选择不做选择在一般情况下还是在特定情况下可能会出错？理论上我们没有理由认为某种特定选择会特别容易出错。鉴于人们容易过度自信，不做选择的选择甚至可能是正确的，这会给要求选择的家长主义带来严重的问题。对个人犯错的顾虑似乎最多可以用来支持促使选择的家长主义，而非更加咄咄逼人的家长主义。

考虑一下这方面的证据：人们花费太多时间试图做出正确的选择，正是这样才导致了重大的福利损失。在许多情况下，人们低估了选择和扩大利益的时间成本，造成“在预测拥有更多选择自由（相对于更少选择自由）在任务绩效和任务方面产生的情感影响时出现系统性错误”。[12] 如果出现了这样的系统性错误，那么我们有理由认为，人们可能会基于福利缘由，在不应该做选择的时候进行选择。如果选择具有内在价值，那么人们会选择在自己能做得更好的情况下进行某种形式的授权，至少在物质方面会如此。

我的目标不是为福利主义者在面对家长主义时所持有的拒绝立场背书；我只是想指出这些基本论点适用于所有形式的家长主义，包括那些会干扰不做选择的决定的家长主义。可以肯定的是，一些福利主义者宁愿干扰别人的选择；他们很可能是自由家长主义者，也可能是非自由家长主义者。最简单的一点是，代表选择自由的典型福利主义者的论点适用于那些（自由地）选择不做选择的人，并且那些想要干涉这种选择的人很可能是家长主义者。以福利为理由的家长主义是否正当取决于具体情况。

自主权

我们已经看到，从自主权的角度来说，对不做选择的决定进行干预肯定是令人反感的。当出租车司机要求乘客做出选择，他们或许正在侵犯乘客的自主权；当乘客说“你决定吧”时，他是在行使自己的自主权。允许选择者将自己的注意力放在他们愿意注意的地方，这是一种尊重，也是对于其尊严的认可。

正如我们之前看到的那样，最明显的例外是那些将选择视为对自由的背离的情况。或许也还存在其他例外情况。这就引出了一个问题：促使选择或要求选择的家长主义是否通常会因为自主权的缘故而具有正当性？雇主或许认为员工应该自己选择医保计划，这样他们的能动性能够得到锻炼和提升。这不仅涉及医保计划，还涉及需要统计素养的一系列广泛选择。对于医疗事务而言，最好能通过提供简单的信息或教授人们相关统计知识来提升其能力，并秉持这样的信念：在这一方面所做的努力将会提升人们在多个领域的自主性。在退休计划的案例中，类似的考量也会支持主动选择。这样的例子不胜枚举。

以上种种表明，如果目标是为了尊重或提升自主性，我们应该拥抱还是拒绝促使选择的家长主义并没有定论。从一方面来说，人们在决定何时及是否要做选择的时候就是在行使自主权。事实上，这是行使自主权的基本途径。这也是拒绝保留选择的家长主义的一个重要原因。从另一方面来说，做选择就像身体的肌肉，可以在使用中不断得到强化。对于选择架构师而言，最普遍的建议是，出于自主性的理由，人们应当能够根据具体的情况决定做选择或不做选择。但在某些情形中，提升自主性本身可以用以证明影响或推翻不做选择的决定的正当性。这种观点的可靠性取决于在特定情况下因自主性而促使选择所具有的价值。

第6章

助推与福利

某些助推措施旨在减少经济外部性：试想一下让人们关注环境的燃油经济性标签，或者让人们自动使用绿色能源的默认规则。但是，许多助推措施旨在提升人们通过选择为自身带来更多福利的可能性。助推的核心目标在于"自主判断，提升选择者的利益"。[1] 社会规划师或选择架构师对于什么能让选择者更加受益有着自己的理念，但在我们看来，其指导原则在于让人们自己做判断。更确切地说，其指导原则就是福利，而人们自身的判断是检验助推是否能提升他们的福利的一个良好（即使不完美）途径。

最后一句话会引发很多质疑，并且对"自主判断"（As Judged By Themselves）标准中潜在的歧义感到疑惑肯定是合情合理的。重点自主判断是选择者在助推之前还是助推之后做出的？如果助推改变了人们的偏好，使他们喜欢助推所产生的结果，但他们之前并未想过会有这样的结果，该怎么办？如果偏好是由相关的选择架构师所构建的，该怎么办？如果人们的事前判断是错误的，也就是说助推能够提升人们的福利，哪怕他们不这么认为，该怎么办？我们是否想询问选择者实际的、可能是无知的或存在行为偏差的判断？如果选择者拥有所有相关信息并且不受相关偏差的影响，那么我们是否有权询问他们是怎么想的？

在此，我的目标是探索自主判断标准的含义，并厘清一些歧义。正如我们将看到的那样，应区分以下 3 种情况：第一，选择者具有清晰的先验偏好，而助推能帮助他们满足这些偏好；第二，选择者面临着自我控制方面的问题，而助推可以帮助他们解决这个问题；第三，选择者将对两次或多次助推所产生的结果感到满意，或者事后偏好是内生的或由助推构建的，以至于自主判断标准为选择架构师留下了几个选项，但没有指明具体选择哪一个。符合第一种类型的情况明显能够满足自主判断标准，并且这样的情况很多。从自主判断标准的角度来看，符合第二种类型的情况也是没有异议的，事实上它们可以被认为是第一种类型的子类，并且数量众多。符合第三种类型的情况会带来特别的挑战，这会导致我们直接询问人们的福利，或探究知情的、主动的选择者通常会做出怎样的选择。

在一组启发性的评论和对助推的批评中，经济学家罗伯特・萨格登（Robert Sugden）提出了一个简单的问题："人们是否真的愿意被助推着朝更健康的生活方式前进？"[2] 这是一个实证性问题，对此我们拥有大量的证据。其答案为"是"，至少在许多国家，绝大部分民众支持面向健康生活方式的助推。[3] 有人或许会反对说，对于助推的总体性态度并不能具体地回答萨格登的问题，并且最好不要笼统地询问人们是否赞成助推，而要更加具体地询问他们是否愿意被助推。但是，对与健康相关的助推的普遍赞成强烈地说明，后者的答案很有可能也是"是"，并且已有的证据表明，如果单独询问，后者的答案也是"是"。[4] 可以肯定的是，在这些问题上还有更多需要深入了解的地方。

这些发现不能解答概念性和规范性问题。人们想要做出接近被助推方向的选择，这是什么意思呢？人们的偏好与可以想象的助推之间是什么关系？根据行为调查结果，我们如何能自信地说出人们的"偏好"？如果人们希望被助推，为何他们还没有准备好去做那些将被助推着去做的事情？这些都是十分重要的问题，并且它们都是实证性的问题。

在没有参考案例的情况下，我们无法理解自主判断标准的操作。在无数的案例中，我们可以公平地说，鉴于存在着先验偏好，助推将会让人们更好地利用自主判断。例如：

1. 卢克有心脏病，需要吃各种药。他希望能做到按时吃药，但有时也会忘记。他的医生会定期给他发短信提醒。然后，他就会吃药。他很高兴能收到这些信息。
2. 梅雷迪思有轻微的体重问题。她清楚这个事实，尽管她没有严重的自控问题，也不希望停止享受她所喜欢的美食，但她确实希望能减轻体重。根据一项新法律的规定，她所在城市的许多餐馆都应使用明确的热量标签，告知顾客各种食物的热量值。于是，有时她会选择低热量的食物，如果没有这样的热量标签，她是不会选择这类食物的。她的体重正在下降。她很乐意看到热量标签。
3. 埃德娜是一所大型综合性大学的教授，这所大学的员工可以选择参加退休计划。埃德娜认为签署这项计划是个好主意，但她并没有这样做。她觉得有点不好意思。去年，学校换成了自动加入计划，也就是说员工会默认加入学校的这项计划。员工也可以选择退出，但埃德娜没有，她很高兴能自动加入该计划。

我们对这些案例并不陌生。相反，它们反映出了现实世界中的助推的较多类型，其中既有政府的助推，也有私营机构的助推。选择者拥有一个目标或各种各样的目标，相关的选择架构师可以使他们更容易或更难实现目标。只要我们通过参考人们的先验偏好来理解自主判断标准，就可以满足该标准。请注意，如果助推让人们不能很好地利用自主判断，因而未能满足标准，那么在这种情况下设计不同的助推也很容易。

我们可以让卢克、梅雷迪思和埃德娜的案例变得更加复杂，即假设他们拥有明确的先验偏好，而助推与他们的偏好并不相符，最终由于助推，他们的偏好发生了变化。例如，乔纳森喜欢在开车的时候用手机打电话，他会在上下班途中与朋友聊天，也会谈生意。在一系列强烈警告的作用下，他停止了这种行为。他很高兴。现在，他甚至无法想象为什么有人会在开车时打电话。在他看来，那样做太危险了。

经过助推，卢克、梅雷迪思、埃德娜和乔纳森都认为自己变得更好了。这些案例引出了一个问题，即自主判断标准是否需要参考先验偏好或事后偏好？这是一个很好的问题，直接询问人们的福利便可以找到答案——我将在后文中回到这个问题。我的主要观点是，按照最初的说法，卢克、梅雷迪思和埃德娜的案例都是直接明了的。类似的案例很常见。

有些案例则不同，因为它们引发了有关自我控制的问题：

1. 泰德有吸烟的习惯。他希望一开始没染上这个习惯，但是却戒不了。政府最近发布了一项新的要求，即香烟包装盒上必须印有人们因吸烟而罹患严重疾病（包括肺癌）的图像。泰德被这些图像深深地触动了，他不忍目睹这些图像。于是他戒烟成功了，他很高兴。
2. 琼是一所大型大学的学生。她有酗酒的问题。她很喜欢喝酒，但是也没喜欢到一定程度，而且她也担心喝酒会给她的成绩和健康带来影响。她说她曾想减少饮酒，但是自己也不知道为何，总是很难做到。她就读的学校最近开展了一项旨在减少校园饮酒的教育活动，（准确地）指出 80% 的学生每月只喝两次酒，或者更少。在了解到这样的社会规范后，琼终于下定决心减少饮酒。最终她做到了，她很高兴。

在这些案例中，选择者都有自我控制的问题，并且充分意识到了这一事实。泰德和琼可以被视为具有二阶偏好的计划者和具有一阶偏好的行动者。助推有助于增强计划者的力量。提出关于自我控制和计划者–行动者模型的哲学和经济问题很有意思，但只要泰德和琼欢迎相关的助推，并且事前和事后都如此，那么就已经满足了自主判断标准。从这种意义上来说，自我控制的问题需要他们自身的“全球定位”设备，因此可以认为这与导航性相关；人们希望锻炼自我控制能力，但是他们并不确定应该怎么做。助推能够帮助他们。但是对于面对此类问题的选择者而言，从定性的角度来说，潜在的挑战是很独特的，并且他们也都承认这一事实。

这些案例符合自主判断标准。但是，人们是否承认自己面临着自我控制问题呢？当然，这是一个实证性问题，而我初步的研究表明答案是肯定的。在一个劳务众包平台上，我向大约 200 人问过这个问题：

> 许多人都认为自己存在自我控制问题，或轻或重。他们有的吃得太多，有的吸烟，有的喝太多酒，有的存不下钱。你认为自己有自我控制问题吗？

结果显示：高达 70% 的人承认自己有问题（55% 的人“有点同意”，15% 的人“强烈同意”）。只有 22% 的人不同意。还有 8% 的人持中立态度。

这是一个初步的研究，必须承认的是，这个问题或许本身就含有一种助推，如“许多人都认为自己有问题……”。无论多数人怎么说，泰德和琼的案例涉及人们生活的许多领域，从旨在帮助人们消除烟草和酒精成瘾的计划的受欢迎程度就可以看得出来。我们应该承认，在项目中起作用的助推或在项目中所使用的助推很有可能可以满足自主判断标准。

还有一些更复杂的案例。但在其中的某些案例中无法明晰人们是否具有先验偏好。而在另外一些案例中，如乔森纳的案例，他们的事后偏好就是助推的产物，或者说是由助推所构建的。有时候这两个因素是相互结合的（营销人员很清楚）。正如阿莫斯·特沃斯基（Amos Tversky）和理查德·塞勒（Richard Thaler）很久之前所说："价值观或偏好通常是在启发的过程中得以构建的。"[5] 若如此，我们应该如何理解和应用自主判断标准呢？举例来说：

1. 乔治很关心环保，但同时他也很看重钱。现在他用的是煤发的电，他知道煤对环境不好但很便宜，并且换成风力发的电太麻烦了，而且还会更贵一些。他对目前的状况相当满意。上个月，政府施行了一项关于电力供应商的自动加入计划：人们将自动使用风力发的电，稍微支付一点溢价，除非他们选择更换。乔治不想费力去更换。他说自己喜欢这种自动加入的方式。他同意这项政策，同意自动加入。
2. 玛丽自动加入了一项青铜级医保计划。这项计划比白银级和黄金级稍微便宜一点，但是医保范围没有那么全面，免赔额也更高。玛丽喜欢青铜级，没有更改的意愿。在一个平行世界中（跟我们的世界很像，但又不完全一样），玛丽自动加入了黄金级医保计划，它比白银级和青铜级更贵，但医保范围更全面，免赔额更低。玛丽喜欢黄金级计划，不想改变。
3. 托马斯患有一种严重的疾病，正在考虑是否应该做手术，这项手术既有潜在的益处也存在着潜在的风险。他在网上查阅了手术的相关资料后，依然不知道该不该做。托马斯的医生建议他做，并且强调了如果不做损失将有多大。他决定遵从医生的建议。在一个平行世界中，托马斯的医生建议他不做手术，并向他强调做了之后损失将有多大。他决定遵从医生的建议。

在最后两个案例中，玛丽和托马斯似乎都没有先验偏好；他们的偏好（在玛丽的案例中）是默认规则的产物或者（在托马斯的案例中）是由默认规则所构建的。乔治的案例不甚明确，因为他也许拥有支持绿色能源的先验偏好，但我们可以轻易地从叙述中捕捉到，他的偏好跟玛丽和托马斯一样，在某种程度上是默认规则的产物。

这些就是我目前所关注的情境：人们缺乏先验偏好，而他们的喜好是助推的产物。他们的偏好是由助推产生的。被助推后，他们都很高兴，或许还很感激。我们还看到，即便人们拥有先验偏好，助推也有可能改变它，哪怕他们事先不愿意被助推，但是最终他们都很高兴，或许还很感激。

在所有的这些案例中，自主判断标准的应用变得更加困难了。选择架构师无法坚称自己只是在证明选择者的先验偏好。如果我们事后再看，人们确实认为他们的处境变得更好了，从这个意义上说，这个标准得到了满足。对于自主判断标准的使用而言，挑战在于无论玛丽和托马斯是如何被助推的，他们都认为自己的处境变得更好了。在玛丽和托马斯的案例中，我认为在对两个世界进行选择时至少没有逃避福利主义的分析。我们需要思考一下，什么样的方法能让人们生活得更好。此类案例中存在着一个关键问题，那就是选择哪种助推。尽管如此，自主判断标准依然是相关的，因为它限制了选择架构师的作用，哪怕它没有指定唯一的结果，就像人们拥有明确的先验偏好而助推不会改变这种偏好的情况一样。

自主判断标准的重点并不在于消除对家长主义的控诉。通常，它在心理上可以接受选择者具有先验偏好，无论这是不是“潜在的”，但由于缺乏信息或存在行为偏差，他们的选择并不令自己满意。请回想一下卢克、梅雷迪思和埃德娜的案例。当然，我们可以想象，某些形式的选择架构会对拥有信息或没有这种偏差的人造成影响。一位理智的餐厅顾客有可能会选择她看见的第一种食物，因为她很忙，没有多余的精力进行挑选。请看这个案例：

> 里根喜欢单位的餐厅。她倾向于吃高热量的食物，她也清楚这一点且非常喜欢。单位最近对餐厅做了重新设计，将沙拉和水果摆在最容易看见和拿到的地方。现在她经常选择沙拉和水果，并且很喜欢它们。

根据设定，里根没有任何行为偏差，但她受到了助推的影响。然而，在许多（标准）案例中，拥有行为偏差或不知情的选择者会受助推影响，而偏见较轻的及知情的选择者则不会；越来越多的文献研究了在这种情况下的处理方法，并仔细参考了（在我看来是）自主判断标准的其中一个版本。[6]

在里根及其他所有类似的案例中，该标准不会让选择架构师感到困惑：如果她不喜欢沙拉，就违反了这个标准。从规范的角度来看，如果选择架构师成功地改变了其目标人群的偏好，那么说助推满足了自主判断标准可能并不完全令人感到欣慰。但就我们所关注的主观福利而言，选择者在事后是否相信助推产生了他们认可的结果，这是一个有着高度相关性的问题。

显而易见，助推增加了导航性，因为它们让人们能够到达自己想去的地方，并因此使他们的先验偏好得以满足。许多有助于克服自我控制问题的其他助推受到了选择者的热烈欢迎，因此满足自主判断标准。很多人都承认自身存在此类问题。如果人们没有先验偏好，或者这些偏好不怎么坚定，同时助推构建或改变了他们的偏好，那么自主判断标准就更加难以实施，并且它可能无法导向唯一的解决方案。但它同时限制了备选解决方案的范围，因此又有助于确定选择架构师的工作方向。

第 7 章

无效的助推

没有人可以否认有些助推是无效的或适得其反的。例如，信息披露可能丝毫没有效果。当然，如果助推对于人们来说太复杂或无法理解就会产生这样的结果，即使它其实既简单又明了。当人们被告知糖果棒的热量值时，他们可能没有从中学到任何新知识，并且即使学到了一些，也许仍然会无动于衷。有听觉障碍的人会对提示音置若罔闻；警示会被人忽视，甚至会让目标行为更有吸引力。在某些特定情况下，对人类行为的驱动因素的合理（抽象上正确的）理解是错误的；一旦助推被检验，就会失去原有的影响力。

用著名经济学家阿尔伯特·赫希曼（Albert Hirschman）的名言来说，助推可能是徒劳的，至少接近徒劳。[1] 或者说它的影响可能有悖常理，从某种意义上说还可能与预期相反。例如，热量标签会增加热量的摄入。助推可能还会危及其他重要目标。例如，旨在减少污染的助推最终增加了社会中处境最不利的成员的能源成本。赫希曼的主要目标在于探究“反应的修辞”，即那些试图为现状辩护的人的修辞论证，而不在于说明徒劳、有悖常理和危险是无法避免的，或是很有可能发生的。相反地，他认为的这些可预测的修辞举措，有时是恶意的。但毫无疑问，包括助推在内的公益改革，通常会遭遇 3 种情况中的一种。徒劳、有悖常理和危险可能反映的是现实而非修辞。

在选择架构师的所有工具中，默认规则或许是最有前景的；它们也几乎是被讨论得最多的。但有时它们几乎没有作用，或远远不及预期。[2] 在此，我的主要目标是指明出现这种情况的两个原因。第一个原因涉及选择者的强烈的反向偏好，这会导致他们选择退出默认规则；第二个原因涉及反助推，即经济利益受到威胁的人所采取的补偿行为。简而言之，机构或许可以让选择者按照自己所希望的方向前进，这通常是在行为洞察的帮助下进行的。正如我们将会看到的那样，这两个原因也有助于解释许多助推的潜在无效性，而不仅仅是解释默认规则的无效性。

这里存在着一个有用的简化办法，那就是假设选择者在决定是否要放弃默认规则或者拒绝一种助推时，他们会考虑两个因素：决策成本和犯错成本。如果拒绝助推的决策成本不是特别高，并且选择者相信这样做能极大地减少犯错成本，那么助推将是无效的。我们还将看到导致助推无效的其他原因。在这些原因中，最重要的就是选择架构师所使用的看似合理的（但最终是错误的），关于选择架构如何影响行为的假设。

如果助推无法发挥作用，当然就会引出应该怎么做的问题。答案取决于规范标准。助推可能最终是无效的，或者说效果低于预期，但这也许是件好事；这或许可以解释为何选择架构师选择的是助推而非其他工具（如行政命令）。假设选择架构师关注并且希望提升社会福利。若如此，提升福利能产生正确的标准，而有效性则不能。如果仅仅通过助推的话，助推的无效性或者有效性的程度很少能，甚至完全不能告诉我们社会福利的状况。想象一下，如果 90% 的相关人群选择退出默认规则，那么助推在很大程度上是无效的。再试想，如果 10% 的人选择退出而 50% 的人没有。在以上情况中，选择架构师必须从各方面考虑，最终结果是否能说明助推的成败。要进行这样的考虑，他们必须针对社会福利的结果提出具体的问题。

其中一个答案是，如果助推是无效的或者效果未达到预期，是因为它对于那些没被影响的人来说这并不是一个好主意。它的失败是有启发性的，总的来说助推应该受到欢迎。因为如果选择者忽视或拒绝这种助推，是因为他们知道什么才是最佳的选择。如果可以对无效性进行诊断，那么这个答案就说得通了，因为它证明了人们是依照能提升自身福利的（准确）感觉行事的。有时这个结论是正确的，但有时因存在良好的行为等原因则未必正确。

第二个答案是要尝试不同类型的助推。测试以行为为依据的干预措施并从这些测试中获得知识是非常重要的；学习到的内容或许可以很好地指向其他助推。如果人们的选择（如忽视警示或退出）是基于困惑、偏见和误解，如果更好的助推能够消除其中的一座或三座大山，那么这个答案或许就是最佳的。实际上，许多助推并没有提出严格的规范性问题。它们旨在促进几乎完全符合选择者利益或社会整体利益的行为。我们无法对助推的失败进行诊断。在这样的情况下，采用更好的助推或许可以成为正确的反应方式。例如，若警示失败，那么增加默认规则或许就是一个好主意。

第三个答案是采取更加激进的、超越助推的方法，如经济激励（补贴和税收）或强迫。如果选择架构师知道选择者正在犯错或涉及第三方利益，那么采取更加激进的方法就说得通了。有些助推旨在保护这些利益，如环保助推或旨在减少犯罪的助推。在这些情况中，保留选择权的方法或许能被证明是不恰当的，或者最好以激励措施、行政命令和限制手段作为补充。我将在第 10 章就这个问题做进一步的阐述。

为何默认规则能被接受

在此，我将重点讨论默认规则，并且从解释为何默认规则会对结果造成重大影响开始。我大量探究了其中的 3 个原因。[3] 第一个原因与惯性和拖延（有时被描述为努力或努力税）有关。为改变默认规则，人们必须通过主动选择来拒绝默认规则。尤其（但不仅仅）是在人们很忙的时候，或者在问题很难、很有技术性的时候，推迟决定或不做决定就会变得很诱人。鉴于惯性的力量和拖延的倾向，人们或许会继续维持现状。注意力是一种稀缺资源，动用注意力需要付出努力；默认规则之所以能被接受，是因为人们面临的选择不值得付出上述努力。

第二个原因涉及默认规则所提供的、被视为信息符号的内容。如果选择架构师明确地选择了默认规则，许多人将会认为他们面临的是潜在的推荐，并且是由了解他们（以及那些自私但不可恶的人）行为的人推荐的。如果是这样，那么他们或许会认为自己不应该退出默认规则或主动选择，除非他们有可靠的私密信息能证明更改选项是正确的。主动选择是有风险的，若不是非常确定应该这么做，他们可能不会这么做。

第三个原因与损失厌恶有关，这是行为科学最重要且最有利的发现：人们对损失的厌恶程度远胜于他们对相应收益的喜欢程度。[4]就这个目标而言，关键在于默认规则确定了现状；它也确定了将变化算作损失或收益的参考点。例如，若人们不是自动加入储蓄计划，那么加入的决定或许会被视为一种（薪资的）损失。若人们是自动加入的，那么退出的决定可能又会被视为一种（储蓄的）损失。参考点是由默认规则确定的。

强烈的先验偏好

要想弄清为何默认规则可能是无效的，我们可以从婚后姓名的例子开始。[5]美国所有州都有一个同样的默认规则：男性和女性在结婚时都保留他们婚前的姓氏。在绝大多数的案例中，美国男性都遵守这个规则。相对少量的男性会在婚后更改姓氏。相反，绝大多数的美国女性都会更改姓氏，在拥有大学学历的人群中，该比例达 80%。[6] 在这一方面，默认规则似乎对女性的影响相对较小。可以肯定的是，如果默认规则的要求是更改姓氏，那么更改姓氏的女性的比例可能会更高。尽管如此，这一案例也说明了美国大多数已婚女性对默认规则持排斥态度。

为何这项默认规则对美国女性不起作用？其中有 4 个重要因素。

第一，也是最重要的因素，是许多美国女性都强烈希望更改自己的姓氏，她们的愿望并不是不清晰的。这不是一个复杂的或陌生的领域：默认规则能帮助人们构建偏好，而人们的偏好是模糊不清的，或者说人们需要努力才能确定自己的偏好。诚然，许多女性毫无疑问地受到了社会规范的影响，其中部分人也许会希望不受影响；但由于那些规范的存在，她们的偏好并非是不清晰的。如果社会规范很强大，它可能会超过合法的默认规则的影响；事实上，它可能会成为默认规则的功能等效物，这是一个具有普遍意义的观点。[7]

第二，这个问题对于已婚女性来说非常重要。它并不是一个背景问题。因为婚姻是一个已被界定的和正在被界定的事物，需要付诸行动的时间相对明晰。因此，拖延和惯性就显得不那么重要了，努力税值得支付。

第三，对于部分或者许多更改姓氏的人来说，这是一种庆祝方式。这并不是大多数女性试图推迟，或视之为义务，抑或帮助未来的自己的一种活动。如果人们确实喜欢选择，选择是有趣的或者有意义的，则因默认规则而产生的假定的努力税则不属于此类。它的标志发生了变化，甚至可能是一种努力补贴。有时选择是一种利益而非负担。

第四，保留婚前姓氏会增加成本，尤其但不仅仅是当有孩子的时候。如果一位妻子与丈夫的姓氏不同，或者丈夫与妻子的姓氏不同，他们可能需要对此加以解释来消除他人的困惑。在某些私营机构或公共机构中，解释说明这些问题可能非常费力、费时。对于部分女性来说，如果她们的姓氏与丈夫不同，就会给生活增加许多困难。

因此，社会实践创造了强烈的动力来克服默认规则。可以肯定的是，这些实践在不断变化，至少在某些国家是这样。如果满足相关的条件，如强烈的偏好、清晰的时间点、关于退出的积极情绪、退出更加容易和简便，那么默认规则就不可能再拥有那么大的影响力。

出于当前的目的，我的核心观点是强烈的偏好可能足以确保默认规则不会被人接受。在此类情况下，惯性会被克服。人们不太会受到默认规则中的建议的影响（在婚后姓氏的特定情境中，默认规则或许根本没有提供这样的建议）。损失厌恶的相关性较低，在某种程度上是明确的偏好和相关的社会规则而非默认规则，确定着衡量损失的参考点。

下述的 4 个例子，反映了强烈的先验偏好的重要性：

1. 在英国开展的一项研究发现，大多数决定退出储蓄计划的人的默认缴款率通常很高，为税前收入的 12%。[8] 只有约 25% 的员工在一年后仍保持这个比例，而 60% 的人都换成了更低的缴款率。默认的缴款率并非是完全无效的，因为 25% 是一个很大的比例，但如果储蓄计划的默认缴款率更贴近人们的偏好，那么它的有效性将会更高。
2. 如果很大一部分退税被默认换成美国储蓄债券，许多工人会选择退出。他们中的大多数人拒绝这项默认规则，很明显是因为他们对于如何支配退税金有着明确的计划，对把退税金换成储蓄债券没有什么兴趣。[9] 他们的偏好非常强烈，并且在默认规则之前就已形成。

3. 与默认规则有效性的发现一致的是，恒温器默认设置的变化对经济合作与发展组织（OECD）的员工产生了重大影响。[10] 在冬季，默认温度下降 1 摄氏度就会导致平均温度设置显著降低。但当选择架构师将默认温度下调 2 摄氏度，平均温度设置的下降幅度实际上缩小了，显然这是因为有足够数量的员工认为这个默认温度太冷而将温度设置成了他们所希望的温度。面对明显的不适，惯性被克服了。根据这个发现，我们或许可以大胆地提出以下假设：如果人们感觉冷得难受，他们就会倾向于改变默认规则。可以肯定的是，强大的社会规范或良心上的感受可能会抵消这种影响，前提是它们必须足够强烈。[11]
4. 大量研究表明餐厅和杂货店食物的摆放位置会严重影响人们的选择。但是，食物摆放位置对于选择的影响程度是有限的。[12] 雷内·德威克（Rene A. de Wjk）等人试图增加全麦面包的销量，一般来说这种面包比其他面包要更健康些。曾有几个星期的时间，他们把全麦面包放在面包货道的入口处，这是最醒目的位置。又有几个星期，他们将其放在货道的出口处，这是最不显眼的地方。行为预测认为，如果全麦面包的位置更加醒目，就会有更多人购买。但实际上并没有产生这种效果。全麦面包的销量占全部面包销量的 1/3，而放在入口处或出口处对此结果没有产生影响。正如几位作者所提出的，对这一发现的最佳解释是无论超市的货品阵列如何，人们知道自己喜欢什么样的面包并会依此做出选择。强烈的先验偏好超越了默认规则的影响。另外请注意，研究发现，尽管通过与默认规则功能等效的方法使学生可以很好地被助推而做出更加健康的选择，但是研究者却无法消除孩子们对于不健康的炸薯条的强烈偏好。[13]

在这些案例中，我们可以进行有用的简化，即假设选择者都是基于决策成本和犯错成本做出是否退出默认规则的理性决定的。如果完全没有偏好，或者偏好很微弱，选择者就会接受默认规则或不去关注偏好。注意力是一种有限的资源，人们不该平白无故地消耗它。如果偏好完全不存在或者很微弱，默认规则所包含的信息符号就具有了合理的影响力。但如果选择者具有强烈的相反的偏好，做出相关决策的成本就会降低，因为人们已经弄清了自己的想法；而坚持默认规则的成本就会上升，因为人们知道规则会引导他们走向错误的方向。

任何此类关于成本和收益的分析通常都是直观的、自主性的，而不是审慎的、具有反思意义的，并且还有可能与启发和偏差有关。对于许多选择者而言，在完全合理地权衡成本和效益的基础上，惯性的力量可能大于它原本应有的程度。此外，人们生活中的近期事件，包括某段时间内可用收入的匮乏或对于某种事物的糟糕体验，可能触发可得性启发，并错误地引导人们拒绝默认规则或任何类型的选择架构。关键不在于拒绝默认规则的决定反映了准确的计算结果，而是人们可以做出关于是否拒绝助推的直观（且快速）或审慎（且缓慢）的判断。

反助推

假设把自身利益看得很重的行动者具有强烈的动机来说服人们选择加入或退出默认规则。他们可以采取有效的措施来实现这一目标。他们可能会说服人们进行选择，从而克服默认规则，使之无效。[14] 这样一来，他们就是在进行有效的反助推。

美国联邦储备委员会（Federal Reserve Board，简称美联储）于 2010 年实施了保护消费者免受高额银行透支费用影响的监管措施。[15] 为了提供这种保护，美联储并没有施以任何强制措施，而是对默认规则进行了管制。该措施规定，银行不得自动让消费者加入透支保护方案；此外，消费者必须签约才能加入。更特别的是，除非账户持有人明确签约加入银行的透支计划，否则委员会的管制会禁止银行从其活期存款账户收取透支费用。[16] 非注册默认规则的目标之一是要保护消费者，尤其是低收入消费者，不让他们承受相当于极高利率的贷款。实际上，这种贷款的利率高达 7000%。其核心思想在于最终许多人会在无意中支付大笔费用。如果默认规则改成消费者在真正想要加入这个项目时才会加入，那么他们就能得到免于承担超额收费的保护。

一般而言，管制应该起到非常大的作用。此外，对于默认规则的力量的理解其实有助于管制措施的颁布。美联储明确表示："研究表明，消费者有可能会遵守既定的默认规则，也就是说，如果消费者不采取任何行动，就会出现这种结果。"美联储同样还参考了关于自动加入更高额度退休储蓄计划的研究。它强调了不切实际的乐观现象，即消费者可能会不切实际地认为自己不会透支。没有人说默认规则可以完全解决不切实际的乐观问题，但它能够针对其最严重的有害影响提供补救措施，至少在默认规则能被接受的情况下是可以的。

正如法学家劳伦·威利斯（Lauren Willis）在一篇重要的文章中所指出的那样，监管的效果并没有预期的那么好。[17] 原因在于大部分人选择加入计划，从而拒绝未注册的默认规则。准确的数字尚未得知，但加入计划的总体水平大约为 15%，在某些银行中则高达 60%。还有一个最令人震惊的发现：在每月超支次数超过 10 的人中，这一水平似乎超过了 50%。

其中主要的原因在于许多银行希望能够收取透支费用，因而采用了大量的告知性行为策略（behaviorally informed strategies）来促使人们加入计划。对于那些相信加入计划对许多或大多数消费者不利的人来说，这明显是一个为了私利而利用行为研究发现的案例。正如威利斯所指出的那样，他们采取了许多措施，以便让加入计划足够简便。例如，仅仅通过在自动取款机上按一个按钮就可以实现。他们还积极营销，并制订经济激励措施，说服人们选择加入。他们非常巧妙地利用了人们的潜意识，即不加入计划的成本很高，而人们的潜意识往往是不准确的。例如，他们派发相关资料给消费者并进行解释，“您可以免受……商家因退货而向您收取的费用”，还有“拒绝透支计划（Bounce Overdraft Program）旨在保护您免受……交易被拒绝的成本”。他们派发了许多资料，以说服消费者相信加入计划是符合其经济利益的。

请看以下摘自一家银行的营销材料，它明确地利用了损失厌恶：

> **好的：保留我的账户的自动取款机和借记卡透支功能。**
> **不：修改我的账户，取消自动取款机和借记卡透支功能。**[18]

在退休金计划的案例中则出现了很大的反差，供应方热情地为自动加入背书，丝毫没有表现出让人们退出的兴趣。如果能有更多人加入，那些运营退休金计划的人就会很高兴，因此他们很乐意与雇主或政府合作，促使人们加入。相反，面对美联储提倡的银行并不喜欢的默认规则，银行至少在某种程度上进行了报复。在储蓄的案例中，如果供应方希望人们退出，默认规则就会失去黏性。

通过这个具有启发性的案例，我们可以得出一个普遍的结论，那就是如果监管机构强烈反对默认规则并且可以轻易地接近消费者，他们或许也能利用不同的策略（包括行为策略），以鼓励人们按照机构所希望的方向采取行动，从而摒弃默认规则。在这些案例中，默认规则之所以无效，并不是因为选择者本身不喜欢它，而是因为公司和机构说服他们予以拒绝。重要的是，在这里也可以看到人们对决策成本和犯错成本做出的缓慢或快速的判断包含着重要的转折，即默认规则的受众（主要是受影响的公司）努力降低（实际的和认为的）决策成本并提高人为的犯错成本来使助推无效，这是很有用的。

在隐私领域，许多人也支持特定的默认规则，即保护隐私的默认规则，除非人们自愿选择放弃。[19]如果公司希望人们放弃隐私，也许能劝服人们这么做。它们或许是利用类似联邦储蓄案例中金融机构的策略；也许是将放弃隐私权作为享有服务或访问网站的条件。[20]威利斯本人提供了一个在荷兰发生的案例，这个案例创造了一种“不要跟踪我”的默认规则。她解释道：“在面对法律时，几乎所有公司（甚至是非营利组织）都要求消费者选择放弃隐私，以此作为使用公司网站的条件，而不是在承诺不跟踪方面进行竞争。”[21]

总的来说很简单：默认规则或其他形式的选择架构之所以无效，通常是因为把自身利益看得很重的行动者（如香烟公司）具有施加某种反助推的动机和机会，以引导人们按照他们的期望进行选择。

如果助推失效该怎么做

如果默认规则被证明是无效的，则助推实施者会有 3 种可能的反应。第一是由于自由发挥了作用，他们对此结果感到满足。第二是从失败中学习，尝试不一样的助推，并不断测试。第三是采取更强硬的措施——反一反助推，甚至是行政命令或禁令，因为自由引发了一些问题。

正如我们之前看到的那样，对于这些反应的评估取决于规范性；助推被证明是无效的这一事实本身并不能告诉我们还应该做些什么。如果助推失败了，我们或许会总结道：从福利的角度来说，这并没有什么不妥；人们自主选择，也许是好事。但是许多助推是没有争议的。这些助推旨在鼓励人们用非常低成本的办法来改善生活，如果失败了，人们的生活就会变得更糟。如果选择架构师有充分的理由认为人们的选择无法提升自己的福利，那么就应该考虑其他办法。甚至如果第三方的利益受到了威胁，助推的无效性就会成为采取行政命令和限制措施的理由（见第 10 章）。

在开始之前我们必须澄清一个要点：要考虑受影响人群中出现不同反应的可能性，并且总体效果为我们提供的信息可能远远少于我们需要获得的。有些助推可能从整体上来看是无效的，但可以对特定的亚种群，在特定的时间段或特定的环境中产生巨大的效果。例如，假设热量标签对于大部分人群来说效果很差或者没有效果，但它对患有严重体重问题的人有显著效果，这也说明它是相对有效的。

我们假设 40% 的人选择退出某项默认规则，如一项号召加入退休金或医保计划的规则。那些退出的人或许正是由于自身偏好和处境而应该退出，如这个月或今年需要用钱的年轻人理性地退出了退休金计划。或者，总数可以掩盖一个严重的问题，因为不愿意被助推（如警示或提醒）影响的人群中包含了最能从中受益的人。

发挥作用的自由

假设默认规则没有被接受，因为人们不喜欢它们。在这样的情形中，它们仅仅是默认规则，而非行政命令，这一事实可能既有益又重要。任何默认规则都可能被错误地选择或不适用于个别情况。若如此，人们可以拒绝它的权利就是一种宝贵的防护措施。如果加入默认规则的人数占比很高，这种说法似乎很合理。例如，某个机构采取了支持双面打印的默认规则，但很多人会改成单面打印：如果后者更适合他们的情况，那么这样做没有问题。

如果受到默认规则约束的，把自身利益放在首位的机构使用反助推措施来说服人们拒绝助推，那么可能就会出现类似的情况。上述透支保护的案例似乎是监管失败或至少是不完全成功的事例之一，但结论还不那么清晰。请回想一下，许多人（高达约 85%）没有选择加入那个项目。其实，绝大部分选择加入的人都是那些有过透支经历的人。对于这些人来说，认为加入透支保护计划是一个好主意不是没有道理的。至少他们中的部分或大多数人，是足够理性地做出这一选择的。如果他们不能从银行贷款——透支保护就是某种形式的贷款——或许就得从别处借钱，这就会为自己带来一定程度的不便，并且可能需要承担更高的利率成本。若真如此，许多人可能就得求助于发薪日贷款商，他们的利率可能会更低，但也有可能不会。

不便是一个实际的问题，由于高利率会给人们带来沉重的负担，透支保护也许符合许多或大多数最终加入该计划的人的利益。就此而言，政府对发薪日贷款商的监管会导致消费者不得不求助于同样昂贵的其他信贷源。[22] 这个发现说明，如果人们不能使用透支保护，他们或许就会选择别的措施。

考虑到这一点，我们甚至会认为美联储的政策取得了重大的成功。人们不再自动地加入透支保护计划，并且大多数客户也不再使用这种保护，这样能为他们省钱。与此同时，那些想要或需要保护的人都已签约加入。这听起来就像是一个助推成功的实例，所有的问题都考虑到了。真的吗？当机构成功地说服人们退出一项默认规则时，这个问题就有了答案。这些机构或许是以自身利益为重的，但是它们之间也可能会产生互惠互利的交易。要想知道答案，我们必须进行细节调查，即谁得到了什么？谁又失去了什么？

如果人们在上网时拒绝了支持保护隐私的默认规则，那么也能得出同样的结论。或许那些隐私对于人们来说是无关紧要的。或许那些希望他们放弃隐私权的人可以为其提供一些值得这么做的理由。默认规则赋予人们某种权利，而权利是有代价的。如果人们愿意为了看似令人满意的价格而放弃一项权利，又为何要反对呢？反助推或许会非常受欢迎。

更好地助推

选择架构师或许在一开始就做了假设，假设助推（如信息披露）会按照预期的方向改变人们的行为。或许这种假设是合理的，但最终却是错误的。一旦人们获得了更多信息，他们就会按照一直以来的方式行事。

我再次申明，假设的失败并不能告诉我们是否还应该做其他事情。或许人们收到过关于某种抗癌药风险的警示，但他们置若罔闻继续使用这种药品。若真如此，或许也不会出现什么问题。警示是为了确保选择是在知情权得到保障的前提下进行的，而不是相反。如果人们在获得了关于某些活动（如足球或拳击比赛）的风险信息后，依然坚持自己的行为，这或许也没有错。

然而，假设潜在的问题很严重，一旦人们知情，我们有理由认为至少他们中的部分人应该改变其行为。也许人们不会去申请几乎肯定符合他们利益的福利。也许他们没有做出能大幅改善他们的经济或健康状况的行为（如服用处方药或看医生）。如果是这样，那么可以尝试或测试其他助推。例如，更加明确的警示、使用社会规范或默认规则。信息本身可能不会激发人们的兴趣，其他方式也许会更好。并且，如果默认规则失败，附带信息或警示应该还是有意义的。除了用实验和测试来确定更好的助推方法之外，我们别无选择。

试想以下几种可能。我们已经看到，如果目标是为了改变行为，选择架构师应该“让助推变得简单”；在助推无效的情况下，下一个步骤可能就是“让它变得更简单”。如果信息披露很复杂，那么它有可能不起作用；如果简单，可能就会成功。换言之就是，如果提示信息既冗长又乏味，那么它便可能会失败，但简短而又生动的提示信息就可能会成功。我们同样还看到，人们的行为通常取决于其社会意义，这也许能像补贴或征税手段一样发挥作用；如果助推会影响其社会意义，它就可能将补贴变成征税，或将征税变成补贴。例如，某些类型的信息披露和警示让某些冒险行为看起来很傻、很蠢、很天真。助推可以被改造，以便按照预期的方向影响特定行为的社会意义。公布社会规范或许可以改变人们的行为，但只有当这些规则适用于特定群体，而不是整个国家的时候才可以。如果颁布国家层面的规范不起作用，那么就可以把重心放在能对相关群体产生影响的那些规范上。

没有发挥作用的自由

在某些情况下，选择的自由本身可能就是一种有待验证的好事。由于行为等原因，一个明显受欢迎且效果很好的反助推（如引导消费者或员工走向特定的方向）最后可能确实会降低福利。在一些极端案例中，这或许会毁掉他们的生活。人们也许承受着现状偏差、乐观偏差或自我控制问题。反助推可能会利用某种行为偏差。我们可能需要反一反助推，如阻止人们加入某个不符合他们利益的项目的提醒或警示。

在透支保护项目的案例中，部分加入并最终得到保护的人的结局或许更糟糕。也许他们并不了解该项目及其成本，也许他们被以其行为模式为基础的短信活动欺骗了。也许他们有透支账户的风险，但这并不是因为他们需要贷款，而是因为他们没有关注这些账户，没有仔细检查。或许他们并没有获得足够的信息或不够谨慎。要想评估现有的状况，我们需要知道大量关于加入该项目的人的信息。事实上，通常这就是一个关键问题，并且是一个经验性问题。他们已经加入的事实并不是决定性因素。

这个案例可以被当作一种例证。如果可以使人们远离自身的错误的保护性默认规则或一些其他的助推被设计得很巧妙，而这些措施却不能被人接受，那么失败就不值得庆祝。它们的无效性是在向以自身利益为重，试图利用行为偏差的表演者的成功致敬。反助推是一种操纵或利用，是一种应该抵抗而不是鼓励的行为。或许反助推在鼓励人们吸烟或酗酒；或许它会抵消助推的效果，在此过程中可能会导致人们的过早死亡。

同样的观点也适用于强烈的先验偏好，这种偏好有可能是基于各种错误的认知。全球定位设备是一种最典型的助推，如果人们因自认为知道更优的路线而拒绝设备指定的路线，他们最终或许会迷路。总的来说就是如果退出的决定对于许多或大多数人来说是错误的，那么就有人会认为应该采取更加激进的方法。透支保护的案例向我们展示了同时将重心放在默认规则和其他两类规则上的重要性，其操作就是反一反助推：变更规则和设计规则。[23]

变更规则决定了人们改变默认规则的方式。如果选择架构师希望简化人们的决策过程，同时又缺乏关于默认规则适用于所有人的信心，他们或许会认为消费者可以通过一个简单的电话（很好）或者发送一封邮件（更好）就能加入或退出。或者说，选择架构师会自信地认为，默认规则对于大多数人来说都是正确的，退出将会导致成本的增加。例如，他们或许会要求人们填写复杂的表格或设置一段冷静期。他们或许还会说，即便人们进行了更改，在一段时期（如一年）和重复的步骤后，也会“重回”默认规则。或者他们会要求人们参加某种形式的教育或培训，坚持让人们在退出默认规则之前先进行学习。

设计规则决定并监管着人们在劝说他人加入或退出某个项目时用到的“框架”种类。我们已经看到，金融机构利用损失厌恶来诱导人们加入相关项目。这类以行为为依据的策略可能会变得非常有效。但其中也存在着一个潜在的问题。即使它们在技术上并不具有欺骗性，也可能会被视为具有操纵性，且可能会被证明是有害的。那些信奉选择自由但试图避免操纵或造成伤害的人或许希望限制可用的框架类型。当然，这要遵循现有的言论自由保障措施。设计规则或许可以用来降低操纵的风险。

我们来看一个类比。一家公司宣称其产品是“90% 无脂”的，比宣称产品的“脂肪含量为 10%”更有吸引力。这两种说法的意思是一样的，90% 无脂完全可以被认为是一种操纵。2011 年，美国政府允许相关公司标注它们的产品成份的 90% 是无脂的，但前提是他们必须同时注明其产品含有 10% 的脂肪。我们可以想象存在类似的针对误导性或操纵性框架的限制，这些框架旨在让人们退出默认规则。或者说，选择架构师可能会利用自己以行为为依据的策略，通过损失厌恶或社会规范来对默认规则加以补充，扩大其影响力。[24]

在某种程度上，选择架构师的职责是在更改规则和设计规则中做出选择，他们可以采取措施让默认规则更有可能被接受，即便是在不施加强制措施的情况下。他们或许会得出结论，认为行政命令和禁令是非常糟糕的，但使人们更难脱离默认规则是有道理的。有时候这个结论是正确的。问题在于当选择架构师朝着这个方向行动时，他们就会失去默认规则的一些优势。默认规则具有易可逆的特点，至少在原则上如此。如果更改规则变得十分烦琐，则默认规则可能就与行政命令没有太大不同了。

这里还存在着另外一种可能性：选择架构师冒险使用一种更加个性化的办法。他们或许知道某种默认规则适合某个群体，而另一种默认规则适合另一个群体；针对不同情况订制不同的默认规则，与使用大规模默认规则相比可能会产生更大的影响。[25] 或者他们知道某个可识别的亚群体正在退出默认规则，无论是出于好的原因还是坏的原因。在这里我们可以回想一下，总体效果的数据可能会掩盖相关亚群体中产生的极大或极小的效果。如果退出的原因看起来并不好，选择架构师也许会将更改规则或设计规则作为防护手段，或者他们可能会采用信息和警示的相关方法。如果能使这些方法发挥出很好的效果，更加个性化的方法就有望能保护选择的自由，同时提高效率。

然而，保护选择的自由也许并不是一个好主意。事实上，我们可以轻易想到一些案例。在这些案例中，强制或禁止可能由于行为等原因而被合理化了。大多数民主国家都有强制性的社会保障系统，部分是基于这样一种信念，即现状偏差是一种强有力的影响因素，并认为某种程度的强制性储蓄从福利的角度来说是合理的。食品安全法规禁止人们购买会带来理性之人无法承受的风险的商品。此类法规可能是基于这样的信念：消费者缺乏相关的信息，并且为他们提供信息太难或者成本太高；或者他们深信人们存在注意力有限或带有乐观偏差的问题。因此，有些药品不被允许进入市场，而许多药品都需要处方，人们不能随意购买。

很多职业安全和健康法规最终都带有家长主义的色彩，它们采用的是强制和禁令的形式，而非助推。例如燃油经济性和能源效率领域的案例。当然，它们以传统空气污染物、温室气体和能源危机的形式降低了外部性。但如果我们只考虑这些外部性，那么这些要求所带来的利益通常小于成本。对于消费者而言，绝大多数货币化的利益是成本更低的汽油和能源。

根据标准经济的要求，这些利益不应该被计入成本—收益分析，因为消费者可以通过自身的自由选择来获得这些利益；如果他们不这么做，肯定是因为相关的商品（汽车、冰箱）在某些方面不尽如人意。美国政府当前的反应是在行为上的。在燃油经济性和能源效率领域，消费者正在犯某种错误。这也许是因为现状偏差，也许是因为缺乏足够的显著性。有人反对这种观点。但如果它是正确的，基于福利的理由，与行政命令相关的论点可能是可靠的（我将在第 10 章再次探讨这个问题）。

如果涉及第三方的利益，同样的分析会更简单。默认规则通常是为了保护选择者，但在某些情况下，第三方会成为真正的问题所在。例如，一项旨在阻止破坏环境的绿色默认规则的目的是减少外部性并解决集体行动问题，而不是保护选择者本身。以信息披露或默认规则为形式的助推就不是治理污染的首选办法（包括碳排放）。如果助推被派上用场，是要将它作为对更激进方法的补充，或者是因为激进方法不可行（可能出于政治原因）。但如果一项默认规则被证明是无效的，那么我们应该强烈支持实施经济刺激、强制和禁令。

助推无效的 5 种原因

默认规则通常被认为是最有效的助推，但它们或许达不到预期的效果，出现这种结果的原因有两个。第一个原因涉及强烈的先验偏好。第二个原因涉及那些为了经济或其他利益而劝服他人退出默认规则的人所使用的反助推。

这两个原因能被用来解释助推在许多场景中的潜在的无效性。如果人们决意做出具有潜在风险的行为，如吸烟、酗酒、驾驶时发短信、吃不健康的食物，那么信息、警告和提示就会失去作用。举例来说，如果香烟公司和酒精饮料销售商有机会吸引选择者，他们或许会削弱或消除信息、警告和提醒等手段的效果。

需要注意的是，助推可能由于几种不同的原因而无效。我们来看看其中的 5 种原因。

1. 如果助推是基于对行为和人们所应对的不同类型的事物的合理但不准确的理解，它或许不会产生任何影响。这是一个特别重要的观点，它表明了对明显合理的行为假设进行测试是至关重要的。例如，我们或许认为，由于人们厌恶损失，关于潜在损失的警示将会改变他们的行为。但如果这样的警示让他们感到害怕或让他们觉得不能自主行动，甚至基本上禁止了他们的行为，那么我们或许就只能看到很少的改变或者不会发生改变。我们或许认为人们之所以不申请重要的服务是因为申请程序过于复杂，而简化会带来极大的改变。但也许并不会——怀疑、恐惧或惰性才是根源所在，简化的作用或许并没有那么大。

又或者，我们会假设对于社会规范的理解将对人们的行为产生极大的影响。但如果目标受众对一般性的社会规范无动于衷，甚至乐于对抗它们，那么社会规范可能就不会产生效果。有些助推看起来很有希望成功，因为它们能对小的群体或特定的群体产生作用。它们的影响力在别处是否会减弱或消失是一个有待验证的问题。诚然，行为假设的失败应该为其他假设或更加准确的假设铺平道路，包括对原始假设能否立足的环境进行说明。

2. 如果信息混乱或难以处理，人们可能不会受到相关助推的影响。关于信息披露战略的总体有效性存在着激烈的争论。有些人对此非常怀疑。可以确定的是，此类策略的设计极其重要。披露助推或教育助推的影响力一般来说比理论上所预期的要小。[26]

3. 人们或许会对某些助推表现出抵制情绪，例如因为是官方的引导而表示拒绝。在抵制方面所做的大多数工作都对人们是如何因希望保留控制权而抵制行政命令和禁令进行了研究。[27] 默认规则不是行政命令，因此它并没有被预料到会出现抵制问题。但是，行政命令的遭遇与默认规则相同：如果人们对自己服从这些规则感到愤怒或憎恶，那么它们就被证明是无效的。因此，同样地，如果人们不关注社会规范或想要抵制这些规范，那么援引社会规范的努力可能就没有效果。我们还处于了解抵制与助推之间的关系的早期阶段，因此我们尚不能只因自主权得到了保护就确切地说，在大多数情况下抵制不可能成为问题。但在某些情况下，抵制或许能被证明是重要的（更多细节请见第 9 章）。

4. 助推可能只起到短期效果。[28] 如果人们看见一个提示，他们或许会注意到它，但仅此一次。如果人们收到关于健康风险的信息，他们的行为或许会受到影响，但一段时间之后，那个信息就会成为类似背景噪音或家具之类的事物，不再突出或具有意义。甚至图片警告在一段时间之后都会失去共鸣作用。相反地，默认规则更有可能产生持续性的效果，因为人们需要付出努力才能改变它。但是一段时间之后，其信号就会减弱，或者惯性就会被克服。我将在下文对何种情况下助推有可能产生长期的效果进行阐述。[29]

5. 有些助推或许会对预期的行为产生影响，但也会引发补偿性行为，从而使整体效果丧失。例如，假设智能餐厅的设计能够引导高中生食用健康食品。同时假设这些学生在零食时间、晚餐或放学后会吃垃圾食品。这样的话，这种助推就无法改善公众的健康状况。有种被称作“反弹效应”的一般风险，例如节能汽车会让人们增加用车时间，这样就会降低提高燃油效率的干预措施的效果或使之无效。也许助推能鼓励人们增加锻炼，但也会导致他们吃得更多。

总的来说，如果人们能够找到相对应的抵消方法，那么任何形式的选择架构，包括默认规则的使用都有可能只产生很小的效果或者没有效果。可以将补偿行为的观点看作强烈先验偏好的一般类别的子集，但它指向的是一种更加具体的情形。在这种情形下，相对于选择架构师真正的关注点，助推的显著成功是一种幻觉。助推有产生意想不到的副作用的风险，如环保助推增加了人们无法轻易承担的风险。这就是前文中赫希曼所说的危险。

真正重要的是福利，而非助推的有效性。基本无效的助推也可能会产生积极的福利效果；有效的助推也许会损害福利。支持助推而非其他更加激进的手段的一个主要原因在于，助推保护了选择的自由，允许人们自主行事。在许多情况下，这是一种真正的美德，而助推的无效对于部分或许多人来说并不可惜。但当选择者明显在犯错误或涉及第三方时，从福利的角度来说，助推的无效为采取更加激进的措施提供了一个很好的理由。

第 8 章

助推与道德

任何人都不应该怀疑，某些助推和某些类型的选择架构会导致严重的道德问题。例如，某些政府利用助推来加剧种族、性别或宗教歧视。即便是真实的信息（如犯罪率）也有可能会煽动暴力和偏见的火苗。诉诸暴力的群体或国家通常会为了自己的目标而使用助推。哪怕助推本身没有非法目的，我们也有可能会怀疑那些使用助推的人是否能尊重他人。

对于助推和选择架构的潜在担忧指向了 4 项基本承诺：第一是福利；第二是自主权；第三是尊严；第四是自治。某些助推可能会违反这些承诺中的一项或多项。我们很容易辨认会损害福利和让人们浪费时间或金钱的助推；毫无益处的默认规则可以被归为此类，旨在说服人们购买过多的保险或进行愚蠢投资的教育活动也属于此类。助推可以并且经常会破坏环境。过度的污染在某种程度上是无益的选择架构的产物。

我们从这个角度来看看小说家戴维・福斯特・华莱士（David Foster Wallace）写的故事："有两条小鱼儿在游泳，它们碰巧遇到了从对面游来的老鱼，老鱼向它们点头，说道：'早上好，孩子们。水怎么样啊？' 两条小鱼儿继续游了一会，最后，其中一条看着对方说：'水到底是个什么鬼东西？'"[1] 这是一则关于选择架构的故事。选择架构是无法避免的，无论我们是否能看见它。它就相当于水。大自然本身也是一种选择架构，因为它会影响人们的决策。[2] 人类无法在没有大自然的情况下生活，大自然在助推。

我们可以想象以下观点：可以肯定的是，选择架构是无法避免的，但它可能是大自然或某种自发秩序的产物，而非有意识的设计或设计师的行为。“看不见的手”机制通常会产生选择架构。或者说，选择架构可能是真正的随机过程的产物，并且选择架构师可能会故意选择随机性，这样做的原因在于它具有某种中立性。

在某些假设下，自主选择架构尤其危险，因为它的目标很明确。但这指的是哪些假设呢？它们有可能是真的吗？自发秩序为何及何时会是良性的呢？这其中是否涉及社会达尔文主义？随机性的优点在哪？我们应该同意这个观点：心怀恶意的选择架构师，在意识到助推力量的前提下，可能会带来巨大的伤害。但是，最严重的伤害往往来自行政命令和禁令这种强迫性的措施，而非助推，助推是可以维护选择自由的。

诚然，自发秩序、看不见的手及随机性能避免产生某些严重的危险，以及由政府方面的自发助推带来的一些特殊偏见。人们也许会特别反感刻意的助推。如果我们尤其害怕那些由官方不称职或不良动机产生的错误，我们将希望最大程度地减少实施助推的次数。如果我们相信看不见的手的机制会提升福利或自由，就不希望干扰它们的产物，即便这些产物包括助推。但是，某种程度的官方助推是无法避免的。

在本章中，我将提出 7 个主要结论：

1. 反对选择架构或助推本身是毫无意义的。私营机构不可避免地会进行助推，政府也一样。我们可以反对具体的某些助推、选择架构师的某些目标及选择架构的某些形式，但不能反对全部的助推和选择架构。对于人类而言（或者对于相关的狗、猫、老鼠而言），选择架构无法避免。人们很容易通过提出私营机构已经进行了助推（有时这些助推是自私的，即使是在竞争市场中），来捍卫政府的助推。在某些假设中，这种捍卫或许是正确的，但不是必要的，因为政府有时即使不愿意也得助推。

2. 在这种情况下，道德的抽象概念（如关于自治、尊严和操纵）会造成严重的困惑。我们需要将这些抽象概念变成具体实践。助推有许多不同的形式，道德异议的效力取决于其特定形式。
3. 如果福利是我们的目标，那么出于道德原因，需要大量助推。
4. 如果自主性是我们的目标，那么出于道德原因，同样需要大量助推。
5. 选择架构不应该并且不需要在尊严或自治方面进行妥协，尽管有可以想象到的形式能同时做到这两点。
6. 许多助推之所以被反对，是因为选择架构师心怀非法的目标。如果目标是合法的，同时助推是完全透明且受到公众监督的，那么出现令人信服的道德异议的可能性要小得多。
7. 但是，在高度操纵性干预的情况下，即使人们不同意，也存在这样的反对空间。操纵的概念值得审慎关注，尤其是因为它与自主性和尊严之间存在相关性。

选择与默认规则

前文已经指出，行为科学对两个认知操作系统进行了标准的区分。系统 1：直觉思维系统；系统 2：理性思维系统。[3] 系统 2 能并且确实会犯错，但系统 1 与可识别的行为偏差具有明显的相关性。某些助推试图通过提高审慎的作用和人们的判断力来增强系统 2 的力量，例如通过披露策略和使用预先承诺。其他助推旨在吸引或激活系统 1，如健康图形警告。有些助推的成功是由于系统 1 的操作，如默认规则有时能起很大作用是因为惯性的力量。

助推可能是合理的，因为它有助于抵消行为偏差，但是这并不是助推合理化的必要理由，这一点非常重要。即使没有偏差，信息披露也是有用的。即使人们不存在现状偏差、概率忽略和不切实际的乐观主义等问题，全球定位系统也是有用的。默认规则让生活变得简单，因此无论是否涉及行为偏见，都会被人们需要。

正如全球定位系统案例所表明的那样，许多助推都有着增强导航性的目标：让人们更加轻易地到达理想中的目的地。此类助推源自一种理解，即生活可以轻易地被导航或者很难被导航，并且要想促进简单的导航性，需要有益的选择架构。迄今为止，对导航性与良好的助推之间的密切关系的关注太少了。只要目标是促进导航性，道德异议就会大大减弱。

我们必须承认，如果存在非法因素，就可以改变选择架构，并引入新的助推。实际上，许多对于助推和改变选择架构的最有力的反对都是基于一种判断，即潜在的动机是不合法的。有了这些理由，就没有人会反对这样的助推；这种反对意见成了支持某些助推的理由。

举例来说，我们可以想象一种可能会扭曲民主进程的默认规则，这种规则让选民投票支持某个政治人物，除非他们指明要选别人。这样的规则将会违反中立原则，而这种原则是暗含在民主规则里的。因此，这个默认规则可能无法被接受。再举个例子来说，警示可能在试图恐吓人们：据说少数群体成员有着邪恶的计划。社会规则可以被用来鼓励人们购买不健康的产品。在极端情况下，私营或公共机构可能会试图助推人们使用暴力。

我们必须承认，最佳的选择架构通常会呼吁主动选择。有时正确的方法是要求人们选择，以确保他们的意愿能得到真正的表达。有时最好的办法是提示选择，即询问他们需要什么，但不强制他们这么做。提示肯定是一种助推，旨在让人们表达意愿，并且除了让他们做出选择，提示可能并没有在引导人们走向特定方向上产生作用。

选择架构应该是透明的，并且受到公众监督，尤其是当公职人员要对此负责的时候。一般而言，监管应该在一段时间内接受公众的评论。如果官员为了促进绿色能源或能源节约而改变一项默认规则，他们不应该隐藏自己的所作所为。自治本身要求公众对助推进行监督，这是针对选择架构师的一种选择架构。这样的监督是防范有害助推的重要事前保障，它同样也是一种重要的事后纠正。透明和公众监督能够降低出现有损福利的选择架构的可能性，降低助推威胁自主权或尊严的可能性。国家也应该尊重其公民，而公众监督正是这种尊重的体现。

还有一个问题是，透明和公众监督除了是必需的，是否已经足够了？答案是否定的。我们可以想象，各种各样的选择架构即使完全透明，也不能被人们接受，试想一下那些旨在巩固性别不平等的透明的架构。我再次申明，真正的问题在于相关助推的目标是不合法的。正如我们将看到的那样，我们也可以想象这样的操纵案例：助推的目标不是非法的，但透明或许不足以证明其合理性。

请回想一下，我之前说过选择架构是无法避免的：任何网站都会进行助推，手机或电脑也一样，律师和医生也一样。医生可以通过一种中立的方式来呈现选择，以尊重患者的自主权，但这是一种选择架构，而不是其他。无论何时政府创建网站、办公室或项目时都会创造出选择架构，并且会进行助推。

诚然，在错误面前，教育或许是最佳的回应。有些人主张采用教育干预措施来代替助推。在某种程度上，反对意见令人感到困惑；至少某些此类干预符合助推的定义，并且它们肯定也是一种选择架构。如果主张教育，那么自然而然就会产生这样一个问题：不主张什么？

在某些情况下，默认规则可能比教育更可取，因为从选择者本身的角度来说，它可以保留理想的结果，而不用要求他人参加类似于统计学或金融学的课程。[4] 对于那些购买手机、平板电脑和电脑的人来说，要求他们坚持这种对所有相关特征进行主动选择的教育是不可能的。生活中的很多事情之所以可行，是因为产品和活动都设有默认规则，并且人们并没有被要求在选择之前接受指导。这里有一个挥之不去的问题，那就是教育成本能否证明在特定情况下的收益是合理的。默认规则可能是最好的。

尽管选择架构和助推是无法避免的，但某些助推肯定是可以避免的。某个地方政府可能决定不开展阻止吸烟或不健康饮食的运动；它可能会制止让人们进行某种投资的助推。在这种程度上，我们有理由怀疑政府是否应该尽量减少助推。如果我们不信任公职人员的动机，或者认为他们的判断可能是错误的，我们就会要求最大程度地减少助推。我们最好将针对选择架构和助推的某些道德异议理解成这样一种请求，即请求将助推最小化，但不是消除助推。事实上的请求可能要比这里所说的更精准。至少在某些情况下，这是一种主张，即政府不应采取某些为了达到操纵目标而损害人们的自主权和尊严的干预措施。

7 种对助推的反对意见

以下是一些针对助推的潜在的反对意见：第一，助推是一种家长主义的做法；第二，某些助推会侵犯人们的自主权；第三，某些助推可能会被视为强迫，即使它们在技术层面上保护了选择的自由；第四，某些助推会侵犯人们的尊严，人们可能被当作幼儿或儿童对待了。“保姆国家”（nanny state）的概念就是对这个反对意见的概括；第五，某些助推可以被当作某种形式的操纵。因此，从这方面来说，助推不会永远都是透明的。例如消极选择营销（negative option marketing），即购买某些产品的人发现他们加入了每月付费的计划。这类助推可以说是在隐瞒顾客的情况下实施的；第六，某些助推会阻碍或至少不促进学习。第七，选择架构师可能也会犯错，尤其是当他们为政府工作时，因此最好可以尽可能地避免助推。

但重要的是，不要将这些顾虑视为对改善选择架构所做努力的全盘否定。这些反对意见是否适用于促进主动选择的举措？例如，告知消费者食物的热量值，提醒人们账单到期，或询问人们是否愿意加入自动退休计划。我们或许会怀疑这些顾虑被应用到真实世界的绝大多数助推上时的威力。让我们来逐项讨论这些反对意见吧。

助推是一种家长主义做法吗

如果家长主义是被反对的理由，那是因为它违背了某种基本的承诺或原则。例如，它可能会破坏自主权。尽管家长主义经常被当作独立的反对意见，但真正的原因是家长主义在一半或者特殊情况下，违背了人们一贯珍视的原则。

选择架构可能是家长主义，也可能不是。但是，只要助推试图利用选择架构来引导人们朝着提升自身福利（这由选择者自己判定）的方向前进，那么助推就可以被视为一种“自由家长主义”。全球定位系统设备也可以被这样理解，提示、警告、社会规则的运用及默认规则都是如此。

这是一种独特的家长主义，因为它是软性的，并且是以手段为导向的。只要不采用强迫或物质刺激，且会完全维护选择的自由，那么它就是软性的。只要不试图质疑或改变人们的目标，那么它就是以手段为导向的。跟全球定位系统设备一样，它尊重人们的目标。对于那些反对家长主义的人而言，最严重的顾虑产生于面临强迫之时（选择的自由受到阻碍），以及社会规划师或选择架构师不尊重人们的目标之时。在这种情形下，助推的实施者就希望不要遇到针对家长主义的某些标准的道德异议。

尽管如此，有些怀疑论者还是会反对家长主义。其中许多反对意见都指向了个体的福利，以及规划师或选择架构师会向家长主义妥协的风险。鉴于人们自身所拥有的品位和价值观，他们或许不仅是自身目标的最佳评判者，并且还是实现这些目标的最佳手段的评判者。人们可能会因为要看风景而拒绝全球定位系统建议的路线；全球定位系统可能无法轻易地抓住或服务于他们的诉求。在某些情况下，强制性全球定位系统设备会扰乱人们的目标。

此外，手段与目标之间的区别并不总是简单明了的。其中一个问题在于我们描述人们的目标时的抽象程度。如果我们在描述人们的目标时足够具体，如吃哪种巧克力蛋糕、吸哪种烟、在开车时发短信，那么人们采用的手段实际上就是他们的目标。巧克力蛋糕正是他们想要的，它不是其他东西的手段（除了吃蛋糕的经验）。

如果我们对人们的目标的描述是高度抽象的，如“拥有美好的生活”，那么几乎所有事情都是实现这个目标的手段。如果是这样，那么我们就无法捕捉人们真正关注的问题；我们就会忽视对他们来说真正重要的事物。这些观点对于那些支持纯粹手段取向的家长主义的人来说会引发一些问题。他们必须小心谨慎，以确保自己没有高度抽象地描述人们的目标，从而误解人们所关心的事物。

如果把全球定位系统设备当作一种指南型的类比，只要选择的自由能够完全得到维护，我们就不容易看到助推成为令人讨厌的家长主义。至少有些助推是完全聚焦于手段的。试想一下人们对事实产生误解的情况，例如关于消费品或投资的特征。如果助推告知他们相关信息，那么就是尊重他们的目标。或者假设人们具有行为偏差，出现这种情况也许是因为他们使用了可用性法则，也许是因为不切实际的乐观，但能纠正误解的助推就能帮助他们实现自己的目标。

可以肯定的是，很难通过这些术语对某些行为偏差进行分析。如果人们具有现状偏差，那么助推是以手段为导向的一种家长主义吗？假设人们吃高热量食物、大量饮酒或不参加锻炼是因为他们重视的是今天和明天，但不那么重视明年或十年之后。如果助推成功地让人们开始关注他们的长期利益，那么一段时间之后，它就会增加人们的总体（自我的）福利。但这样的助推仅仅是关注手段吗？如果一个人被视为时间长河中的一系列自我，那么选择架构师就能有效地将福利从早期的自我重新分配到后来的自我（并且可以假设实现了福利的最大化）。但在这种情况下，我们无法明确地说这是家长主义作风。如果一个人在时间长河中是连续不可分割的，而不是一系列的自我，那么（根据假设）抵消现状偏差的努力会削弱选择者在做选择时的目标。我们很难质疑相关的目标是选择者当时的目标还是后来的目标，以及聚焦于有关自我的终身总数据或指数是不是确认选择者目标的最佳手段（我倾向于这样认为）。

让我们把最困难的问题放在一旁，先承认某些形式的选择架构会被视为家长主义。这有问题吗？正如我们之前说到的那样，拒绝家长主义的原因与福利有关：对于什么能够提升自身的利益，人们也许是最好的判断者。正如穆勒相信的那样：也许外人会犯错。经济学家哈耶克曾提出一个非凡的建议："意识到我们在他人（选择者）所知的大多数信息上有着无法弥补的无知，这是关于自由的讨论的主要基础。"[5]哈耶克谈论的是福利，而非自主权。他认为，“他人”作为选择者，必然比“我们”知道的信息更多。例如，选择午餐吃什么、在哪里居住、跟谁约会、做什么工作的他人。从福利的角度来说，维护自由、聚焦于手段的家长主义被反对的可能性更小。对于行为偏差的理解表明，人们或许会在尊重手段的同时犯错；但对于选择者的专有知识的赞许表明，我们应该尊重他们关于自身目标的判断。

有人可能会回应道，即使是以手段为导向的助推也不会充分了解情况，至少政府的助推是这样的。公职人员在制订默认规则时，或许会把人们引导至糟糕的方向；他们或许会告诉人们一些假的或者无用的信息。如果我们极度怀疑公职人员的诚信和能力，就会希望政府尽可能地减少助推的实施，并且偏爱来自看不见的手和自发秩序的选择架构。

理论上不能排除这种观点。这取决于对政府犯错风险的某些假设；无论它是否正确或尚不清楚是否应将其视为明显的道德异议。同时也不清楚是否应将其视为对增加导航性所做努力的反对，除非我们认为这些努力本身可能会被误解。

在遭遇对于事实的无知和行为偏差时，有些福利主义者会被强制性的家长主义吸引。[6] 如果家长主义能够提升福利，那么福利主义者应该支持这种家长主义。对于福利主义者而言，这是一个很好的观点：无论是硬性的还是软性的家长主义，都应该根据具体情况进行评估，除非有系统性的、福利主义的合理原则或假设可以用来反制家长主义。

这样的假设可能是出于良性原因，并基于选择者可能比选择架构师更具信息优势这一判断。但是在一些情形中，这个判断是不正确的，因为选择者缺乏相关事实的准确知识，而选择架构师拥有这些知识。但将这一点作为支持强迫的理由就会带来很大的风险，至少在涉及第三方利益时会是这样。助推的优势在于它能降低这种风险，因为在助推中人们能自主行事（见第 10 章）。

在信息缺失的情况下，提供信息的助推就是一种自然的矫正方式。但在某些情况中，如自动加入退休金计划，人们就很难以福利为理由拒绝它。诚然，主动选择或许更好，但结论并不是显而易见的。这在很大程度上取决于决策成本和犯错成本。福利主义者可能会更倾向于支持保留选择的方式，这是基于个人通常知道什么最适合自己的理论，但默认规则保留了选择。默认规则在某些方面有家长主义特征这一点不应该成为被反对的决定性理由。

另一个拒绝家长主义的理由与自主权和尊重个人的理念有关。耶鲁大学哲学教授斯蒂芬·达维尔（Stephen Darwell）写道："家长主义令人反感的特征不在于那些试图让我们受益但违背我们意愿的人在关于什么对我们有益上犯了错……而是犯了一种关于尊重的错误，他们没有认识到在一定范围内，人们有权自己做出选择。"[7] 这将引导我们讨论下一项反对意见。

某些助推会侵犯人们的自主权吗

助推是否会侵害自主权？我们在上文中说过，助推是无法避免的，那么在某种程度上这个问题会让人感到困惑。它似乎是以现有的助推不会损害自主权这个判断为前提的，而提议的或实际的新助推将在以前不存在助推的地方进行助推。这是错误的。真正的问题在于某些具体的助推是否会侵害自主权。

无论如何，自主权需要的是在信息充足的情况下进行选择，而许多助推是特意为确保可用于选择的信息充足而设计的。在缺乏信息、存在（从行动者自身的角度来判定的）行为偏差或某种系统性错误的情况下，对于这样的被正确理解的助推是否侵犯了主权这一点并不是确定的。在社会环境不可导航的情况下，助推会提高其导航性而非造成损害。全球定位系统设备不会产生与自主权相关的问题，对用户友好的电脑也不会，为简化按揭贷款或信用卡协议所做的努力也不会。

同样重要的是，自主权不要求在所有情形中都做选择，自主权也不能证明在所有情况下都要求进行主动选择是合理的。如果人们必须在所有地方都进行选择，他们的自主权就会减少，因为这样一来他们就无法将注意力分配给最值得关注的事情。时间管理与自主权之间也存在着密切联系。如果说助推会降低时间管理的难度，那么它们也带来了一种重要的自主权。

尽管如此，从自主权和福利的角度来看，优良的选择架构通常包括主动选择。默认规则或许会侵害自主权，尤其是当它们没有追踪到人们可能的（明智的）选择时。我们需要记住，由于惯性的力量，人们或许不会拒绝有害的默认规则。若如此，就会侵害他们的自主权，因为最终得到的结果并不是他们特意选择的，或者不是他们现在或将来会喜欢的。

与默认规则相比，维护自主权方面的利益是否要求保障主动选择取决于具体情况。通常主动选择是最佳的，应该被纳入相关的选择架构中。但从自主权的角度来说，在某些方面默认规则可能优于主动选择。如果人们选择了不做选择，或者他们在被问到的情况下才做选择，那么强迫他们做选择就是对其自主权的一种侵犯。如果人们希望做选择，默认规则并没有剥夺他们选择的权力；当然他们也可以拒绝默认规则。即使存在惰性，许多人也会这么做。保护选择的自由对于尊重自主权有很大的裨益。关于自主权，真正的问题在于操纵的可能性，我在后文会讨论这个问题。

某些助推是强迫吗

如果选择架构师强迫人们，那么这就不仅仅是在助推了。但怀疑论者或许会再次强调，由于惰性的力量，人们或许会被动地接受默认规则，哪怕他们对由此产生的结果毫不关心——如果他们关注相关问题就会拒绝这个结果。

我们应该思考一下将这种情况描述为强迫是否恰当，因为没有人被强迫着去做任何事情。但肯定存在一种风险，即哪怕人们没有明确同意发生在他们身上的行为，默认规则也可能会产生有害的结果。选择架构师需要考虑到这种风险。但只要选择的自由得以维护，且是真实的而非形式上的，那么就不存在强迫。

某些助推会侵犯人们的尊严吗

强迫的反义词是自由，尊严的反义词是羞辱。我们将在下文中对其进行讨论，这或许是所有反对意见中最有趣的一项，尤其是当它与操纵问题结合在一起时。

关于尊严在道德中的地位存在很多争议。以一个非常规的观点来看，尊严是福利评估的一部分。如果人们感觉受到了羞辱，或者认为自己没有得到应有的尊重，那么我们就可以说他们遭遇了福利的损失。这种损失可能是极其严重的。在评估福利后果时，必须要考虑到这样的损失。

优秀的福利主义者应该承认，侵犯尊严与其他类型的损失具有本质的区别，这与金钱的损失或者失去前往海滩玩耍的机会是不一样的。但以福利主义者的观点来看，与其他被损害的方面相比，尊严损失也不过是损失的一种。出于辩论的目的，假设通过图像和强烈的情感呼吁激发人们强烈的情绪（系统 1）以便阻止人们吸烟，我们有理由认为这是对尊严的侵犯，因为这可以被当作对吸烟者的不尊重。因此，一些吸烟者可能也会这样认为并提出反对。如果能挽救大量生命，哪怕会造成相关的尊严上的损失，福利主义者可能也愿意支持这种情绪化的呼吁。

还有一种观点认为，侵犯尊严不仅仅是福利主义演算的一部分。这种侵犯依赖于人们的主观感受，并且这是一种严肃的行为，尤其当它来自政府时可能更甚。除非具有压倒性的强有力的理由，否则（也许）这种行为是不被允许的。如果我们赞同这种观点，那么就有一个特别重要的问题，即助推是否会侵犯人的尊严。

再回到我的总体观点上来：反对意见的效力取决于特定的助推。全球定位系统设备没有侮辱任何人的尊严。真实信息的披露基本不会被视作对于尊严的侵犯。当然，这是在信息有用，并且人们需要它的情况下。提高导航性的助推不会侵犯尊严。

诚然，如果政府不断提醒人们已知的事情，那么可能是对尊严的一种侮辱，这是一种幼稚化。每个小孩，以及每个曾经是小孩的人，都能回忆起这种幼稚化，并且也可以在成年人的生活中发现它。如果人们每小时或每天都被提醒同样的事情，他们有理由觉得自己没有得到尊重。如果人们不断被提醒截止日期即将来临，他们可能会感觉自己被当作小孩一样对待了。

如果选择架构师使用社会规范让人们知道大多数人的做法，那么这就不太可能会具有羞辱性。然而，在某些情况下，重复地调用社会规范仍然可能会变成与尊严有关的问题。如果提醒在不断地重复、表现出了优越感或（有意）激发出了强烈的情绪，而不是仅仅给人一种真实的现实情况的感觉，那么也可能会导致同样的问题。

同样，理论上人们不会反对助推，但是会反对他们可以想象到的助推。与此同时，必须强调的是，在不常见的假设的范围之外，不受欢迎的且大量的提醒对尊严造成的侵犯，是相对少数的，并且从引起西方政治传统对于尊严的关注的立场来看，这是一种有趣的谦虚的说法。

尊严与默认规则之间存在着什么样的关系？如果雇主让员工自动加入退

休和医保计划，其尊严几乎不会受到影响。如果一家手机公司设置了一系列关于手机和合约的默认规则，那么在尊严方面也没有什么不妥。

但我们可以想象一下情况更加严峻的案例。假设政府坚持让各种餐馆实行“默认餐食”，以便人们能够获得某些健康的选择，除非他们另作要求。合理的反应是：为何不让人们自由地选择他们想要的食物？为何他们应该遵守默认规则？或者，假设政府为成年人制订了一个“默认锻炼计划”，这样他们就应该参加某些活动，除非他们明确选择退出。人们或许会做出同样的合理反应，也许还会带着很强烈的激动情绪。这里还有更加温和且现实的提议：医生应该让吸烟者加入某项默认戒烟计划（有权选择退出）。那么自动加入会侵犯尊严吗？

请注意，这类默认规则可能会受到福利主义者和非福利主义者的反对。福利主义者希望聚焦于人们的主观感受。他们认为，在这一规则中人们被当作小孩对待了，而人们反对这种待遇，这在他们的评估中是非常重要的。非福利主义者坚持认为应该反对侵犯尊严，即使这样做是出于某些与福利相关的理由。问题在于，非福利主义者是否及何时会愿意用与福利相关的理由来推翻反对意见？

在极端情况中，默认规则可能确实是对尊严的严重践踏。若如此，那么无论我们的基本承诺如何都应该强烈反对。但是，将极端案例或臆想案例作为反对默认规则的普遍理由是错误的。如果某机构采用双面打印的默认规则，或者人们被自动纳入医保或退休计划，那么他们就没有受到不尊重的对待。与绝大多数默认规则发挥作用的现实世界相比，与尊严有关的反对意见在理论上的影响力更大。当然，在某些实际情况中，必须认真对待这样的反对意见。

某些助推是操纵吗

为了处理反对意见，我们需要谈谈操纵这个复杂的概念。仅为了改变人们的行为而提出的倡议不能被称作操纵。警告司机他即将驶入沟渠或撞车，这不是在操纵。同样的，提醒别人账单到期或医生的预约近在眼前，这也不是操纵。

我们目前尚不清楚，操纵是不是一个简单的定义或者一种充分必要条件。它可能是与各种实践相关的总体概念。但是，我们首先可以说，如果选择架构师不尊重人们的反思性选择能力，如试图以隐蔽的方式改变人们的行为或利用人们的弱点，那么这就存在操纵的嫌疑。如果有人通过让你关注毫无意义但令人兴奋的功能，从而说服你购买一部很贵的新手机，那么你就是被操纵了。或者，有人用健美人士变得更加健美的视频来说服你购买一台无用的锻炼仪器，那么你也可以说被操纵了。

谎言可以被视为操纵的极端案例。欺骗也算是操纵的极端情况，即使没有人说谎。如果你暗示说某种事物不健康，但其实不然，那么你就是在操纵。

如果行动缺乏透明度，选择架构师的角色或动机被隐藏了或伪装了，这通常也可能会被视为操纵行为。在《绿野仙踪》的关键场景中，巫师说道："不要理会帘后那个人。"帘后那个人当然只是一个伪装成伟大巫师的普通人。如果选择架构师隐瞒了自己的角色，那么说他们是在操纵也不为过。

如果试图以破坏人们自觉选择的能力的方式下意识或无意识地影响人们的行为，这也可以被视为操纵。试想一下这样的定义："操纵是故意并成功地使用妨碍选择的方法来影响他人的一种手段。"[8] 当然，妨碍选择这个词不是自定义的，它可能代指那些不会引发或产生有意识的考虑的方法。若真如此，对操纵的反对就在于它“通过颠覆和侮辱受害者的决策权而侵犯他们的自主权”。[9] 这种反对也适用于谎言。谎言试图通过使用虚假情况而非真相来改变他人的行为（在这种情况下，虚假情况允许人们进行自主决策）。在更严重的情况中，挑战在于要将颠覆和侮辱的观念具体化。

潜意识广告可能会被视为具有操纵性和侮辱性的，因为它在相关人员的背后进行操作，且不会调用他们的意识。这样，人们绕过了自身的思考能力，从而使决策受到了影响。如果这是潜意识广告的根本性问题，那么我们就能理解为何非自愿催眠也会被视为一种操纵行为。但大多数人都不支持潜意识广告，并且，非自愿催眠并没有多大的吸引力。问题在于，禁忌实践是否能使可获得更广泛支持的干预措施出现在人们面前。

一方面，助推普遍或通常会被视为操纵。哈佛大学哲学教授莎拉·康利（Sarah Conly）认为，助推在发挥作用时，“我们不认为人们有能力做出良好的决策，反而会利用非理性来制服他们，这是更有效的办法。我们承认，如果任由人们自行其是，他们通常不能做出正确的决定，而且这违背了自由主义的基本前提，即人们基本上是理性的、谨慎的，因此可以并且应该自主地指导自己”。[10] 控诉非常强烈，但这并不是对大多数助推的公平控诉。请回想一下之前的一些案例：信息披露、提示、警告、默认规则和简化。部分选择架构是基于这样一种认识的：人类受困于有限的理性，但他们并没有诉诸“非理性”，也没有体现出上述判断，即“如果任由人们自行其是，他们通常不能做出正确的决定”。

对此，我们可以参考以下案例。在这些案例中，康利的指控并非是绝对错误的：

1. 选择架构师可能会选择使用健康警示图像，这基于一种理论：情绪化的，甚至内脏器官的展示会产生强烈的效果。

2. 选择架构师可能会运用框架效应（framing effects），并相应地呈现信息。他们或许会借助损失厌恶来暗示人们，如果拒绝采取某些行动就会损失金钱，而不是暗示人们，如果采取某些行动就会获得金钱。他们或许意识到了，相对于产品含有 10% 脂肪的说法，产品 90% 是无脂的说法能产生不同的效果，并且他们会选择能产生目标效果的框架。
3. 选择架构师或许会进行战略决策以决定如何呈现社会规范，并且知道正确的呈现能对人们的行为产生很大的影响，如强调当地社区的行为。
4. 选择架构师或许会对选项进行排序，如餐厅或表格上的选项，使人们更有可能进行某种选择。

如果说这些情况都与最恶劣的操纵无关，那就太过于轻描淡写了。这里面不涉及欺骗和隐瞒，但是否存在试图颠覆或侮辱人们决策权的情况？我曾说过，政府应该使其所作所为保持透明。政府不应该隐瞒其行为或行为背后的缘由。透明是否能消除关于操纵的指控？在此类情况中，答案并不是显而易见的。

如果健康警示图像是为了激发人们的情绪而非告知事实，那么它有可能是一种操纵。但如果这一警示的公开解释正是这一理由呢？如果警示被使用并且被证明是有效的，只因为它调用了人们的情绪并挽救了生命，那会怎么样呢？如果它正因此而受到相关群体的欢迎，如吸烟者，又会怎么样呢？在战略性运用框架效应、社会规范和顺序效应时，可能会出现类似的问题。奥克兰大学教授 T. M. 威尔金森（T. M. Wilkinson）指出，认为操纵侵犯自主权可能过于粗鲁，因为“操纵可能是获得了许可的。如果它是被许可的，那么以正确的方式实施的操纵至少与自主权是相符的，并且有可能会加强自主权”。[11]

如果政府的目标是系统 1，即可能通过框架或情感激发的手段进行助推，可能是因为系统 1 已经成为操纵的目标，并损害人们的利益。在香烟案例中，可以说许多过去的和当前的操纵，包括广告和社会规范都对人们产生了影响并使其成为吸烟者。

这样的话，或许我们可以说公职人员应以彼之道还施彼身，但有人会坚持认为别人的错误并不能成为自己犯错的理由。并且，如果政府试图引导人们戒烟，则必须将其视为成年人并调用他们的思考能力。由此产生的争论并没有明确的答案。有些人支持福利主义立场。我们可以粗略地将福利主义理解为尝试最大限度地提高社会福利。有些人则尊崇某些义务论。义务论认可某些原则，如尊重个人，无论这些原则是否会提升社会福利。对于何时及是否可以接受将系统 1 作为目标或者对人们实施操纵这个问题，福利主义者和义务论者可能会有不同的答案。

可以说，即使是完全透明的，只要选择架构师以情感为目标，或者寻求一种可与人们的直觉或自动思维互动且有效的表达方式，则至少要进行一定程度的操纵。但操纵是分等级的，并且谎言与设计可以吸引人们注意力的替代方案之间存在着巨大的差异。

在日常生活中，如果我们说自己正在认真考虑某个特定的行动方案，朋友或亲人回应以微笑或皱眉，我们不太可能会指责他们是在操纵我们。如果我们使用“操纵”一词来形容那些支持自己所属群体中大多数成员偏爱的方法，或者强调他们所厌恶的替代方法将带来的损失的那些人，则是对操纵一词的扩大化理解。被理解为操纵的行为是连续性的，如果因医生或律师使用肢体语言来支持或破坏替代方案，就认为这是在“颠覆”或“颠倒”患者或客户的思想并提出反对，就显得过于苛刻了。

我们应该能够就以下观点达成一致：从任何相关意义上来说，大多数助推都不是操纵性的。但由于部分助推可以被视为操纵，对其反对或顾虑的程度取决于操纵的程度。无论是出于福利主义者还是非福利主义者的立场，我们都可能会坚持认为，政府撒谎或欺骗公众的行为绝对或几乎绝对是一种禁忌。但毫无疑问，我们应该对情绪呼吁和框架更加宽容。且关键在于这类方法能否产生重大的福利。如果健康警示图像能够挽救很多人的生命，仅因为它被视为一种温和的操纵就不能被接受了吗？福利主义者会为了福利性结果而做出全面的考虑。

诚然，有些人将自主权视为一种独立的利益，他们会在为操纵定案的过程中建立强有力的甚至是结论性的推定。但我希望我已经用足够长的篇幅表明，此处所讨论的最温和的操纵形式限制了操纵概念的界限，将它们排除在可供考虑措施的范围之外实属怪事。

某些助推会阻碍学习吗

做选择就像身体的肌肉，选择的能力可以通过锻炼来增强。如果助推使得肌肉萎缩，我们就会反对它们。此处也一样，需要具体问题具体分析。

主动选择和提示选择基本上不会阻碍学习。信息和提示也不会。相反，它们能促进学习。这里的要点很简单，证据也很有说服力：这类助推能锻炼选择的肌肉。

关于学习，真正的问题在于默认规则。可以说主动选择远比默认规则要好，理由就是选择能够促进学习。例如，试想一下，雇主应该要求雇员对退休计划进行主动选择，还是应该默认这就是适合他们的计划？学习的潜力很可能会有利于主动选择。如果由于默认规则导致某些结果，他们就不能增加知识储备，这可能是一种重大的机会损失。

关于学习的论点与环境有关。对于大多数人而言，在无数关于电脑和手机的决策中最终走向默认设置并不重要，因此他们对于此类设置并没有异议。在其他许多情形中，机构依赖于默认设置而非主动选择的情况也是如此。要想知道选择架构师是否应该利用主动选择，我们需要探索相关情形是否有价值，所有因素是否都被考虑在内，以及选择者在其中能否增加知识储备。

会犯错的选择架构师是反对助推的理由吗

选择架构师也是人，而且有可能具有行为偏差，至少可以说，他们通常是不可靠的。由于选择架构师可能会犯错，那么反对某些助推及某些干预现有选择架构的行为就是合理的。他们或许缺乏重要的信息，哈耶克的追随者强调了他们存在的所谓的知识问题，也就是说公职人员通常缺乏公众整体所掌握的重要信息。选择架构师可能有偏差，这或许是因为他们自身的狭隘利益受到了威胁；许多怀疑论者强调公共选择问题，指向的是自私的私营群体。选择架构师或许自身就带有严重的偏差，如现状偏差、乐观主义偏差或概率轻忽。在民主社会里，公职人员会迅速响应公众观点。如果公众是错的，那么公职人员也可能是错的。

目前尚不清楚这一反对意见是否及在多大程度上符合道德规范，但它确实提出了一个重要的警示性说明。与行政命令和禁令相反，支持助推的一个原因是选择架构师可能会犯错。任何人都不应该否认这个主张，否认这个支持保留选择的方法。如果选择架构师犯了错，至少人们还可以自己选择。

对反对意见的初步反应应该是我们所熟悉的：选择架构是无法避免的。在选择架构师行动时，他们会改变架构；他们不会创造出之前不存在的架构。一部分来自公共机构的助推是不可避免的，希望它的消失是没有意义的。尽管如此，为政府工作的选择架构师可能会认为，依赖自由市场和信任看不见的手的机制通常是最佳选择。若如此，他们会选择或接受体现出这些机制的选择架构。

这个观念会引发许多概念性和实证性问题，此处暂且不表。问题在于它是否真的过于抽象和根植于教条，所以不应该得到支持。诚然，自由市场具有许多优点。但在某些情形下，披露、警告和提示所带来的益处远远多于危害。正如我们之前看到的那样，主动选择有时不如默认规则。如果必须有人决定使用哪种办法，有时候这个角色不可避免地就是政府。确实，对公职人员的不信任会导致对助推的反对，至少在可以不使用助推的时候会如此；但如果助推是教条式的、笼统的，这样的不信任可能会导致公众在福利和自由方面的严重损失。

助推的道德问题

助推和选择架构是无法避免的，但选择架构中由选择架构师故意设计的有意改变真的可能会变成道德问题，最典型的就是在潜在目标非法的情况下。事实上，对非法目标的顾虑是对某些助推提出很多合理反对意见的基础。

如果目标是合法的，那么就需要在密切参考情境的前提下对道德问题进行评估。披露准确信息和实事求是的警示通常是不会遭到反对的。如果并没有隐瞒或伪装，助推也不太可能会违反道德约束，至少不会因为它们可以或正在促进明智选择时违反。

默认规则往往会让生活更加容易管理，拒绝这样的规则是不太明智的。与此同时我们必须承认，主动选择可能比默认规则更可取，至少在学习非常重要并且不可以使用“一刀切”策略的情况下是这样。

此外还存在这样的事实：某些可以想象到的助推会被当作操纵，从而引起与自主权和尊严相关的反对意见。这是一个反对助推的点。但操纵的概念包含核心和外围，一些干预措施不仅仅是外围。即便助推的目标是系统 1，它也能将操纵的概念纳入这样的分类。对于这一点可以参考图像警示或损失厌恶在教育信息中的应用。如果助推是完全透明和有效的，并且它们的动机没有被隐藏，同时也不限制选择的自由，那么它们不应该因为道德方面的原因而被排除在外，无论道德约束的基础是什么。

第 9 章

助推与控制权

美国电视剧《迷失》(*Lost*)中的主要角色之一约翰·洛克(John Locke)在关键时刻呼吁:"不要告诉我什么是我不能做的!"[1]洛克喜欢做事,但更重要的是他不喜欢被告知自己不能做什么。在每一个转折点,他都坚持自己的能动性。

依我之见,洛克式的呼吁与心理学概念"抵抗"有关,这个概念是指人们往往会去做他们被告知不能做的事情。[2]它证明了一种普遍的现象,而抵抗就是其中一个案例:在很多时候,被理解为行动自由的控制权不仅具有工具价值,还具有内在价值。当人们感觉到自己的控制权被剥夺时,他们通常就会反抗,哪怕行使控制权不能为他们带来利益或者有可能还会带来物质上的损失。

政治社会学奠基人托克维尔为我们提供了一种令人印象深刻的解释:"有些人的心一直紧紧依赖着自由,使他们产生依恋的是自由的内在吸引力,是自由固有的魅力,这与自由的物质利益无关;这就是在上帝和法律的唯一统治下,能无拘无束地发表言论、行动和呼吸的快乐。谁在自由中寻求自由本身以外的其他东西,谁就只配被奴役。"[3]就政治学而言,托克维尔可能是对的,也有可能不对。但他肯定抓住了政治心理学的一个重要方面:坚持个人的自主权或控制权的价值,是为了控制权本身,"与利益无关"。他随后立即补充道，许多人“热爱”自由，并非因为“自由赋予他们的物质利益，而是因为他们认为自由本身就是一种利益”。

心理学家和经济学家都研究过控制权的内在价值，但我们需要了解更多，这不仅仅是因为它对于政治和法律都极其重要。私营或公共机构无论何时阻止选择、干预人们的能动性或被人们认为它们在这样做，就会招致反抗。在一些极端情况下，暴力就有可能会出现。想想这个广为人知的案例：2012 年，时任纽约市长的迈克尔·布隆伯格（Michael Bloomberg）尝试禁止苏打饮料和大于 16 盎司的含糖饮料的销售。这是一个适度的举措，但引起了强烈的反响，部分是来自纽约市民的强烈的、集体的洛克式呼吁。在食物、医保和香烟方面的任何形式的家长主义都存在着产生类似抵抗的风险。当然，国与国之间的区别很大。美国尤其容易出现这样的抵抗。但我们是同一个物种：在每一个人的心中，你都能找到洛克式的呼吁。

由于助推保留了选择的自由，它们比强制和禁止要好得多。我们已经看到，在不同的国家，助推获得了绝大多数人的认可。但即便大多数人都拥抱助推，也有小部分人拒绝它们。在某种程度上，有些助推引发了顾虑，这是因为它们也激发了某种洛克式呼吁，至少在某些圈子里如此。例如，默认规则（如自动加入退休金计划或选择绿色能源）允许人们退出并自主行事。但有人认为它们是在削弱能动性和控制权。更广泛地说，人们甚至有理由认为政治运动，如性别平等运动和同性婚姻运动，以及英国脱欧运动很大程度上都是由洛克式呼吁激发的。在美国，洛克式呼吁在特朗普任期内发挥了重要作用，尤其是在他表明针对移民、北大西洋公约组织和《巴黎协定》的态度时。

控制权的内在价值对商业，以及政治和法律都至关重要。公司应在多大程度上保护选择的自由，并向消费者和雇员强调他们最终拥有自主行事的自由？银行、杂货店、软饮公司、手机公司和汽车制造商每天都面临着这样的问题。各类雇主也面临这种问题。答案极其复杂，因为在许多情况下，控制权的内在价值都被保护稀缺认知和情绪带宽的偏好抵消了，因此进一步被明确的或隐含的不做选择的选择抵消了。在每个人的心里，时不时会发出绝望的恳求："你来搞定吧！"

这种请求，在人们去新城市购买房子或进入一个有无数选择的商店，或者当人们试图申请福利、许可证、执照而政府网站要求他们登记冗长的表格等级偏好时会被听到。你可能甚至希望政府禁止某类食物或药品，这并不是因为你不珍惜自己的能动性，而是因为政府知道什么是健康的、什么是危险的。公民或许也愿意对他们的政府说："我们希望你来决定哪种药的预期用途是安全有效的。"鉴于公职人员拥有的信息优势，这很容易成为一种理性的委托。

我们可以把这种潜在的请求（"你来搞定吧！"）称为麦迪逊式呼吁，这是以美国前总统詹姆斯·麦迪逊的名字命名的，他强调共和相对于民主具有诸多好处，在某种程度上是因为在共和的情况下，人们会授权给相关的专业人士，这些专业人士可以做出更优决策。[4]在政治和经济发展历史上，许多人都以各种方式强调过这一点，包括社会学家马克斯·韦伯（Max Weber）和普利策新闻奖得主沃尔特·李普曼（Walter Lippmann）。至于洛克式呼吁，跟麦迪逊式呼吁一样：我们对于什么时候能够听到呼吁及它在什么时候是合理的，都知之甚少。

委托人、代理人与理性选择

当有人剥夺你的行动或选择的自由时，最令人反感的否认控制权就会发生。例如，在你认为合适的时候被禁止花钱，或者被禁止接受你想要的工作。但是，必须强调的是，任何当事人都可以自愿选择放弃部分自由。事实上，这也是在行使控制权，并且这对于自由和福利都极为重要。你也许依赖或指认一位代理人，这位代理人可能有着卓越的学识、没有偏见，或能为你减轻把稀缺的时间和有限的认知资源用于做决定的义务，但这会让你承担某种认知税或享乐税。基于这些原因，麦迪逊式呼吁就有了吸引力。其实在退休金和医保领域，很多人通常都愿意进行小部分或大部分的授权。

与此同时，委任代理人可能是一个巨大的错误。任何代理人都有可能学识不足、无视委托人的真正顾虑、具有自身的偏见，或者会受自身利益的影响。意识到这些问题之后，麦迪逊一派的委托人可能会决定不再委任代理人，或把代理人的权利限制在一定的范围内。这样的委托人可能是希望保留退休金和医保方面的控制权。那些具有洛克式倾向的人会怀疑这样的任命将导致控制权的让渡。从心理学角度来说，他们倾向于相信自己的判断，而不相信那些试图代替他们做决策的人，因此就有了事必躬亲者和控制狂这两个词。

在公共领域中，可以将公民视为委托人，将政府视为代理人。例如食品安全、环境保护、工人安全和国家安全的问题。我在之前提到过，监管可能是一种隐含的，甚至是明确的授权；公民可以决定授予政府选择的权力，甚至助推的权力。[5]在任何一个社会中，对于这样的授权是否合理，公民的意见都会出现很大的分歧。

许多关于公职人员应该做什么的辩论涉及洛克式呼吁和麦迪逊式呼吁之间的对立关系。我推测，那些怀疑会出现让渡控制权的人通常会对让他们这样做的人产生一种即时的、直觉上的，甚至是自动的反应，并且这种反应是极其消极的。根据目前的心理学研究发现，这些人的系统 1 会坚持掌握控制权，哪怕他们的系统 2 建议赞成授权。

理论上，自己做选择或授权别人代替自己做选择的决策都应该是基于成本—收益分析的，并且是足够审慎的。选择者首先会思考预期的价值：授权是否能让收益更高？选择者或许还会询问节省有限时间和注意力的价值。如果节省出来的价值很大，选择者也许会愿意牺牲某些预期价值。同样重要的是选择本身是否具有收益或成本，因为选择者可能享受或厌恶他们分配给选择的时间。

对于有些人来说，研究最佳投资方案或正确的医保计划的过程是件引人入胜或有趣的事情。但对于其他人而言，这些选择则是不愉快的、累人的，是一种享乐税；如果可以说服（或支付）他人替自己做选择，这将是一种很大的解脱。我们可以比较一下餐馆里的案例，有人喜欢在挑选时与服务员互动，而有的人则不喜欢这个过程，他们会让服务员替他们做选择。[6]在这方面，重要性相对较低的决策和更重要的决策之间存在较大的异质性。有的人特别喜欢琢磨他们的退休金和最佳投资方案；也有的人则痛恨这个过程。有的人喜欢研究抵押贷款，而有的人则不然。

如果个人对结果负责，选择者可能还会考虑奖励的乐趣和损失的痛苦是否会被放大或缩小。研究表明，人们对自己所选择的事物的珍视程度要胜于别人替他们所做的选择。[7]我们不难想象这样的情境，选择者对通过自己的努力获得 100 美元的喜欢程度，胜于通过别人的努力获得 110 美元：自己得来的 100 美元所具有的主观价值可能大于代理人的决策所带来的 110 美元。从另一方面来说，个人责任可能会放大不良后果的不利影响，因为他们会更强烈地责备自己，其程度甚于由代理人决策时责备自己的程度，哪怕授权的决定是自己做出的。

关于通过立法对行政公职人员进行授权的辩论经常涉及这类问题，因为立法者可能会通过授予行政机构酌情处理权，来试图逃避责任（但可能要对这种授权负责）。从职业安全到气候变化再到移民问题等诸多领域，如果立法者先授权他人，然后又责备他人，那么他们就可以从中受益。他们就是通过这样的方式创造属于自己的麦迪逊式呼吁的。

控制权溢价

与洛克式呼吁一致的是，研究发现人们更喜欢允许做进一步选择的选项。[8] 同样的，当面临潜在的奖励时，人们愿意为自身收益方面的控制权付出精力和时间，而不愿意授权：这就是控制权溢价。[9] 控制感也被证明可以减少面对不良后果时的压力和焦虑。[10] 因此，做出选择可能会减少损失厌恶，这使得人们更倾向于找代理人而非授权。

塔莉·沙罗特（Tali Sharot）、塞巴斯蒂安·博瓦迪利亚－苏亚雷斯（Sebastian Bobadilla-Suarez）和我针对人们是否会付款或需要付款才能成为选择者进行了测试。[11] 我们进行了多次实验。在每一次实验中，受试者被要求在两种形状之间做出简单的选择，以最大限度地提高回报和减少损失。这个任务需要技巧，受试者可以看到自己的表现。在“收益实验”中，正确的选择可以获得金钱收益而错误的选择则不能。在“损失实验”中，正确的选择不会带来损失而错误的选择则会造成金钱损失。在亲自长时间执行任务后，受试者获得了将决策权授予顾问的机会，他们还将看到顾问是如何表现的。因此顾问的预期价值将在每次实验中显露出来，并且受试者对于自身预期价值的看法也会被引出。这让我们得以检视受试者在面对潜在收益和潜在损失时，是否能根据自己的信念做出理性的授权选择。也就是说，受试者可以对比自身的表现和顾问的表现，并且在看到谁更胜一筹的基础上决定是否授权。

我们的核心发现非常简单：受试者愿意放弃奖励以获得控制自己收益的

机会。他们以自己的方式，发出并践行了洛克式呼吁。受试者不仅在面对潜在收益时，而且也在面对损失时都表现出了这种偏好。例如在其中一个实验中，价值最大化者有50%的时间会进行授权，而受试者的平均授权率明显更低。作为控制权溢价的证明，如果不是最佳决策，则受试者更有可能保留代理权，即不会授权。因此，受试者获得的收益远远低于他们的最佳选择所能带来的收益。

重要的是，我们要求受试者对自己的授权选择进行了（次）最优性评估。他们的评估相对准确，这说明他们完全意识到了自己为维持控制权所付出的溢价。我们关于控制权溢价的发现与其他几项研究的结果一致。[12]

实施控制的缘由与时机

现有的文献很有启发性，但信息量不足，并且引发了很多争议。其中最重要的一个争议在于控制权溢价的根源。有一种解释是，人们使用了一种形式为心理捷径或推定的洛克式启发，其效果通常很好，但会造成严重的错误：勿将重要选择委以他人。毋庸置疑，人们并没有将洛克式启发应用到所有领域，但肯定应用到了某些重要领域。

与约翰·斯图尔特·穆勒为自由所作的伟大辩护相联系的洛克式启发的最重要原因在于我们自身所选择的结果通常适合自己的偏好，并且对其重视程度高于别人为我们所选择的结果。穆勒坚持认为，个人“是对其自身福利最感兴趣的人”，并且“普通男性或女性获得知识的手段是别的任何人都望尘莫及的”。[13] 行为经济学对穆勒关于这些结果的论点提出了一些严肃的问题。但是在某种程度上，它保留了足够的有效性，代表着一种启发式的主张，且将会导致控制权溢价。请注意，在我们的实验中，虽然洛克式启发出了错，但是在合理的假设下，它通常是正确的，至少在很多人们能发现自我的领域中是正确的。

我们可能还会推测，为自己获得的事物提供更高的内在奖励的生物系统可能具有适应性。例如，人们通过自身努力获得100美元所享受到的主观福利要高于人们通过代理人获得110美元的主观福利。如果我们知道某种行为会带来回报，就会在未来重复这种行为，以获得更多这样的回报。但如果我们不执行能够获得回报（或避免伤害）的行为，就会失去未来再次获得回报（或避免伤害）的“蓝图”的机会。跟大多数的进化论观点一样，虽然这个观点具有高度的投机性，但它是合理的。通过自己的付出获得的结果所具备的不断增长的价值，既来自它们的即时效用，也来自它们为后续选择所提供的信息。

但我们也已经看到，对于某些决策，人们并不太关心控制权，且对于另一些决策，人们实际上则很憎恶控制。在外国的餐厅里，你或许会告诉服务员：“你来选吧。”如果要做一个困难的关于药品使用的决定，你可能会让医生帮忙做出决策。控制可能是一种成本，而不是利益。

对于理性的行动者而言，可将相关的考量纳入一个简单的框架，其中包括决策的成本和犯错的成本。假设有一家网站总是问你：“您是否愿意更改隐私设置？”许多人都不喜欢这个问题，这是一种认知税，它强加了决策成本，并且还不太可能降低犯错的次数和程度（因为你觉得现在的设置挺好的）。但如果要决定在一座新的城市的什么位置买房或租房，你或许会欢迎这样的问题，并且可能不会进行很多授权：你对于自己的偏好和价值观有着特殊的接近权，而任何代理都可能犯下高成本的错误。你会欢迎相关信息和建议，但最终的决策是由自己做的。如果有人强行介入，你可以用洛克式呼吁待之。

对有限理性的代理人而言，启发式、偏差及其他可能不相关的因素都会带来并发症。以发出麦迪逊式呼吁的非选择者为例。或许她会拒绝一项有价值的投资，如获得知识。或许她目光短浅，过多地受到了短期选择成本的影响——需要学习并理解长期的收益，而长期的收益可能是巨大的。现状偏差可能会导致人们决定不做选择。也许非选择者会遇到自我控制的问题。她无法放缓速度，专注于不是特别有趣的事情，至少短期内无法做到，但如果这样做了，最终会为她带来许多好处。或许她没有意识到自己的爱好是可塑的。或者说，非选择者可能会受到可用性偏差的不当影响，这是由于她对自己出过错的近期选择产生了过度反应。

在非选择者看来，那些做选择的人或那些表现出极大的控制溢价的人，可能会犯相似的错误（或许就像我们实验中的那样）。例如，现状偏差会促使人们亲自做出决策，即使找一个可靠的代理人才是更合理的。节省带宽并允许其他人代为做选择的决定可能需要很大程度的自我控制。

麦迪逊式呼吁很重要；但依我之见，对于商业、政治和日常生活而言，控制的内在价值和洛克式呼吁更为重要。它们有助于解释许多领域的行为，如消费、教育、就业、环保、储蓄、运动、投票和政治等。这些表明，对于那些有权威的人来说，明确宣布"最终决定权在你"通常是明智的和善良的。

第10章

助推与命令

鉴于行为研究结果认为人们偶尔会有犯错的倾向，有些人提出这样的问题：命令和禁令是否拥有了新的立足点？[1]这个问题的动机很明显：如果知道人们的选择会把他们引至错误的方向，我们为何还要坚持选择的自由？在人类的错误面前，坚持自由是不是很奇怪，甚至有点一意孤行？如果我们明知在很多情况下，人们会选择不做选择，这难道不是一件特别奇怪的事吗？

我们应该同意，如果某种命令能明显地促进社会福利，那么它本身就具备了很强的说服力。当然，我们必须明确社会福利的含义，但如果我们能就粗略的定义达成一致就会发现，命令在很多情况下是有意义的。[2]在有人对他人造成伤害的情况下，助推是不够的。没有人相信默认规则能充分解决暴力犯罪问题。没有人会认为人们可以自由地选择盗窃或殴打他人。面对标准市场失灵的情况，命令的颁布具有人们熟知的理由：例如空气污染的问题。诚然，即使是在这样的情况下，默认规则也能发挥重要作用，如默认规则支持绿色能源的案例。但是，对于眼前的问题，默认规则的影响可能会被证明力度不够，而且它们几乎不会启用所有的适当的应对措施。

我们已经看到，行为市场失灵同样存在。如果有人患有不现实的乐观、有限的注意力或自控问题，如果这会让他们的福利遭受严重损失，那么某些公众反应就是存在争议的。如果人们面临着死亡或毁灭生活的高风险，那么强迫他们可能是有意义的。毕竟，人们必须得到某些药物处方，并且即使是在热爱自由的社会中，人们也会被禁止购买某种食品或者避免在工作地点承担某些风险，因为这太过危险了。我们肯定能指出一些把命令或禁令当作最佳措施的案例，因为从社会福利的角度来说，这种选择的优先性高于其他选择，包括默认规则。

关于命令的 5 个反对理由

即便如此，我们也有充分的理由认为，如果以提高社会福利为目标，那么助推具有明显的优势，并且通常是最优的选择。

1. 面对异质性，可以保护自由的方法往往是最好的。默认规则允许人们自由选择，从而降低“一刀切”解决方案的相关成本，而这通常是命令所带来的成本。在信用市场中，即使利率很高，有些人也可以从透支保护计划中受益。禁止加入或严格限制加入这种计划，可能会带来损失。对于信用卡和按揭贷款，人们有着不同的喜好和需求，默认规则与命令相比有很大的优势。个性化的默认规则可以减少异质性带来的问题，但我们同样可以看到，设计这样的规则可能具有挑战性。
2. 那些赞成助推的人对这样一个重要的事实怀有警惕心理：公职人员的信息有限，并且有可能会在知识问题上犯错。如果助推是以犯错为基础的，那么它所造成的伤害可能比命令所造成的伤害要轻得多，因为人们有忽略助推的自由。诚然，部分助推是能被人接受的，但我们已经看到，很多人在不喜欢助推的时候会选择退出。回到冬季温度默认设置的指导性案例：如果默认设定为下调 1 摄氏度，人们仍会坚持下去，但如果默认设定为下调 2 摄氏度，那么其接受程度就会降低。我们将这个案例作为一个隐喻和一个揭示性的案例来说明，在默认规则让人们感到不舒服时，人们会如何拒绝它，这是防范信息不足的选择架构师的一种重要保障。同样，大数据和个性化默认规则的兴起可以减少这样的问题，但我们必须乐观地认为它们可以消除上述问题。

3. 助推回应了这样一个事实：公职人员可能会在公共选择问题上受到组织严密的私营机构的影响。即便这些公职人员具有丰富的知识，但他们可能不具备正确的动机，哪怕是在运行良好的民主社会里。有权势的私营机构希望施行某些助推，并且有时候他们能说服公职人员支持自己想要实施的助推。在此情况下，如果人们能够自由选择，那么这能为他们带来真正的保护，至少相对于命令来说是如此。
4. 助推具有避免人们在被剥夺选择权时遭受福利损失的优势。在某些情况下，损失是巨大的。正如我们之前看到的那样，人们有时希望进行选择，如果被禁止做选择，他们可能会感到沮丧、生气或者出现更糟糕的情绪。助推能避免这类损失。
5. 在实施助推的过程中承认选择的自由可以被看作并且经常被看作一种内在的好处；如果政府重视人们的尊严，那么政府应该尊重选择的自由。有人认为自主权具有独立的价值，而不仅仅是人们喜欢的商品的范畴。如果人们被剥夺了自由，他们就会被婴儿化。助推允许人们自由地选择，如果他们愿意的话。

人们有时会反对，认为助推比命令更隐蔽、更不透明，因此更阴险、更难监督。但助推不需要也不应该具有隐蔽性。自动加入储蓄和医保计划没有什么是隐蔽的。诚然，很多人或许不会关注默认规则或了解它们的效果。但请回想之前的证据，即在面对默认规则时，人们的行为也不会改变，即便被告知这个具体的默认规则（而不是想象出来的默认规则）已经为他们做了选择。

有关命令的例证问题

为保护选择而进行的 5 种辩论在不同的环境中具有不同程度的力量。它们指出了赞成助推而不赞成命令的原因，但这些原因可能不是决定性的。例如在某些情形下，对于选择自由的兴趣具有极大的重要性。而在其他情形中，人们对此不甚关心，并且其内在价值也很一般。请考虑以下例证型问题。

1. 假设一所大型大学的打印机长期以来一直选择的是单面打印的默认设置，而现在要决定是否变为双面打印。在详细调查的基础上，假设学校发现至少有 80% 的学生、教师和其他员工更喜欢双面打印的默认设置，因为他们希望节约用纸。基于这个信息，并且意识到双面打印这一默认设置的经济性和环保理念，学校更改了原来的默认设置。

   现在，我们假设学校中的一些热衷于“少数服从多数原则”的大学管理人员提出问题：是否应该强制执行双面打印。这个问题的答案很简单。因为还有大约 20% 的使用者更喜欢单面打印的默认规则，毫无疑问，单面打印通常在打印 PPT 或课堂讲义时是最方便的。

   如果单面打印会给非使用者带来巨大的成本，如大学的用纸成本或环境成本，那么评估就会出现不同的结果。若如此，还有一些重要的事情要做。但如果打印机使用者的福利是唯一的或主要的变量，那么默认规则明显优于命令。从使用者的角度来说，在面对不同人和不同项目之间的异质性时，命令会带来不必要的成本。因此，这就是一个默认规则优于命令的案例。

2. 正如我们之前看到的那样，人们针对自动加入退休计划的效果做了大量的研究。我们已经看到，自动加入会提高参与率，从而增加人们的储蓄，并保护选择自由：到目前为止，情况不错。问题在于，如果使用默认规则时的储蓄比例低于员工自由选择时的储蓄比例（如只有3%，这比许多自动加入计划的比例都要低），那么自动加入的结果可能是降低平均储蓄，因为默认比例能被接受。对于那些希望利用默认规则来增加人们退休福利的人来说，这是一个讽刺性的结果。

   然而，正常的反应不是摒弃默认规则去支持命令，而是选择更好的默认规则。有一种可能是自动升级，即逐年提高储蓄比例，直至达到预设的最高值。现实中使用这种办法的人数明显增加了，自动升级越来越流行。另外一种可能是选择更佳的默认储蓄比例。没有人否认默认规则可能会出错。如果出错，挑战就在于把它们纠正过来。

   但还有一个更基本的反对，这种反对同时还质疑了选择的自由。假设人们因为不好的原因选择退出退休金计划，而因为自身原因选择退出的决定会让他们的生活更糟。也许相关人士对于这个财务系统或雇主都有一种普遍但并不合理的不信任，因此他们选择少量储蓄或不储蓄。也许他们患有严重的现状偏差。而那些选择退出的人最有可能因此而受到伤害。

   这些都是基于经验发出的疑问，但如果那些选择退出的人会受到伤害，那么从福利的角度来看为行政命令而做的辩护会更有力。如果公职人员通过实践知道，行为市场失灵或某些错误正在引导人们犯下自我毁灭的错误，那么他们很可能会认为政府应该强制执行储蓄计划，并取消退出机制。毕竟，大多数民主国家都制订了某些强制退休金计划；也许这些国家应该扩展这些计划，而不是允许或鼓励自愿性补充方案。确实，有些批评者可能会主张公职人员对最优储蓄率进行全面的福利评估，并要求这些公职人员在评估的基础上发布命令。

原则上不能排除这种方法，但我们有充分的理由认为需要谨慎待之。在评估选择退出的人的理性程度时，公职人员可能是错的（例如之前的知识性错误）。与默认规则相比，命令可能会让人进入一个能从参与中获益的系统，但它也可能让人们进入一个会受到严重伤害的系统。了解这两种情况出现的可能性很重要，虽然难度或许也很大。那些选择退出（退休金计划）的人不是出于不好的理由，或者也不是因为忽略了未来的自我，而是因为他们现在需要钱，他们在当前和未来的福利之间进行了合理的权衡。

至少可以说，对最佳储蓄率进行比较性福利评估极其困难，尤其是在面临群体的多样性和长期变化时。对于25岁、30岁、40岁或60岁的人来说，最佳的储蓄率是多少？如果人们需要支付学费贷款或按揭贷款，或者需要承担孩子、年轻人或老人开支的时候，这个比率应该怎么调整？对于收入为3万、6万或10万的人来说，又该如何调整？宏观经济条件改变会产生什么样的影响？

任何此类评估都必须承认，不同的方法对不同的人和时间来说都有意义。举个例子来说，相对于经济增长期，在经济萧条时期更低的储蓄率是更合理的，至少对于相对低收入的人来说如此。同样的，那些要偿还大学学费贷款的人可能不希望在艰难还款的时候进行储蓄，在当前有大量合理开支的人（也许是孩子还小或者孩子在上大学）也可能不希望在这样的时期储蓄太多。这些点都体现了对于个性化的而非一刀切的命令需求。设计这样的方案并不容易，这是一项充满风险的社会工程。

此外，任何形式的命令都至少会造成部分选择者的福利损失，他们希望行使自己的自主权，却一定会沮丧地发现自己不能这样做。并且，如果选择的自由具有内在价值或能促进学习，那么我们就更有理由反对命令。

尽管这些各不相同的点都给出了警示，但它们可能并不是决定性的。正如我之前所说，许多国家通过某种社会保障计划强制公民进行储蓄，并且有着完全合法的理由。也许应扩展现有的计划，以提高强制性储蓄的水平。如果可以证明那些选择退出自动加入计划的人所做的决定真的是糟糕的，那么就有了支持命令的强有力的理由。或者，至少是支持为降低伤害风险而改变规则的理由。但即便如此，私人退休计划对于储蓄者来说也是至关重要的。问题在于当前自愿性的系统是否应该变得更具强迫性。异质性的存在和政府犯错的风险是强烈反对默认规则的理由。

3. 大多数的燃油机动车都会排放污染物，并且汽油的使用增加了国家对外国石油的依赖。从标准经济角度来看，这就存在市场失灵的情况，并且某种纠正税似乎是最好的应对措施，这种税旨在确保司机将其活动的社会成本内化。以行为为依据的监管机构倾向于认为，许多消费者在购买时并没有充分注意到驾驶汽车的成本。即使他们尝试这么做，也无法充分理解这些成本，因为将每升汽油所能行驶的里程数转化为经济和环境后果并不容易。这里有一个显而易见的可以保护选择的自由的办法，那就是披露，即用能源—经济标签来纠正这类行为的市场失灵。

但是，人们也可能会怀疑，这样的标签是否足够有效。这是一个经验性问题。或许很多消费者不会关注标签，因此不会购买能为他们节省一大笔钱的汽车。诚然，纠正税可能有助于解决这个问题，但如果消费者真的在购买时忽略了能源成本，那么最好的办法可能是将税和节能汽车的某种补贴相结合，以克服消费者缺乏远见的问题。并且，如果消费者在购买时真的没有注意到汽车的使用成本，那么这也证明燃油经济性标准可能是合理的（标准经济并不支持这些标准）。

燃油经济标准让消费者可以在两个方面节省开支（这完全不涉及外部性），那就是金钱和时间。为了支持上述论点，应该直接着眼于两个方面。事实上，燃油经济性标准最近所带来的绝大部分量化效益并非来自于环境改善，而是汽车泵所节省的资金；如果转换成货币等价物，节省的时间也很可观。至于最新和最具雄心的那些标准，美国运输部门发现消费者的经济节省效益约为 5290 亿美元，时间节省效益约为 150 亿美元，能源安全效益为 250 亿美元，降低二氧化碳排放的效益为 490 亿美元，降低其他空气污染的效益约为 140 亿美元，同时减少死亡人数可带来不足 10 亿美元的收益。[3] 预计总收益在 15 年内将达到 6330 亿美元，其中 84%来自汽车泵节省的资金，而不少于 86%的节省与时间节省有关。

我在前文中指出，从标准经济的角度来看，目前尚不清楚是否有必要对这些消费者利益进行分析，因为它们纯属私人节省效益，不以任何方式涉及外部性。在决定购买哪辆车时，消费者当然可以考虑节能汽车的私人节省效益；如果选择不买这样的车，可能是因为与其他车辆属性相比（如安全性、美观性和性能），他们并不重视燃油效率。那么市场失灵又是在那里发生的呢？如果问题出在信息匮乏方面，那么标准经济处方与以行为为依据的处方就有了重叠之处：提供信息，以便消费者能够轻易理解这些信息。

然而，在这种情形下存在一种风险，即任何一种保护选择的方法都不够充分。哪怕附带着世界上最好的能源—经济标签，消费者也可能在购买时没有充分意识到这些好处。这不是因为消费者进行了理性判断，认为这些好处不如其他因素，而是因为消费者注意的是其他变量。[4] 在决定是否购买节能汽车时，有多少消费者会想到时间方面的节省呢？

这个问题进而引发了很多实证性问题，对此我们缺乏完整的答案。但如果消费者没有充分注意到金钱和时间的节省，那么设计得当的能源－经济行政命令（强硬家长主义而不仅仅是默认规则）就很有可能是合理的，因为它会产生一种结果，这种结果与明智的、注意力集中的消费者当场就能得到的结果相似。如果命令的收益远远超过成本，并且不会造成明显的消费者福利损失（如安全性、性能或美观性的下降），那么命令确实能起到纠正行为市场失灵的作用。事实上，美国政府正是以如下文所述的方式进行解释的。

在这种情况下（以及其他几种情况）的核心难题被称为能源悖论。简而言之，问题在于消费者似乎不会购买符合其经济利益的产品。这里有很强的理论因素可以用来解释这种现象：

- 消费者可能缺乏远见，因此低估了长期价值。
- 消费者可能缺乏信息，或在面对信息时缺乏对信息的充分理解。
- 与未来不确定的能源节省效益相比，消费者可能特别厌恶节能产品的高价格所带来的短期损失，哪怕这些能源节省效益的预期现值高于成本（这就是损失厌恶的行为现象）。
- 即便消费者具备相关的知识，但在购买时，节能汽车的好处对于他们来说可能不够显著，而显著性的缺乏可能会导致消费者忽视这样一个属性，即考虑购买节能汽车是符合他们的利益的。
- 在汽车能源效率的案例中，由于之前提到的一个或多个因素，消费者一旦先选定了其他特性（如车辆类别），那么在购买能源经济性更高的车辆时的可选项就会相对较少。[5]

我们应该对接受与命令或禁令相关的行为论证保持警惕，这是肯定的。

行为偏差必须得到证明，而不仅仅是断言；或许大多数消费者确实非常关注节能汽车的益处。[6]政府的数据、预测成本与收益可能是错误的；想想我们之前说过的知识问题就知道了。不同消费者对于汽车的偏好存在高度的差异性，即使节能标准不仅仅包含默认规则，汽车也应该被设计得能够为消费者提供广泛的自由选择空间。燃油经济性平均标准的应用有助于维护这样的空间。

具备这些条件之后，参照行为市场失灵提出的关于燃油经济性标准的论点至少是合理的。在这种情形下，以改良版节能标签为形式的助推和以各类标准为形式的命令可以相辅相成。基于对行为发现的理解，提升消费福利的命令—控制方法，要比纠正税这种标准的经济补救措施好得多。

降低风险

燃油经济性的案例非常典型，但不应该被过分解读。可以肯定的是，它并没有确定在人们的错误面前，命令通常比保留选择的其他方法更可取。正如我们之前看到的那样，这种保留选择的方法，尤其是默认规则，可以降低在差异性较大的人群中实施解决方案的成本，降低与政府犯错相关的风险，并能避免和消除与选择的自由相关的许多成本。鉴于命令经常会产生意料之外的，有时可能会是伤害性的影响，默认规则的风险往往更低。

没有人会否认，命令通常最终可以被证明是合理的。但在自由社会中，应该考虑其他侵入性更低、能够保护选择的自由的办法。至少在不涉及标准市场失灵的时候考虑采取一种可反驳的推定。当然，只有在证明命令可以明显改善社会福利的情况下，才能考虑这样做。

第 11 章

助推与评估

在过去的20几年里，行为科学最有趣的发现之一是一个并不友好的概念："对选项进行联合评估（joint evaluation）和单独评估（separate evaluation）时会出现偏好逆转。"[1] 其基本理念在于，如果人们单独评估选项A和选项B，那么他们会选A而不选B；但当他们联合评估这两个选项，则会选B而不选A。人们对这类偏好逆转的关注太少了，但其实它们与许多法律和政策方面的问题都有相关性。它们还引发了关于选择、理性、选择架构，以及选择与福利之间的关系的根本性问题。它们以微妙的方式告诉我们变化在什么时候会发生。

在许多情况下，人们是基于单独评估进行选择的。他们的评估只有一个选项：一件家电、一本书、一部电影、一项政策、一位政治候选人或一段潜在的恋爱关系。他们密切关注的是孤立状态下的选项。在另外一些情况中，人们是基于联合评估进行选择的。他们评估的是两个选项，并且会通过不同的维度对选项进行比较。他们密切关注的是两个选项及它们之间具体的不同维度。

当然，人们或许还会评估3个选项、4个选项或500个选项。如果单独评估的替代方案是多重评估，那么在这种情形下，将单独评估与联合评估区分开来或许是不现实的。此处暂且不表，后文中我将再回到这个问题上。

我的中心思想是，在对一个选项进行评估时，人们可能不会将它与其他相近的选项进行比较。

在此，我的主要目标在于说明单独评估和联合评估通常都会导致糟糕的结果，哪怕其原因各不相同。简而言之，单独评估的典型问题就是缺乏相关信息。选项的某些特性很难在孤立状态下得到评估；它们对生活或实际经历的意义并不清晰。为此，这些特征可能会被忽视。相比之下，联合评估的典型问题在于单一因素（或一部分因素）的过度显著。人们会着眼于两个选项之间的差别，无论这些差别对于生活或实际经历而言是否具有很大的意义。

我花了很多篇幅来阐述这些问题，这也说明了为何单独的选择通常会在市场和政治问题上出现错误。与大多数观点相反，我认为没有充分的理由选择单独评估而放弃联合评估，也没有理由选择联合评估从而放弃单独评估。如果目标是为了产生良好的决策和结果，这两种评估模式都会产生严重的问题。我们应该寻找一些架构，来避免出现与这两个模式相关的问题和病症。乍一看来，全局评估（global evaluation）似乎比单独评估或联合评估更好，但这个结论下得过于草率了。这样的架构必须基于对相关目标进行的评估：这会提升消费者福利吗？能更广泛地促进社会福利吗？能确保最佳的威慑力吗？对相关问题和病症的理解为确定适当的架构铺平了道路。

消费者的评估

在消费者方面，下文所示即我将重点关注的偏好逆转案例。[2]

> 字典 A：20 万个词条，封皮损坏，其他地方像新的一样。
> 字典 B：10 万个词条，像新的一样。

如果单独对上述两个选项进行评估，人们愿意为字典 B 支付更多的钱；如果进行联合评估，他们则愿意为字典 A 支付更多的钱。出现这种偏好逆转的一个重要原因是可评估性。[3] 在单独评估中，大多数人很难知道字典应该收录多少词条，或者说不清楚 10 万个词条是多还是少。[4] 出于这个原因，在单独评估中，人们很难对 10 万和 20 万加以区分，因此会产生基本相同的支付意愿。这些数据没有也不可能有意义，因为人们很难知道它们所代表的含义。相对而言，即便是在单独评估中，“封皮破损”明显是负面的，而“像新的一样”明显是正面的。这使得这些特征之间的差别显得很大。有谁会想要一本封皮破损的字典呢？

对于心理学文献中提及的可评估性问题，可用更常规的经济学术语给出最恰当的解释。可评估性问题指的是缺乏充足的信息，而这些信息的获取是有成本的，且即使没有多少成本，人们也不愿费力去获取。而努力获取这些信息是否理智是另外一个问题，这取决于努力的成本和收益。在单独评估中，信息不足是一个普遍存在的问题。从理论上讲，如字典、手机、工作、人、城市这样的选项的许多特征是毫无意义的。为了与标准实践相一致，我将从始至终使用可评估性这一术语，并将之理解为缺乏足够的信息。

有些难以或无法评估的特征是以数据的形式呈现的，它们的意义取决于相关的情境和背景。在极客跑分①中，手提电脑的得分可能是 3680，但消费者可能很难或无法知道这些数据与他们所关心的事物之间有何联系。对于某些数据（如电池寿命），哪怕是在单独的评估中，许多或大多数消费者应该都能理解。但即使对于这样的数据，单独评估可能也不容易让人们在令人印象深刻的数据（9 小时、10 小时）或不那么令人印象深刻的数据（6 小时、5 小时）之间做出适当的区分。为了克服可评估性的问题（可将其理解为信息的缺乏问题），消费者必须做一些功课，但他们经常拒绝这么做。

---

① 极客跑分是一款电子产品性能测评的软件。——编者注

从这方面来说，可评估性问题与忽视机会成本问题属于同一类别：人们可能愿意为某种商品支付若干美元，但当他们关注到其他需要支付相等数额金钱的东西时，就不会再为第一件商品付钱了。[5]分析后发现，吸引人们关注机会成本与联合评估的情况相似；它扩大了人们的视角，使其将注意力集中在他们原本无视的对比之上。

对于消费品和数不清的选项来说，可评估性向我们提出了一个重大挑战，在进行选择时，可被评估的特征将会主导人们的决策。我们可以用类似的术语来理解现状偏差这一行为现象。[6]当前是很容易进行评估的，而未来通常如在云里雾里。对于事物的未来状况，可评估性带来的挑战可能会导致现状偏差。对于政治和法律领域的选择而言，选项的某些特征的可评估性可能尤其低，我将在下文中对这一点进行讨论。

相对而言，在联合评估中，我们很容易看到 10 万个词条不如 20 万个词条好。对于消费者来说，这些数据非常重要，并且在对比的情境中显得更有意义。由于字典的意义在于定义词语，有 20 万个词条的字典似乎比只有其一半数量词条的字典要好得多。如果一本字典的词条数量是其他字典的两倍，那还有谁会关心它的封皮是否破损呢？

我们也可以看一看这个案例（涉及公认的已过时的技术）。[7]

> **多碟机 A：可容纳 5 张光碟；总谐波失真为 0.003%。**
> **多碟机 B：可容纳 20 张光碟；总谐波失真为 0.01%。**

受试者被告知，总谐波失真越小，音质越好。在单独评估中，他们愿意为多碟机 B 支付更多的钱。但在联合评估中，他们愿意为多碟机 A 支付更多的钱。[8]在这里，可评估性同样是最合理的解释。即使人们知道总谐波失真的数值越低越好，0.01% 从抽象上来说听起来也确实很低，并且它没有具体的意义。在单独评估中，0.01%和0.003%看起是似乎是一样的（低）。但在联合评估中，0.003%则明显要低得多。显然，人们认为对于多碟机而言，最重要的是音质。因此他们愿意牺牲相对不那么重要的方面，如可容纳的光碟的数量，来换取更好的音质。

这里还有更多案例，其中包括一些来自真实市场的数据。[9]

> **棒球卡套餐 A：10 张珍贵的棒球卡，以及 3 张不太珍贵的棒球卡。**
> **棒球卡套餐 B：10 张珍贵的棒球卡。**

在单独评估中，缺乏经验的棒球卡交易商会为套餐 B 付更多钱。在联合评估中，他们则会为套餐 A 付更多钱。有意思的是，经验老到的交易商也会出现反转，但没有那么明显。他们也会在联合评估中为套餐 A 付更多钱，在单独评估中为套餐 B 付更多钱，尽管两个价格之间的差距不太明显。对于经验丰富的交易者而言，可以公平地说，相对较小的人群在联合评估中的偏好是套餐 A，但在单独评估中没有表现出明显的偏好。

出现这种现象的原因与我们之间所看到的类似，并且对于经验不足的贸易商而言是直接明了的。在单独评估中，很容易看到套餐 A 更好，因为人们会得到一些套餐 B 中没有的值钱的东西。在单独评估中，很难对这两个套餐进行评估，或者了解到哪个更好。有些人可能会使用代表性启发法来使套餐 A 降级；由于这个套餐里包含着不那么珍贵的卡，所以整个套餐看起来就不是那么好了。正如经济学家约翰·李斯特（John List）所解释的那样，这种特定的反转“检视了现实市场中的真实选择”，对“无风险决策中的偏好稳定性”进行了很好的检验。[10] 从中我们可以发现：偏好是不稳定的。

政治领域的评估

以下是另一个来自不同领域的案例[11]。

> **国会议员候选人 A：能创造 5000 个就业机会；曾被判有轻罪（轻微违法行为）。**
> **国会议员候选人 B：能创造 1000 个就业机会；无犯罪记录。**

在单独评估中，人们对候选人 B 的评价更高；但在联合评估中，他们更喜欢候选人 A。对此最好的解释应该也是我们所熟悉的。在抽象环境中，人们很难知道 5000 个或 1000 个工作机会是否很多，并且要想对两者进行区分需要开展大量的工作。但轻罪明显是一个非常负面的点，这就解释了为何在单独评估中，相对更多的人会选择候选人 B。但在联合评估中，大多数人认为增加 4000 个工作岗位的收益超过了存在一名犯有轻罪的国会议员的成本，因此候选人 A 会受到欢迎。

这个案例是高度程式化的，其结果取决于相关群体内部的不同倾向。我们可以轻易地想象到，无论是在联合评估还是单独评估中，有的群体会认为轻罪是至关重要的；我们甚至可以想象有的群体认为，在联合评估中轻罪的分量尤其重。[12] 精明的政治顾问应该对不同评估模式给其候选人利益带来影响的可能性保持警惕。我将在下文中回到这个点，因为它会引发对于操纵的恐惧，并给理性的叙述带来挑战。唯一的要点在于，人们在选择候选人或产品时，他们的偏好会在两种模式间切换。

全局评估与现实生活

需要强调的是，联合评估不是全局评估；全局评估是指对所有相关选项的所有相关特征进行评估。在上述案例中，联合评估具有两个鲜明的特点：首先，两个选项只在两个方面存在差别。其次，总共只有两个选项。在现实生活中，任何一个选项都具有一系列不同类别的特征，其中可以对某些特征进行单独评估而有些则不能。并且，在现实生活中通常存在无数选项，而不只是两个。

由于这些原因，联合评估和单独评估的实验应该仅仅被看作真实决策的近似情况，可以用来说明决策的特点。在运行良好的市场里，我们或许会倾向于假设存在与全局评估类似的情况。但是这种倾向应该被拒绝。请回想一下棒球卡套餐的案例，其中涉及了真实的市场，而经验丰富的交易商也出现了逆转。实际上，某些选项是被单独评估的，或者差不多是类似情况；人们关注的是购买或不购买某种产品。将精力集中在替代方案上可能会花费很多精力，并且会遇到摩擦；人们或许会避免“比较摩擦”。

这一点有助于解释为何全局评估通常只是一种思维实验。即使我们能对如何定义选择设置达成一致，也无法在脑海中容纳全套的选项设置。当然，许多选择会涉及多种评估而不是联合评估，尤其是当多种选择被明确地摆在人们面前时，如在超市或药店里看到的那样。

同样重要的是要看到在给出的案例中，在进行联合评估时选择另外一个选项几乎都不是随机的。它被刻意设计成使某种重要特征比原先更容易评估，或者让原本不可评估的特征变成可评估的。对于字典、多碟机、政治候选人和棒球卡而言，我们可以想象，在联合评估中不同的选项会强调不同的特征，并使之可被评估。我们将会看到，其中包含着许多操纵的情况。我们可以轻易地想象到测试不是联合评估，而是对 3 个选项、4 个选项或 40 个选项进行评估。[13] 联合评估不是全局评估，且与之相差较远，这个事实同样有着规范性的影响。

同样需要注意的是，在现实生活中，联合评估与单独评估之间存在着连续性，而非尖锐的二元对立关系。[14] 在某些情况下，人们会对某个选项本身进行研究；但在其他情况中，则会对背景中有着同样意义的另外一个、两个或多个选项进行研究。人们会在知道可以购买其他手机的情况下去商店购买某一款手机。在一些联合评估的案例中，两个或多个选项是同时可见的，但在其他案例中，选择者要做一些功课才能进行比较，且这些选项并不是并列呈现的。为减少比较摩擦而做的努力是有益的，因为它能使人们不再需要做上述功课。总的来说，联合评估与单独评估之间的分界线或许并不是很清晰。

少即是多吗

很多领域中都会出现联合评估与单独评估之间的偏好逆转。[15] 我们可以预测这些逆转何时会发生，何时不会。最接近的情况是：如果一个选项具有一些特征 X，而这些特征在单独评估中很难得到评估，但在联合评估中更容易得到评估；在单独评估中特征 Y 会占主导地位（可评估性方面），并且在联合评估中特征 X 会被认为比特征 Y 更重要，那么我们就会看到偏好逆转。有时，上述条件是由卖方无意识地提出的。但有时，它们是被那些经济、政治或法律利益相关者刻意制造出来的。

上述情况与极端逆转（extremeness aversion）之间也有关系，也会产生偏好逆转，并且也可以被操纵。[16] 例如，在一次双选项比较中，假设我喜欢选项 A（一小块巧克力蛋糕），胜于选项 B（一款中等尺寸的蛋糕）。

但如果我有 3 种选择：以上两个尺寸和一个大尺寸，那么我会转而选择中等尺寸。这样的结果就是喜欢选项 B 胜于选项 A。其原因是存在着一种启发式，有时被理解为比较效应：选择中间的选项。极端逆转也会使人们容易受到操纵的影响。卖方可以故意增加不太吸引人的选项 C，从而使人们的偏好从选项 A 转移到选项 B。他们可以利用比较效应，鼓励选择者选择更贵的选项。政治候选人也会做同样的事情。

关于联合评估与单独评估，我的主要关注点在于规范性问题还没有获得足够的理解。联合评估何时比单独评估更可取，何时反之？其标准是什么？两种评估模式是否都会出现与特征相关的问题？

联合评估与单独评估

我们认为对于消费选择而言，主要问题在于能否提升消费者福利。这个最难的问题到底意味着什么，我们暂且不表。即便如此，我们也很容易得出联合评估会更胜一筹的结论，其原因是它使得一个或多个相关考虑因素更容易得到评估。这确实是一个优势，请想一下之前列举的案例。在所有案例中，有一个重要的变量被低估或忽视了，这是因为人们不知道该如何评估它。联合评估补充了相关的信息，并且这个变量得到了人们认为它应该得到的关注。棒球卡的案例是最直接的。在联合评估中，人们能够看到多比少更好。

但是这个结论过于简单了。首先，联合评估可以让某种区别变得显著，但这在实际经验中是无足轻重的。[17] 对于字典而言，更多的词条比更少（在限制范围内）要好，但是好多少？可能对于大多数使用者而言，10 万个词条的字典与 20 万个词条的字典一样好。但也存在这样的可能，封面的损坏会带来持久的不悦。其次，生活中大部分都是单独评估（我将会在适当的时候对这一点进行讨论）。多碟机是否能容纳 20 张光碟可能是非常重要的。并且就听音乐的经验而言，0.003% 与 0.01% 的差别可能是无关紧要的。而单独的数据不会告诉我们这些。诚然，获得 4000 个工作机会非常重要，并且在国会议员候选人的案例中，联合评估似乎更好。但如果轻罪记录可以预测会引发实际伤害的腐败或不端行为，那么联合评估可能会导致某种错误。

因此，我们可以看到在联合评估中，某些选择反映了决策效用（decision utility）与体验效用（experience utility）之间的差异[18]，或者更简单地说是一种“享乐式的预测错误”，[19] 人们基于主观的福利而对自己的选择进行了不准确的预测。其中存在着一个具体的原因：联合评估通常会使人们高度关注某个不太重要的特征。[20] 以下是一个人们凭直觉行事的案例。

约翰要在两座房子中做出选择。

> **房子 A：非常大，但通勤路程很长。**
> **房子 B：大，通勤路程短。**

在单独评估中，约翰很可能会愿意为房子 B 支付更多的钱。毕竟，这个房子是大的，而且通勤路程很短。在联合评估中，约翰可能会选择房子 A。非常大的房子似乎比大房子要好得多，并且通勤路程可能在他的决策中并不是特别重要。这就是一个享乐式的预测错误，因为约翰低估了长途通勤所带来的日复一日的不便。他没有关注到这种不便，因为他看重的是更加眼前的利益：空间上的实实在在的差别。

这些要点是否适用于消费者选择之外的情形呢？假设目标是要进行一次良好的人员决策，我们有理由认为联合评估更好：如果雇主面临着两个或更多选项，他或许会关注最重要的一些属性，因此联合评估的决策品质更高。

例如：

> **潜在员工 A：拥有优秀的记录、良好的经验，由朋友推荐，与公司首席执行官就读过同一所大学。**
> **潜在员工 B：拥有卓越的记录、卓越的经验，由陌生人推荐，毕业于一流大学，公司里没有校友。**

我们可以轻易地想象到，在单独评估中人们会觉得员工 A 更可取。但在联合评估中，潜在员工 B 看起来更优秀，并且有可能会被选中。然而，此时同样要谨慎。根据哪些要素对雇主来说重要的特定假设，单独评估可能会产生更好的结果。也许选择者非常看重朋友的推荐，并且在联合评估中这是具有决定性作用的。又或者，选择者可能会非常希望栽培首席执行官，雇用一个上过同一所大学的员工似乎可以做到这一点。如果我们规定潜在员工 B 更好，那么联合评估可能会导致犯错。

在这种情况下，我们可以提出一个与以下观点相关的问题：在单独评估中，人们会做出情绪化的判断，而在联合评估中，他们的判断更加审慎。[21] 诚然，我们可以设计出一些满足这些要点的情境，以得出合理的、由数据支撑的解释："情绪在独立决策过程中的作用过于强大。"[22] 但反过来说也有可能是对的。请看下文关于约会选择的案例。

> **对象 A：性格超好，有趣，每时每刻都很和善，有吸引力。**
> **对象 B：性格很好，非常有趣，通常但不是每时每刻都和善，有着极度的吸引力。**

我没有进行数据统计，但是我们可以想象，在单独评估中人们会选择对象 A，而在联合评估中则会选择对象 B。单独评估是否更情绪化且不那么审慎呢？同样的问题会引发人们对另外一个高度相关的观点的担忧，即在单独评估中，人们关注的是他们“想要”的，而在联合评估中，人们关注的是他们“应该”要的或应该做的。[23] 这个观点与某些数据相符。

请看一下这个案例：

> **选项 A：提升你所在城市的空气质量。**
> **选项 B：得到一个新手机。**

在单独评估中，人们可能愿意为新手机花费更多，但在联合评估中，他们会愿意为空气质量付出更多。[24] 我们可以轻易设计出这样的情形：单独评估会激发愿望，而联合评估会让人们集中注意力，从而产生与自己的规范性判断相关的反应。但我们也可以设计出能产生完全相反的结果的情形。以下是一个关于候选人的案例：

> **选项 A：有助于偿还国债。**
> **选项 B：带着你的恋人去享受浪漫的晚餐。**

在某些人群中，选项 A 的得分在单独评估中更高，而选项 B 的得分在联合评估中更高。一切都取决于偏好的先行分布和联合评估的重点。

如何赢得朋友并影响他人

无论是在单独评估还是联合评估中，卖方及其他人都拥有确定的路径来影响或操纵选择者。适当的设计应该是清晰明了的。

使用单独评估

在单独评估中，卖方应该向选择者展示一项他们能够轻易评估的好的特征，同时展示一项他们无法轻易评估的不那么好的特征。在这些情况中，选项即使存在严重的问题，看起来也是吸引人的。事实上，只要可以在这种可行的方式下进行选择，卖方就应该选择单独评估。

我之前已经强调过，在现实市场中，选项不只有两种特征，它们具备许多特征。许多实验数据都是经过简化的。但核心要点仍然得到了保留。事实上，核心要点被强化了。卖方及其他人可以在一系列容易评估的且具有吸引力的选项中做出选择，并展示许多其他难以或无法评估的不太具有吸引力的选项。众所周知，某些产品属性是被遮掩的，因为它们是隐藏在视野之外的，这或许是因为选择者的关注点是选择性的，也或许是因为这是卖方故意设计的。[25] 可评估性问题属于这一类别。没有什么是真正被遮掩的，但选择者不太能准确地理解他们所获得的信息。在真实市场中，他们可能会发现这一问题。实际上，这可能很简单。但是由于存在比较摩擦，即使比较信息是唾手可得的，人们也不愿意去获取这些信息，因此单独评估中的可评估性问题可能会持续存在。

使用联合评估

相对而言，在联合评估中，卖方应该允许选择者在对他们来说显然非常重要的维度上进行简单的比较，哪怕这个维度上的差异与经验或实际上重要的事情相比并不怎么重要或根本不重要。诀窍在于让产品的某个被考虑的特征看起来好或更好，抑或极好。当然，如果在现实中，该特征确实非常重要，这是最好的。但如果不是这样，使用联合评估把焦点放在通过比较而使其吸引力得到提高的特征上，也是一个很好的策略。这适用于消费品和政治候选人的案例，但它应该也适用于所有选择。

我们可以想象这样的案例：市场上推出了一款新电脑，其尺寸更小，屏幕更加精美，重量大大降低了，并且它的屏幕比现有款式的屏幕都更好。如果将现有款式与新款式进行对比，重量和屏幕的差距显而易见，那么它们就能脱颖而出。然而，假设消费者能够接受现有款式的重量和屏幕，且他们发现这些特征只有在进行联合评估时才会落于下风。假设最终新电脑不得不在某个重要的方面做出牺牲，以采用更好的屏幕，如电池续航时间大大减少，或键盘的使用感大不如前。我们很容易想到，在联合评估中，人们会选择（并购买）新电脑，但在单独评估中，他们使用旧款式的体验更好。[26] 关于这一点，更普遍的说法是在联合评估中，人们或许会过度看重易于评估的特征或会产生强烈的反应，包括内心的反应。[27]

净福利收益

上述论点足以说明，对于联合评估或单独评估能否为消费者带来更好的决策的问题，并没有理论上的答案。没有一个方法是完美的，两者均有可能导致犯错。这两种评估模式都存在与特征相关的问题和病症。对于单独评估而言，最重要的问题是信息的不完整，从而造成可评估性方面的欠缺。对于联合评估而言，最重要的问题是对于某个特征的聚焦，从而导致过度的显著性。

在棒球卡案例中，联合评估的方法明显更优，多比少好。但在字典和多碟机案例中，我们需要更多的信息来判断联合评估是否更好。对于国会议员候选人的案例来说可能也是一样。在消费选择的情境中，问题在于联合评估中的评估选项特征的能力和该特征的显著性能否为消费者带来可产生净福利收益的决策。如果在联合评估中可评估的因素并不重要，而被低估或忽视的因素实际上非常重要，那么单独评估可能更好。

这里存在着心理学皱褶。人们往往认为生活中都是单独评估，这就解释了联合评估为何及何时会导致犯错。[28] 但生活中真的都是单独评估吗？这个问题取决于具体的环境和人。假设消费者购买了一本拥有 10 万个词条的字典，或一台键盘超棒但屏幕差强人意的电脑。如果这位消费者没有想过拥有更多词条的字典或屏幕更好的电脑，她的购买决定看起来就是正确的。如果她的注意力没有放在比较上，她就是生活在单独评估之中。但假设她（至少偶尔）想到了别的产品，然后把注意力聚焦在那本有限词条的字典上或那台屏幕很好（但与她拒绝的另外一台电脑相比屏幕显得暗淡）的电脑上，那么她或多或少是生活在联合评估之中。

在是否进行产品对比方面，人们的习惯各有不同。在对比产品的领域，人们对参考的框架进行了界定，而很多人就是用这样的参考框架来定义自己的体验的。这就解释了为何产品升级可能会给许多已经非常享受现有产品的人带来严重的福利损失。

法律与政策

我已经强调过，联合评估与单独评估之间的偏好逆转在法律和政策领域也会出现。偏好逆转的分析领域非常广泛，但研究还处于早期阶段。此处我的目标在于证明我在一开始提出的观点：联合评估与独立评估之间的选择取决于相关任务和企业的潜在目标。因此，结果可能是我们会将两种模式都拒之门外。我们可能只是限制了一些行动的理由，如种族偏见。我们也许会尝试依赖于全局评估或希望使用某种算法。例如，若目标是最优威慑，那么无论是联合评估还是单独评估都没有用处。请看以下这些案例。

歧视

我们暂且规定在许多领域中，有些人会基于法律所不允许的理由进行歧视：种族、性别、宗教、残疾、年龄等。歧视可能是意识偏差的产物，其形式是希望使某些特定的社会群体受益或加重他们的负担。此外，它也可能是无意识偏差，其形式是自动低估人们没有意识到或忽视的事物，否则他们会因为意识到这些事物而感到尴尬。无论是有意识的还是无意识的，都会引发许多关于偏好逆转的困惑。这与联合评估或单独评估有关系吗？如果有关系，哪个更好？正如我们将会看到的那样，没有一个简单的答案是说得通的。但有一个很幸运的限定性条件，那就是如果目标在于阻止歧视，我们可以指出在什么样的具体情境中，联合评估或单独评估更有可能实现这个目标。

哈佛大学教授艾丽斯·伯纳特（Iris Bohnet）等人发现，在联合评估中，人们会根据人物的优点进行决策，但在单独评估中，性别就会变得很重要，因此男性比女性有优势。[29] 简单来说，假设人们对两位候选人进行评估：杰克和吉尔。在单独评估中，杰克有优势，因为他是男性；人们自动地就会认为男性的价值高于女性，并且在单独评估中，这种自动评估非常重要。但在联合评估中，这种优势就会消失。人们会对两位候选人进行对比，如果吉尔的胜任条件更好，那么她就会被录取。优点变成了决定性因素。伯纳特等人的核心发现就是：歧视会在单独评估中发生，而优点在联合评估中占主导地位。[30]

这个机制是非常简单明了的。它并不涉及可评估性。如果相关群体怀有一种支持男性的偏见，这就意味着在单独评估中，他们认为男性能做得更好。但是，在某种意义上，人们知道自己不应该怀有歧视；在联合评估中，他们就要直面自己怀有歧视的事实。如果他们意识到自己是在歧视，就会觉得尴尬，然后停止。接下来，如果女性的胜任条件优于男性，女性就会被选中。我们可以轻易地想象到，在种族、宗教、年龄或残疾歧视的情况中也会有同样的发现。

然而，如果通过这个发现就认为可以得出以下结论，即联合评估一般来说是防止歧视的保障，是错误的。只有在某些具体条件下才是这样；在不同的条件下，它可能真的会加重歧视。例如，假设人们拥有某种自我意识的偏见，并且他们并不以此为耻。在联合评估中，拥有这种偏见的人可能会比在单独评估中歧视得更严重，而不是更轻。在单独评估中，性别或种族也许不那么重要，歧视者可能主要关注的是任职资格。但如果对女性或非洲裔美国人存在偏见，他们可能会在联合评估中加深这种歧视，仅仅是因为性别或种族就会排除其他考虑。这就像多碟机案例中的总谐波失真一样。

惩罚性赔偿

在美国的法律系统及其他很多系统中，法官可以通过裁定惩罚性赔偿来惩罚错误行为。其中存在着一个普遍性问题，最高法院有时也会注意到这个问题，即这样的裁定额是否是武断的或者裁定额过高了。[31] 在决定是否给予惩罚性赔偿和决定裁定额时，法官不能考虑对比案例，他们是在单独评估中进行决策的。这有影响吗？如果有影响，是怎么影响的呢？以下是一些答案。

1. 规范化

请考虑以下两种情况：

> **案例 A：儿童安全帽失效，导致儿童需要住院治疗。**
> **案例 B：重新喷漆的汽车被当作新车出售给租赁机构。**

如果人们单独看到这样的两个案例，他们倾向于接受给予相似的惩罚等级（等级范围为 1 ～ 8）和相似的裁定额。[32] 但如果联合起来看这两个案例，案例 A 的惩罚等级和惩罚裁定额要高得多。[33] 其中存在明显的逆转，但机制与我们之前所看到的不同。这并不涉及可评估性问题，至少在相同的意义上不涉及；也不涉及人们认为只在或主要在单独评估中才重要的特征，如性别。如果人们在单独评估中看到人身伤害的案例，会立即把它跟其他人身伤害的案例进行对比从而使之标准化。[34] 在人身伤害的范畴内，儿童安全帽失效是不好的，但也不至于很糟糕。如果人们在单独评估中看到涉及财产损失的案例，他们也会进行类似的标准化对比。在这类范畴中，重新喷漆的汽车是不好的，但也不至于很糟糕。因此，两个案例会得到相近的评级和裁定额。

与此同时，人们认为与人身伤害相关的案例通常要比财产损失的案例严重。于是，在联合评估中，失效的安全帽明显更加糟糕，因此相关责任人应该获得更加严重的惩罚。联合评估的作用是使人们摆脱自发使用类别约束的判断，让他们会想得更加广泛。在这类实验中，联合评估具有显著的效应，因为它扩大了人们可联想到的案例的范畴。在性别歧视的案例中也会涉及相关的机制，因为联合评估会产生不同的、更好的思考。

这里有一个关于愤怒的广泛观点。愤怒是受类别约束的，人们感到愤怒的程度将取决于犯罪行为所属的类别。如果有人在机场逾越安全线，或在社交媒体上发表了粗鲁的言论，人们对此愤怒的程度可能会很高。但如果与其他行为相比，如虐待或殴打儿童，人们可能会为自己之前的愤怒感到尴尬，并且之前的愤怒程度会大大降低。惩罚性赔偿的裁定是愤怒的产物。[35] 由于愤怒是受类别约束的，偏好逆转基本是不可避免的。

2. 多次操纵

此处要提到操纵的问题。在对比案例中，联合评估为操纵提供了充足的机会。假设人们正在思考与人身伤害有关的案例。如果他们面对的是强奸案例，那么财产损失似乎就会变得微不足道，其等级就会明显降低。但如果他们面对的是非法侵害私人财产的轻微行为，财产损失看起来就会更加严重，那么就会获得明显更高的等级。为了看清这一点，我们来对比以下案例：

> **案例 A：琼斯是一位在美国国家新闻杂志工作的编辑。他对一位女性员工进行了性骚扰。他几次试图在违背对方意愿的情况下亲吻她，并且让她在工作时感到极度不舒服。**
> **案例 B：史密斯有几张鲁莽驾驶罚单，最近在晚上撞到了一位行人。行人被撞断了 5 根骨头，并且产生了严重的脑震荡。**

我们可以轻易想象到，在单独评估中，琼斯和史密斯都会受到严重的惩罚，或者琼斯的惩罚甚至会更严重；但在联合评估中，史密斯受到的惩罚会更严重。现在我们将案例 B 进行替换：

> **案例 B：史密斯是一位高中生，他加入了一个摇滚乐队，晚上不停地弹奏很吵的音乐，这让他的邻居威尔逊睡不着觉。**

我们可以轻易想到，与独立评估相比，琼斯在替换了案例 B 后的联合评估中受到的惩罚会更严重。

3. 规范性考虑因素

尽管存在一些要点，但对于此类问题，联合评估与单独评估相比具有一个重要的优势：后者会产生一连串让人们在再三考虑后会拒绝的结果。[36] 换而言之，单独评估会产生单独评估者认为不连贯的结果。如前所述，惩罚性赔偿裁定额必须被单独评估；现在，法律系统禁止法官考虑对比案例，如果法官的裁定额受到质疑，在司法上有可能会考虑对比案例，但在实际中，这是受到严格限制的。

这似乎是个错误。如果我们寻求连贯的模式，那么联合评估更好。但联合评估也存在问题。首先，它不是全局评估。如果目标是产生有充分理由支撑的结果，并阻止决策者自己都认为不公平的事情发生，他们应该关注案例的一个领域，而非两个或多个领域。其次，在这类案件中，我们可能不希望庆祝任何一种评估模式所产生的结果。在惩罚性赔偿裁定的案例中，若没有与惩罚性赔偿目的相关的理论，我们就无法提供规范性判决。

假设我们采用聚焦于最优威慑的经济学视角，认为惩罚性赔偿是合理的，可以弥补被发现和赔偿的概率低于100%的事实。若如此，问题就在于单独评估和联合评估是否聚焦于如何实现最优威慑。不幸的是，它们都没有这么做。人们在直觉上都主张实施惩罚。[37] 他们并不会自然而然地想到最优威慑，并且即使被要求，他们也不愿意这么做（见第14章）。[38] 从最优威慑的角度来说，关于联合评估与单独评估的结论很简单：两者都会惹上麻烦。

如果我们能接受惩罚性报应理论，那么联合评估看起来似乎更好。一方面，问题在于如何最好地捕捉到社会的道德愤怒；另一方面，在单独评估中，从社会本身的角度来说受类别约束的思考使这个问题无法得到正确的答案。但我要再次强调，联合评估的主要问题在于它不是全局评估。该观点支持采取一些措施来扩大法官的视野以便根据一系列其他案件来进行判断，同时允许评审法官也这样做，或者制订某种损害赔偿时间表。

这些结论涉及一些哲学问题，其中也出现了偏好逆转。[39] 有这样一个故事：大多数人说他们不会将人从桥上推下去，推到火车前面，即使这是改变火车行驶方向，从而拯救火车轨道上的5个人的唯一办法。[40] 但大多数人说他们愿意拨动开关，使火车偏离这 5 个人而撞向 1 个旁观者。通常这两个问题会被分开进行测试，因为这两种情况下的道德直觉是不同的。

但如果人们对这两个问题进行联合评估会怎样？答案很简单，即他们会对两个问题给出同样的答案：要么说他们会拯救 5 个人，要么说会拒绝杀害那个旁观者。也许令人惊讶的是，并没有出现强烈的功利主义倾向，即建议救那 5 个人。但是我们并不清楚如何评估这种转变。甚至在联合评估中，人们也没有表现出道德上的一致性。他们是否这样做取决于从规范的角度来看，人行天桥问题和电车问题是否相同。答案取决于我们接受功利主义还是非功利主义，以及我们是否应该成为功利主义者，这不能由人们在联合评估或单独评估中的反应来决定。

条件价值评估法

如果监管者参与成本—收益分析，他们有时不得不重视那些没有在市场上交易或市场证据不可用或不可靠的商品。在此情况下，他们会参与调查，有时这些调查会涉及“陈述偏好法”或“条件价值评估法”。[41] 关于这些方法的有用性和可靠性的激烈争议，我们暂且不表，先提出一个简单的问题：人们的评估是否会因是单独还是联合看待案例的而有所不同？[42]

考虑以下情况。在一定范围内，人们被问到针对提供帮助的满意度和支付意愿：

> 案例 A：改善农场工人皮肤癌检测质量的项目。
> 案例 B：资助清理和保护海豚繁殖地点的项目。

如果人们单独看这两个案例，他们会对资助案例 B 表现出更高的满意等级，同时对这两个案例的支付意愿相同。[43] 但如果他们对这两个案例进行联合评估，就会对资助案例 A 表现出更高的满意等级，并且他们愿意为案例 A 支付更多钱。[44] 此处的最佳解释与受类别约束的思考方式有关。[45] 为农场工人进行皮肤癌检测很重要，但对于人类健康而言，这或许不是最紧要的。保护海豚则会拨动人们的心弦。但两者相比之下，大多数人愿意为前者支付更多的钱。

在条件价值评估中，联合评估会优于单独评估吗，抑或相反？这两种评估都是可靠的吗？对于那些选择条件价值评估方法的人而言，他们的目标在于辨别知情人士对不同商品的估价如何，从而在运作良好的市场中复制支付意愿的理想用法。如果这就是目标，那么单独评估就会面临一个严重的问题，即人们是通过狭隘的视野进行判断的。从这个方面来说，联合评估似乎更好，因为它至少拓宽了视野，这就意味着联合评估不能涉及同一类别的案例。但即使有了这个附加条件，我们从哪个类别找到案例 B 呢？这其中就包含了操纵的风险，即可以操纵人们对案例 A 的评价。

全局评估或类似的方法似乎比联合评估更胜一筹，但在实践中设计这样的方法通常是个挑战。如果价值评估的理论大体是合理的，那么偏好逆转给了我们一个强调拓宽参与者视野的重要性的理由。

评估助推

人们赞成助推吗？赞成哪一类助推呢？近年来，针对这个问题的文献越来越多。[46] 其中一个核心发现就是，在安全、健康和环境领域，人们通常会赞成近年来使用过的或认真考虑过的助推。[47] 与此同时，与非教育型助推相比，如默认规则，大多数人往往会更赞成教育型助推，如强制性信息披露。[48]

确实如此吗？哥伦比亚大学管理学教授沙义·大卫戴义（Shai Davidai）和行为科学家埃尔德·沙菲尔（Eldar Shafir）[①] 证实，在联合评估中情况确实如此，但在单独评估中却不是这样。[49] 请看以下程式化的案例：

> **政策 A：通过让员工自动加入退休金计划来促进储蓄，员工可以选择退出。**
> **政策 B：清晰、简明地告知员工加入退休金计划的好处，从而促进储蓄。**

在联合评估中，大多数人都更喜欢教育型的助推，并且会在有限范围内让其排在更前面。但在单独评估中，两者的排名相同，或者至少是非常相近的。[50] 最佳的解释应该是我们所熟悉的，这与显著性有关。在单独评估中，人们不会特别注意助推是不是教育型的。而在联合评估中，这个方面的区别（是否教育型的）就会非常显著，并且它会左右人们的判断。

联合评估或单独评估哪个更好？请注意，在这种情况下，问题在于我们是否有理由相信这两个评估判断。乍一看来，答案似乎是显而易见的。在规范的基础上，如果联合评估能让针对系统 1 和系统 2 的助推产生明显的区别，那么它就更好。如果同时也确实合适，那么联合评估就是最好的，因为它凸显了这种区别。但如果在规范的基础上，这种区别很小或者没有，那么联合评估的显著性就会将人们引至错误的方向上。再次重申：联合评估的

---

① 埃尔德·沙菲尔是一位行为科学家。他与行为科学家塞德希尔·穆来纳森合著的《稀缺》，揭示了稀缺心态的复杂成因，并提出以“余闲”牵制稀缺的应对之法。其中文简体字版已由湛庐策划、浙江人民出版社出版。——编者注

问题在于它会把人们的注意力吸引到在规范的基础上或许不值得注意的因素上。

至于对政策的评估，相关观点更加广泛，这与我们在消费品案例中看到的情况一样。在理论上，政策 A 可能看起来更好或者不好；除非把它的特征放在具体环境中，否则很难对其进行评估。关注政策 B 能够获得有用的信息，但这可能会让人们把注意力集中到政策 A 和政策 B 的区别上，从而赋予其不适当的显著性。同样的，实验者或政治人士可以此为依据进行操纵。全局评估可以做得更好，但正如之前所说的那样，它很难实施。正像大卫戴义和沙菲尔呈现的案例那样，有个规范性问题是无法回避的：在联合评估中得以凸显的区别到底重不重要？对于这个规范性问题必须从其优点着手，而不是询问人们的偏好是什么，以及在联合评估或单独评估中答案会有何不同。在单独评估中，人们不会对某个因素加以关注，但这个因素在联合评估中可能非常关键，强调这一点是很有诱惑性的，但不是错误的。但是，这并不是上述规范性问题的答案。

如果我们试图去发现人们真实的想法或者他们在反思时的想法，会怎么样呢？在这种情况下，我们有理由提问：上述规范性问题是否有答案？为了能在联合评估和单独评估中做出选择，至少出于这样的目的，应该提出这个问题。由于人们的答案是评估类型的产物，所以在一定程度上，他们的偏好是不稳定的。

福利与经验

对于消费品而言，核心问题（暂且将外部性放在一边）在于哪种选择会提高选择者的福利。如果出现偏好逆转的情况，问题就在于在单独评估中，选项的某些特征很难或无法得到评估，这就意味着它不会获得应有的关注。对福利或实际经验很重要的特征可能会被忽略。在联合评估中的问题是可评估的特性可能会受到不必要的关注；与福利或实际经验无关的特征可能会被赋予很高的权重。

无论是在单独评估还是在联合评估中，卖方都能操纵选择者，并且操纵的设计现在应该很清楚了。在单独评估中，挑战在于向选择者展示可评估的特征，即好的特征，如字典完好无损的封皮；同时向他们展示一个无法评估的特征，即不那么好的特征，如 0.01% 的总谐波失真。在联合评估中，挑战在于要允许选择者在某个具有显著重要性的方面进行简单的对比，即使那些方面的差异对于经验或其他重要方面的影响很少或根本没有影响。

如果外部观察者拥有完善的信息，他们当然可以决定选择者应该怎么做。但问题是外部观察者的信息通常是不完善的。除其他事项外，他们往往对选择者的偏好和价值观缺乏全面的了解。即便如此，我们仍然可以轻易地找到单独评估是最佳评估方法的案例，也可以轻易地找到联合评估是最佳评估方法的案例，现在我们就能理解为何评判有些案例是如此之难了。更大的教训是，单独评估和联合评估存在严重的、特征评估方面的缺陷。

对于歧视问题，可以用大致相似的术语进行分析。一般的想法是，与联合评估相比，偏见在单独评估中可能具有更大的权重，其前提是在联合评估中，人们明确意识到做出某项决定的唯一方法是表现出偏见，并且他们会为此感到羞耻或困扰。在不同的假设中，联合评估可能会加重歧视。这一切都取决于人们对自己的歧视倾向的反思性判断。

在惩罚性赔偿案例中，问题在于人们自行产生的参考框架通常仅限于脑海中自发想到的案例类别。联合评估解决了这个问题。但这并不意味着联合评估能产生合理的裁定数额。从最优威慑的角度来说，它不会这么做。从惩罚的角度来说，联合评估确实看起来更好，因为它更好地反映了人们的道德判断。问题在于联合评估并非全局评估。如果将单个类别中的单个案例添加到另一类别中，就会存在操纵的风险。

可以对条件价值评估研究或助推评估进行类似的分析。单独评估会产生严重的风险，因为人们的判断可能会受到类别的限制，或者说他们会忽视各选项的重要特征。联合评估也会产生严重的风险，因为它的选择性属性是无法避免的，或者说它会强调原本不值得过多考虑的选项特征。如果可行，全局评估是最优的。如果不可行，对于单独评估与联合评估之间的选择必须取决于对这一问题的独立判断，即在其中一种评估中被忽视的特征是否在另一种评估中可能是决定性的？这一点确实是值得关注的。

我们可以找到联合评估解决了某种问题的案例。在上述假设下，歧视就是一个案例。但最大的问题不在于此。单独评估会造成严重的麻烦，这是由于存在着可评估问题或与之类似的受类别约束的思维方式问题。联合评估会使人们的注意力集中在不值得被过多关注的产品、人或环境上，从而造成很大的麻烦。卖方、医生、律师和政治人士可以轻而易举地利用这些要点来实现自己的目标。但我们应该避免造成上述两种麻烦。为了产生良好的决策和结果，我们需要超越单独评估和联合评估，设计出能避免这些如影随形的问题和病症的架构。

HOW CHANGE HAPPENS

第三部分

加速改变的力量

第 12 章

透明度

输出透明度与输入透明度之间是存在差异的。例如，交通部门完成的一项关于减少高速公路事故死亡人数的政策的详尽研究；劳动部门针对工作场所含有硅土而存在的健康风险所进行的一项分析；环保机构出台了一项通过减少机动车的使用来降低温室气体排放量的规定，或是实施了一项对违反水源保护规定的行为采取强制措施的相关政策。这些都属于输出透明度。

政府也可能意识到了一些特定的事实在大部分情况下应该归于输出，至少应被视为某种信息整合过程中的产出。

在以上情形中，与输出相关的透明度都可被视为一种助推。这是可以被设计从而对私营机构产生影响的。例如，通过激励公司更好地经营使社会变得更安全，或者通过向消费者和工人提供帮助来规避风险。当公职人员的表现不尽如人意时，通过曝光公职人员或其服务对象的情况，透明度同样可以为政府提供助推。

假设能源部门的公职人员和环保组织人员已经针对实施什么样的政策才能减少温室气体排放交换了意见；或劳动部门的相关负责人已经加快了针对暴露于含有硅土的工作场所存在的健康风险的讨论，并提出了更好地防范这些风险的相关对策。这些不同的观点便属于输入。

可以肯定的是，一定还存在一些中间的情况。环保部门可能会得出结论：某种物质是具有致癌性的，并且从某种意义上来说结论是一种输出，但是对于随后的监管判定来说这又是一种输入。交通部门可能对于批准修建一条高速公路所带来的环境影响已经取得了确定性的结论。这看起来应属于输出，但这些结论对于是否决定修建这条高速公路而言又应属于输入。《美国国家环境政策法案》（The National Environment Policy Act）可以被视为美国环保局对以环境影响的判定形式来公开输出的一种要求，但这些输出又以法律的形式被输入到了最终该做什么的决策之中。有些输出就是输入。抽象地说，这类情况可能会被归于输出或输入，抑或既是输出也是输入。正如我们所看到的那样，为这些情形定性的适当方法在一定程度上取决于公众是否或如何从这些披露中获益。

若承认这些重要的中间情形的存在，我将提出自己的两个观点。其一，对于输出而言，有关透明度的争论一直是异常激烈的。如果美国政府掌握着博伊西（Boise，美国爱达荷州首府）的犯罪情况、密歇根弗林特地区的水质情况、拉瓜迪亚机场的安全保障情况、特定种类玩具所含有害物质的情况或无人驾驶汽车的影响等，在人们的要求下确实应该对这些信息予以披露。人们想从这些信息中获益，即使在他们没有提出要求的情况下，这些信息也应当被披露。在所有这些情形下，透明度都具有重大意义。有时公众能在自己的日常生活中使用这些信息，同时输出透明度可以使问责制更加明确，进而使透明度得到提升。大部分情况下，输出透明度的成本微不足道；其二，从全世界范围来看，各国政府都理应在输出透明度方面做得更好。特别需要指出的是，除非存在某种特定的原因需要对其保密，否则至少在公众能够或将从中获益的情况下，政府应当让公众可以自由地获取输出信息。

然而，输入透明度却要复杂很多。披露的成本通常都很高昂，而收益却很低。并且在任何情况下，输入透明度在定性的角度上都不同于那些被认定为输出透明度的情形。我们有充足的理由捍卫内部审议过程，最重要的是确保公开、坦诚和信任。除此之外，我们通常无法确定公众是否能从可见输入中获益良多，这不仅是因为输入的庞大体量，且重要的是它与任何其他事情常常是不相关的。在非常规情形之外，公众通常获益甚少，甚至获益为零（除了逸事等情况）。更能将这个观点说清楚的另一种说法是，虽然那些寻求吸引他人眼球或让其政敌难堪的人通常偏爱输入透明度，但公众通常并没有从中获得什么好处。

可以确定的是，输入透明度可以是信息性的，同时输入也可以具有重要的历史价值。如果公众知晓交通部副部长对燃油经济性法规的相关内容的看法与部长不同，我们就会发现这种意见分歧将会破坏内部的一致性。但是准确地说，公众到底知晓多少？公众知晓这些信息又为何重要呢？我们必须承认的一点是，在一些情形中，输入透明度是一种积极的主张。特别是存在腐败或接近腐败的情况下，且当相关输入具有真正的历史重要性（并且当这些披露能够减少错误的发生）时，这一点就更为突出。国家需要对此进行登记。但是，有关输入透明度与输出透明度的争论内容有着很大的差别，输入透明度往往站在了弱势群体的一方。

从以上讨论中我们可以清楚地看到，对于该问题的解决途径，我的意见与福利主义者一致，即透明度的成本与收益是什么？对透明度的成本与收益进行量化可能确实很难，但我的意见是，当透明度或多或少成为必要时，对其成本与收益进行某些估算是不可或缺的。对于那些在该语境下不愿谈及成本与收益的人来说，弄懂这些词条可能是非常有用的。这不是为了形成某种数学意义上的约束，而是为了凸显针对人类竞争的最后结果提出具体问题的重要性。至少对于疑难问题而言，我认为它们要比“合法性”和“知情权”等抽象概念更具现实意义。

透明度的作用

经济学家阿玛蒂亚·森（Amartya Sen）认为在世界历史的长河中，具有民主表达和自由选举的社会体系里没有发生过饥荒。[1] 森是基于经验对其主张进行说明的。在论述的开始他就认为饥荒是一种社会产物，而不是因食物短缺导致的不可避免的结果。将来是否会发生饥荒，而不仅仅是食物短缺，取决于人们的权利，即人们能够得到什么。即使是在食物有限的情况下，权利依然能够使得食物以某种方式得以分配从而保证无人挨饿。

但是，政府在什么时候会采取必要措施来避免饥荒呢？答案取决于政府的动机。民主体系中，人们有言论自由的权利，政府就会肩负着某种压力，他们要确保人们在一般情况下能够获得食物。但一个没有民主表达和自由选举的非民主体系，政府就有可能会规避公众的问责，进而不必对饥荒负责。政府公职人员将不会被披露，且不会承担失业的风险。

接下来我们将要讨论的是一个有关可自由表达的运行良好的体系、相关信息披露（输出）和公民利益之间的关系的重大课题。言论自由和信息自由算不上什么奢侈品，仅是满足大部分受教育阶层的需求而已。相反，这却提高了政府真切地为人民服务的可能性。这个课题告诉我们，有些美德不仅仅关乎自由，还关乎拥有言论自由和信息自由的经济目标。[2]

近年来，大部分特别突出的透明度举措都与输出有关。一个具有披露性的案例是关于全球定位系统设备的。1993 年，美国前总统克林顿选择通过数据公开和可用的方式解锁相关数据。这使得全球定位系统设备成为人们日常生活中的常备工具。数据的可用性以非常重要的方式帮助了无数的人，甚至挽救了很多人的生命。从专业性角度来说，一台全球定位系统设备使我们的生活变得更加具有可导航性。如果我们能够将可导航性看作一个更具普遍性的观点，就能够看到披露输出的诸多价值。与车辆安全座椅、犯罪、空气和水质量等相关的信息都可以被看作全球定位系统设备的类似情况。夸大地说，它们能够告诉人们在其想要去的方向上该如何走。

在美国前总统奥巴马的任期内，其政府一直将透明度放在首要位置，总统在透明度和其他价值之间做了潜在的权衡。我虽对此存在很多的疑虑，但我还是坚持这一观点。美国政府早些时候发布的总统备忘录可以作为这一优先性的标志，为此还特别出台了《信息自由法案》(Freedom of Information Act)。该备忘录确定了"一个明确的假设：在质疑面前，公开性占优"。更为重要的是，该备忘录还补充道："政府部门应该坚定不移地使信息公开化，而不是非要等到公众提出特定的要求时才这么做。"为此，美国司法部及行政管理和预算局（Office of Management and Budget）都出台了新的指导性制度，旨在更好地执行该备忘录的指导性原则。

两份结果性的文件都需要人们密切关注，但以我的目的来说，行政管理和预算局的指导性制度值得特别关注。[3]备忘录要求美国政府的各相关部门在互联网上披露信息。同时，备忘录还补充道："各部门应积极主动地运用现代技术宣传有用信息，而不要等到公众在《信息自由法案》框架下提出特定要求才那么做。"也许更为重要的是，这要求各部门制订一份公开的政府计划公布在官方网站上，旨在"使开放的政府文化被创造出来并得以制度化"。开放的政府计划要求相关部门"在网络上以公开的形式发布至少3组具有高价值的数据"。这些数据被定义为"能够提高各部门的问责制和责任制，能够改善公众对各部门及其管理的认可，能够进一步让各部门履行其核心使命，能够创造出经济发展机会，或能够满足那些通过公共咨询得以确定的公众需求"的信息。

从抽象意义上来看，这一供给是否包含输出透明度或输入透明度还不是很明确，但是到目前为止，前者一直在实践中保持着首要地位。[4]高质量的数据一般与输出有关。从2009年开始，美国相关网站已经成为公布这些数据的重要途径。这在行动上应归于输出透明度。网站目前提供关于农业、金融、医疗、教育、能源等诸多方面的信息和数据。只需要通过点击网站相关内容，用户就能找到“准点数据，即能够体现各航空公司的飞机准点率及航班延误原因的数据”“家庭在儿童身上的支出数据，可用来预测将孩子从出生养育到17岁在主要预算要素上的成本”，或召回产品的详细信息。类似的信息发布还有很多，它们的重点都在于政策制定或信息集聚行为的产出。

因此，私营机构开发了无数的应用程序来为人们提供在实际生活中会用到的信息，例如能够为人们提供实时空气质量信息的应用程序。

美国政府部门数据网站上公布的信息具有两个独立的目的。第一，使人们能够在其日常生活中更好地利用这些信息。如全球定位系统设备，这类信息在大部分情况下可使人们的生活变得更简单也更具导航性。这类信息在手机上的应用产生了超乎想象的具有现实意义的结果。如果从更广泛的角度来看待可导航性，我们可以将信息披露看作一种在无数的领域中帮助人们到达其目的地的方式，可使人们节省开支并减少过程风险。当然，目前该网站的收益尚不能量化，但毋庸置疑的是，我们正在从信息披露中以具体的方式获益。参照全球定位系统设备带来的益处，这些都是很好的具有说服力的案例。

第二，输出信息的发布能够促进私营和公共机构的问责性。大法官路易斯・布兰代斯曾说：“阳光是最好的防腐剂”。[5]如果洛杉矶的空气质量非常糟糕，如果一所特定的大学学费奇高，如果一所营利性大学的学生一毕业即失业，如果圣地亚哥的饮用水不安全，或者如果一家公司已经召回了很多的玩具，透明度就是带来改变的催化剂。透明度为我们提供了问责性，而当人们开始为其行为负责时可能就是一种提高。[6]这一点对于公共和私营机构都是适用的。透明度可以使公民知晓公共机构里的公职人员应采取的行动。例如，应该用多久处理一项审批或公职人员要为美国圣安东尼奥（San Antonio）的空气质量问题负多少责任。同时，透明度还可以告知公民应采取的行动。例如，披露产品召回或安全座椅的评级信息。在任何一个事件中，透明度都可以刺激相关机构或个人改善自身行为。

信息披露的根本使命

美国行政管理和预算局备忘录中最为有趣的部分就是让各相关部门考虑是否应通过披露信息来深化自身的“根本使命”。这是一个格外重要的举措，可以使各部门在未来的工作中广泛地使用披露并与其保持密切相关。

在环境政策方面，最著名的案例就是有毒物质排放清单（Toxic Release Inventory）。这一清单最大限度地通过簿记手段确保美国联邦政府可以掌握有毒物质的排放情况。令很多人感到惊讶的是，有毒物质排放清单成了一项成功的规制手段，因为相关公司都不想出现在各州的“排放黑名单”中。[7] 问责性在减排方面起到了促进作用。在一定时期内，美国职业安全与健康管理局（Occupational Safety and Health Administration）遵照这一清单在其相关网站的显著位置公布了美国工作场所中员工死亡的信息，并将这些死亡员工所在公司的名字也一并公布了出来。美国环保局也通过相似手段公布了温室气体排放清单来促进减排。这就是我们在前文中所说的助推的应用，相关部门通过助推影响了公司的行为。

在上述所有这些案例中，政府都是将公职人员所掌握的信息披露了出来。当然，我们可以想象一下如下情形，即由公共机构提出适用于私营机构的有关输出透明度的要求。这类要求一般不是通过信息自由的观念被组织起来的，但它们与透明度有关并且也能够改善重要部门的使命。例如，《平价医疗法案》颁布后，美国食品药品监督管理局（Food and Drug Administration）要求所有的餐馆都要将店内所售食物的热量值情况公布出来。从早期的一些成果来看这项措施前景良好，比如可以使确实需要减肥的人群的身体质量指数明显下降。[8] 我们也希望这些针对披露的要求能够影响生产者和消费者的行为，并且有证据表明热量清单正在促使餐馆为消费者提供更加健康的食物。

这里只对通过输出透明度来加强各部门职责的信息披露进行少量说明。当然，其中的一个实证问题便是透明度是否强化了各部门的职责。当然在很多情况下，答案是肯定的。[9] 因为输出透明度的成本通常很低，所以在这一点上做出的任何推测都可以轻易找到可供支撑的理由。

在讨论问题时，我的论述范围通常比较宽泛，甚至有些过度。我的建议是，在福利背景下，输出的披露都是有正当理由或假设是有正当理由的，虽然实际也并不总是如此。简单地说，我们可以想象倘若输出的披露会产生低收益或提高成本，那么情况就不同了。提及成本，我们可以考虑一下行政管理和预算局备忘录中的话："该指导文件没有任何内容可以取代那些由行政管理和预算局局长在决策信息之前审阅和澄明的现行规定。这些规定涉及立法、预算、行政管理和其他规范性文件。进一步说，该指导文件没有任何内容建议以公开性的推定来取代关于信息的立法保护，即信息公开会损害国家安全、侵犯个人隐私、违反机密性或损害其他真实存在的利益。"这些确实是行业话术，但是却指出了很多重要的限定条件。

在很多方面，《信息自由法案》都明确了这些限定条件，抑或更多的限定条件。没有人会怀疑政府将会用信息来做一笔大生意，并通过信息披露来危害国家安全。就算可以被看作一种输出，信息也应处于保密状态。同时，政府也掌握着受隐私法保护的"个人身份信息"。通过在透明度和隐私之间的权衡，某些涉及个人隐私的披露是不被允许的。某些披露可能会因贸易机密或其他的特权信息而妥协，不予公布。如果信息披露不是自动的，保证透明度的特定行为将面临金钱和时间方面的成本。

从收益角度做区分也是非常重要的。从原则上来说，如果估算的成本是零，则没有必要坚持所有的输出都披露出来。但是，如果我们以案例为基础进行反问，是否披露特定的输出将可能产生收益呢？例如，针对消费者和工人的一些案例。政府数据网站上发布的数据，有些确实收益甚小或根本没有收益，所以人们通常不会关注这些数据。福利主义者的分析主张以特定的调查来分析问题。当然，问题在于这些调查可能都不具有可处理性。当披露被讨论时，有关收益方面的预测可能是非常困难的。我们并不知道人们会利用信息或其他事物做些什么。私营机构中到处是心思精巧的“炼金术士”。我们无法预测他们在其中能搜寻到什么样的有用信息并将其转化成财富。

从现实中我们可以清楚地看到，各部门会合理地判定出哪些属于高质量数据，并对其进行广泛的解读，然后尽快地将之公布于网上。同时，各部门发布有利于输出披露的一般性推定，并发布针对推定可能会应用到的领域的直觉性理解。值得强调的是，将相关材料按时在网站上公布的自动化程度是非常有益的。

在高质量数据方面，各部门应通过两个问题来进行自查：一是，人们在日常生活中会从这项信息中获益吗？二是，信息的披露是否以改善公共或私营机构的表现形式，提高了其问责性？在 2009 年的美国总统备忘录中有这样一段话：“政府不应因为公职人员可能因信息披露身陷囹圄或想象中的恐惧感而对信息进行保密。不应基于保护公职人员个人利益的动机而不予披露信息。这实际上会错失使官员各司其职的机会。”这些话重要且正确，但同时也具有关键性的先决条件。接下来我们将对这些先决条件做进一步的讨论。

输入透明度

1980年，当我还在为美国前大法官瑟古德·马歇尔（Thurgood Marshall）做书记员时，记者鲍勃·伍德沃德（Bob Woodward）和斯科特·阿姆斯特朗（Scott Armstrong）曾出版过一本有关最高法院的书，书名叫作《三兄弟》（*The Brethren*）。我从来没有与伍德沃德和阿姆斯特朗交谈过，同时我也自信地认为和我一同工作的其他3位书记员也没有。但是许多（大部分或可能是全部）书记员都决定对该书的作者持开放的态度。作者在书中对马歇尔法官进行了极其不准确的描述，这严重损害了其形象。显然，马歇尔本人对此非常失望。我认为，他之所以失望并不是因为书中那些负面的、不公正的、不准确的描述，而主要是因为他把这种描述看作一种对忠诚的亵渎。我认为，将他对我们讲过的话披露出来是忠诚的一种体现。他曾说："我不会试图去改变与书记员互动的模式，但是你们是否会亵渎我的这种自信，就全凭你们的良心了。"

在我于2012年离开白宫以后，很多记者及新闻界以外的人士曾向我打听白宫内部的情况。谁跟总统说过什么？谁又没有同意谁的意见？如果哪件事情发生了或没有发生，谁希望这件事没有发生或发生呢？谁胜了，谁负了？当然，这些问题我一概没有回答过，但他们这种令人震惊地不断询问、欲知其详的坚持是没有任何错误的。这让我回想起与华盛顿邮报的一位大记者的精彩对话，她一直揪着谁不赞成谁这类问题不放。最后，我建议她将其最感兴趣的问题（如环境政策）的实质性内容写出来。但她似乎对这个建议没什么兴趣。

正如我理解的那样（并与标准说法相一致），输入既具有事前决策性又具有审议性。这些都是独立的要求。之所以说输入具有事前决策性，主要是因为从任何方面看它们本身都不是官方决策，而是先于官方的决策存在的且意在让官方知晓。如果一位就职于环保部门的行政助理建议其领导设定十亿分之六十，而不是十亿分之六十五的标准值，则这样的沟通就具有事前决策的性质。输入具有审议性是指，它们是关于该做些什么这一议题的决策过程的一部分。

我承认，即使有上述说明，我们还是能想到很多难以理解的案例。例如，当对一则“关于二氧化硅相关风险的报告”进行汇编时，这则报告将成为纳入法规的一种输入。如果立法书记员正在交换如何处理一项平权运动争议的备忘录，便是与输入有关了。如果白宫内的人正在讨论有关开放政府备忘录的内容，这就是正在处理输入。如果白宫的公职人员正在与美国食品药品监督管理局的公职人员谈论如何处理特定哮喘药物的使用风险问题，这也是一种与输入有关的行为。

关于输入，针对披露的讨论已发生了显著的变化，并且在两个富有争议的方面也被削弱了。一是，披露的收益通常是非常低的（不是一直如此，但却总是这样）；二是，披露的成本是非常高的。接下来，我会继续讨论很多关于其主要限定条件的明确的观点。

谁对谁说了什么

从公众的立场来看，含有输入的内容通常是没有吸引力的。对于那些相信透明度的人来说，具有吸引力的可能是那些看起来富有争议的、不合情理的，甚至是令人震惊的观点。但是，输入的绝对数量及其范围却是令人怀疑的，并且违反了公众将从这些输入的内容中获益的信念。如果这些输入有趣的话，那可能是因为一种并不完全支持披露的原因，即为了讨论的目的，有些人可能会谨慎地给出一个想法，而这个想法无论在过去或现在都确实是个坏主意。我们可以想象，这个想法会被排除掉，所以这永远不会成为一种输出。总而言之，让全世界看到这个想法是重要或明智的吗？

或者让我们来考虑一下美国联邦管理事务的一般性领域，其中最为重要的就是这些管理。一般情况下，每年会有 5000 件行政管理事务必须通过美国信息与规制事务办公室（Office of Information and Regulatory Affairs）进行处理。这些事务大部分都没有在报纸或互联网上被公开讨论过。这些内容在发布前往往都要先进行充分的内部讨论，留存相应的书面文件、电子版文件及电子邮件，同时还会遗留部分争议问题和质疑。这是审议过程的典型范例。很多人在此过程中表达了很多的观点。大多数时候，披露审议过程中的内容的收益都微乎其微。

在美国联邦政府内部，与管理过程的正确性相关的很多讨论都是如此，有时甚至更为典型。电子邮件的数量非常大。正如上述助理案例，他们可能会让想法悬而未决，收集一些暂时性的反馈信息并报告给相关人员。除了那些可能对某些确实存在的细枝末节感兴趣的人，或那些企图中伤、损害或使他人尴尬，以期制造出政治骚动或揭露某种丑闻的人，一般情况下，披露根本没有任何目的性。

输入透明度出现的两种条件

通常会有两种主要的条件来帮助观察者解释输入透明度出现的原因。我们需要承认，在一些行政管理事务中，这些前提条件中蕴含着或被察觉到将蕴含着大量的权力因素。在腐败的或无效的行政管理中，他们的权力得到了极大的提升。

有关违规或违法的争论

公共披露可以为可论证的违规争论提供一种事前赌注性的威慑，并且还能够提供一种具有前瞻性的事后纠正。至少，这能让公众知道他们是如何被管理的。在最坏的情形下，输入包含了腐败或犯罪，而我们的人民当然有权知道这些。

例如，假设反对一项决定不是因为它本身是个坏想法，而是因为这个想法会触犯行为人或一个强大利益集团的利益，或受到某一知名议员的反对，继而在行政管理中产生不好的结果。确切地说，此类事件会经常出现，并且这也是我们能够想象得到的最坏的输入。我们暂且规定这样的争论是可反驳的，至少公众有知道的权利，原因在于该争论可能会损害对公共利益的追求。披露可能会降低这种反对意见被表达出来的可能性，这可能是一件好事，并且无论如何这都将有助于建立问责制。从这个特定的角度来看，关于信息阳光化收益效应的有吸引力的争论会被应用于输入透明度，也会被应用于输出透明度。该争论在更糟糕的输入情形中是最激烈的（读者可以发挥自己的想象力或在历史中寻找答案）。

可以肯定的是，披露的主要作用是将反对的核心从电子邮件和书面文件转移至电话上。在美国联邦政府内部已经发生了很多类似的事件。如果人们不愿意使其沟通的内容被披露给公众或议会，他们会说："打电话给我吧。"从我自身的经验来看，这通常是无罪的；这里面没有包含任何违法行为，但是这确实与某些敏感问题有关，如在电子邮件中没有被表达清楚的一些强烈的反对意见。实际上，这里存在着一项重大风险。如果内部讨论潜在地倾向于披露，从书面向口头的转换可能会带来损失。这些损失将通过减少经济、法律或其他方面的精准分析的形式体现出来。确实，输入披露能对其产生"洗白"的有利影响，或者能使所有的事情都变得更清白。

毫无疑问，对于违法或违规输入的担忧将引发有关输入透明度的争论。假设，你坚信，某些过程是存在腐败、丑陋或舞弊——这些会经常出现或者已成为过程中的一个因素；你坚信，强大的私人利益集团正在影响美国联邦政府的管理过程，或者对特定利益群体和集团负责的公职人员只是在符合那些集团利益的方向上推进产出——你当然希望能终止这些现象。然而，如果不能直接终止这些现象，你可能会坚持认为输入透明度是一种使其公之于众的渠道。那么，阳光可能就是最好的防腐剂。[10]

的确存在着一种风险，就是你会简单地把相关影响隐藏起来。但从原则上讲，这是一种次要担忧。至少我们可以说，将内部过程置于公众的审视之下，是一种值得赞赏的做法。对于那些因“水门事件”而进入公众视野的人来说，美国前总统理查德·尼克松的违规行为就是一个范例，一定程度的输入透明度对于查获这些违规行为是非常必要的。

从错误中吸取教训

只要记者和历史学家能对所发生的事情进行记述，他们便可以从所见的相互让步中获益。这可能更像是一种抽象的学术收益，但是人们及公职人员的确能从历史中学到一些东西，并且这种所得也能产生有价值的纠正作用。历史的记载有助于发现曾犯下的错误，而在理解这些历史记载的过程中，输入也是必需的。政府为何会以作为或不作为的形式犯下重大错误？要回答这一问题，输入透明度是必不可少的。它能产生一些与群体渎职、制度盲点及制度改革需要等方面相关的警告性信号。

例如，假设美国政府对于防止种族灭绝所做甚少。[11] 如果没有输入的权限，那么我们就很难甚至无法对相关的失败经历进行记录。一旦这些失败被记录了下来，人们在未来就有可能逐步减少类似情况的发生。从这个角度看，输入披露的收益也可以是非常高的，至少在特定的领域是这样的。

但是，还是有一些与上述观点相悖的要点。在很多情况下，输入披露是零收益的，并且也没有降低未来犯错误的风险，甚至还带来了失真的风险。假设人们有进入公职人员（如环保局助理管理员或公民权利助理司法部部长）的电子邮件系统的权限，同时假设电子邮件中含有抱怨环保局管理员、司法部部长和白宫公职人员等的内容。人们会发现，电子邮件可能反映的是特定的某一天的情形或心境——这可能仅是基于作者对事实并不全面的理解，也可能是一种发泄形式，或只反映了一种严重扭曲的观点。

一些记者经常从各种指控和丑闻的传播中获得工作的快感和收益，向公众传播有关内部分歧的披露就变得特别具有吸引力。这确实是属于我们之前提过的八卦新闻的一种形式。受众可能都喜欢八卦新闻，从这个维度上看，这也算是一种收益。但是，指控和丑闻传播对于公众来说却根本没有什么收益。当然若是真实存在的丑闻则另当别论。

输入透明度的成本

对于输入透明度而言，最明显的问题就是披露可能会降低思想开放程度和打击公众直率表达诉求的欲望。简而言之，詹姆斯·麦迪逊抓住了其中的一些关键点，其观点如下：

> 起草宪法的最优惯例便是围坐在一起，因为人们的想法千差万别，所以应在各种想法还没有形成统一的体系之前进行长时间的激烈辩论。同时，各成员之间也可以相互交换意见，并基于求同存异的精神在最大程度上达成共识。如果成员一开始就进行了公开承

诺，他们就会基于一致性而要求自己坚持自己的立场。相反，若进行的是秘密讨论，则没有人会觉得自己有义务保留自己的原有观点，除非他对参与辩论的成员的行为举止的真实性和真相感到满意且支持公开辩论。……没有任何一部宪法是在尚未经过公众辩论的情况下就得以实施的。[12]

在任何审议过程中，人们的想法都是多样且粗糙的，并且在大部分情况下都是“基于妥协和接纳精神而获益”的。一旦人们进行了公开承诺，他们可能就不会再转变。保密能促进辩论的开放性。所以，麦迪逊才得出最后的重磅级结论：“如果进行公开辩论，那么没有一部宪法能在大会上通过。”

麦迪逊没有强调的是，输入透明度会导致人们言不由衷。这会阻碍公众直率、自由地表达其真实想法。从该角度来看，这会使各群体获取的信息比其需要的要少。在运行良好的审议流程中，想法形成阶段和结论得出阶段是有着严格的界限的。在想法形成阶段，很多事情是公开讨论的，即使这些事情都被证明是荒唐的或无法容忍的。人们会对获得的某一想法表示赞同，却可以忽略该想法是否有机会得以实施。如果输入是透明的，那么想法形成阶段就会受到更多的限制。

行政特权观念背后的核心便是确保公众能够直率地表达诉求。[13]最好的情况是，输入透明度会引导人们进行口头沟通而不是书面沟通。事实上，通过《信息自由法案》的一个结果是减少了对电子邮件和书面文件的依赖。无论在美国共和党还是民主党的行政管理中，众所周知的是任何以书面形式呈现的内容几乎都能够在《纽约时报》中找到。这导致人们不愿意以书面形式进行沟通。最坏的情况是，输入透明度会导致某些特定的事情完全不被提起。

但降低公众坦率程度并不是唯一的问题。鉴于媒体和政治对手的动机，输入披露会带来极其不利的干扰。这对于自治是具有破坏性的。倘若不关注输出（如关注如何减少早产死亡），公众的注意力可能会集中在那些似乎能让一些人变成罪犯或不法分子的评论上，或集中在将任何结果性的决定置于最不受人欢迎的境地的那些意见上。怀疑论者可能会满怀激情地回应称，剥夺公众获取信息的机会是非常专断的家长主义或更糟糕，因为这会使他们产生误解或过于关注某个信息。一种观点是，真实信息的获取应受到意见自由市场的制约。但是，在这个范围内看，问题并不在于公众误解，而在于意欲火上浇油的那些人的行为动机。这确实存在着风险。

输入透明度的分类账

提到输入透明度，像分类账两侧的不可通约的数值那样，将其置于单一度量之下并不是一件容易的事情。它的收益通常很低。当然也存在例外，如当其包涵非法动机、腐败和犯罪信息，以及可以帮助避免出现大规模或灾难性错误的历史记录时。其成本可能很高，但总是这样吗？

必须承认的是，输入的成本会随着时间的流逝而降低，并且一旦相关人员不再担任公职，成本就会变得比较低。唯一需要告知行政管理和预算局负责人的真相就是，无论他说了什么都会出现在当晚或明天的报纸上。另一种完全不同的说法是，在未来的某个日期或在行政管理工作完成后，出于保护国家安全、个人隐私或其他价值方面的考虑，将会保存有关内部沟通的公共记录。实际上，《总统记录法案》（Presidential Records Act）[14] 开创了此类事务的一种实现途径（中间有 5 年的间隔）。通过这一途径，披露的成本得以大幅降低。但它们不是零，原因在于坦率表达将遭受冷遇，并且人们的名誉受到了错误性地中伤。但是，从获得某些类型的历史记载价值的观点来看，这种途径并非没有道理。我的目的不是针对具体的实践和提议获得确定性的结论，而是对一般性观点进行概述以帮助人们识别适当的权衡之术。

输出透明度和输入透明度之间存在着很大的区别。对于输出而言，透明度可能异常重要。一个核心理由就是，政府通常掌握着人们可以使用的，能使生活更具可导航性和减少严重风险的各类信息。政府不应该把这些信息攥在自己手里。另一个理由是，将信息公布于阳光之下就像是在消毒。无论信息中是否含有政府或私营部门的绩效表现内容，披露都可敦促其更好地完成绩效。

这就暗示我们继续和强化政府信息网站工作的重要性。在接下来的无数情境中，政府都不应该等到《信息自由法案》提出要求才有所作为，而是应将信息公布于网站上。但这并不意味着所有的输出都要公布在网上，而是当输出对公众来说可能存在价值时，应向公众公布。在未来，我们应期待在这一方向上取得重大进展，使其自动化程度得以显著提升。

输入则应该被归于不同的类别。在非常规环境之外，真正起作用的是政府实际做了什么，而不是谁对谁说了什么。大部分情况下，如果美国公众知道州助理不赞同员工领袖的意见或州助理关于贸易协议的想法，或知道在如何治理温室气体方面存在着激烈的分歧，他们似乎也无法从中获益。最为明显的是，这将导致人们保持沉默或通过不能被记录的方式进行沟通。更详细地说，这将使公众的注意力从关乎政策和事实的重要事情上转移到关乎宫斗游戏这类不那么重要的事情上来。同时，输入透明度能将热点集中于有问题的、违规的或腐败的行为上，并提供必备的历史记载。人们可以以史为鉴。对于当前的行政管理而言，熟知以往行政管理的错误之处是至关重要的。

我的分析框架自始至终都是福利主义，一直在追问信息披露的成本与收益。需要承认的是，我们应对福利主义这一观点加以具体说明，且很多人会以不同的基础对其展开讨论，如关于政治合法性的观点。除此之外，在福利主义框架下，有些输出透明度是没太多意义的；而有些输入透明度是完全正当的，甚至是不可或缺的。当我们言及分类时，并不是指那些个别情形。但是，分类为我们提供了一定的方向。输出透明度应处于努力争取信息自由的核心位置。我们对这方面的需求会与日俱增。输入透明度也可以是很重要的，特别是当行政管理行为结束之时。但是，在处理输入透明度时需要格外谨慎。

第 13 章

预防性原则

在世界范围内，人们都对风险规制这个简单的理念产生了浓厚的兴趣：若存在质疑，应遵循预防性原则。[1] 摒弃会产生有害风险的步骤。在确定安全之前，保持谨慎；不要求有明确的证据。用一句格言来说，就是“宁可事先谨慎有余，不要事后追悔莫及”。

在日常生活中，这类请求是很合理的，实际上这是人类理性的一部分。干预自然过程可能是有害的，而且我们通常拒绝改变现状，因为害怕会有副作用。难道不应该遵循理性管理者的路径吗？很多人认为应该这样。因此，预防性原则便成了社会进化的组织原则。在欧洲、美国及其他地方，这个原则被那些意欲加强环境保护、保护自然，以及减少健康和安全风险的人所援引。在很多时候和很多地方，这个原则已成为社会级联效应的受益者。它在社会中得以迅速传播。飞地审议者总是援引这个原则，同时努力使他人相信这是一个很好的框架。

在这里，我的核心观点都是概念性的。预防性原则最严峻的问题在于它是不连贯的，其目的是给出指导，但却没有做到，因为预防性原则也同样谴责自身所要求的那些特定步骤。该原则要求的规制总是会给自身带来风险。这样一来，该原则就同时禁止了自身的授权。因此，我意欲挑战预防性原则并不是因为它会导向坏的方向，而是因为它根本就没有产生任何的导向作用。该原则因可能会导致社会瘫痪，禁止规制、不作为及两者间的每一个步骤而被认为是有危害性的。只有当我们对与风险相关的很多因素视而不见，只关注风险的一个狭小子集时，预防性原则才能有所帮助。保护自然通常是有意义的，但预防性原则却并未给出一个有益的架构来提醒人们该在什么时候为自然提供多大程度的保护。

如果这一切都是正确的，我们又该如何解释其巨大的影响力，以及人们普遍认为的它可以也应该被用来指导监管判断的现象呢？我们应该承认其潜在的实用性价值，它可被用来处理对某些风险的关注不够充分的情况。有时候，它激发了人们挽救生命和改善健康所需的动力。毫无疑问，该原则被自私的政治活动家策略性地援引了。除此之外，我认为有关人类理性和认知的理解能为我们提供一些有用的线索。同时，科学研究的相关发现会清楚地阐明该原则的可操作性，解释它在其他方面令人困惑的吸引力，并提出了为何它应该被放弃或至少在实质上应该被重新构建。实际上，这些发现为这句古老格言“宁可事先谨慎有余，不要事后追悔莫及”的应用和隐患提供了更好的解释。与预防性原则一样，这句格言也遭遇了很多同样的反对。

综上所述，我竭力主张这类监管者应该采用一种更为广阔的视角。同时，在应用过程中，预防性原则是有缺陷的，因为它与自身的理念相冲突。可以肯定的是，很多支持该原则的人在设法防止忽视未来、无视那些正遭受最严重贫困的人的利益和对灾难性情形的漠不关心，并试图提出由监管者提供明确证据这一不可能实现的要求。但是，正如我们将会看到的那样，与其他更好地实现这些目标的途径相比，预防性原则是粗糙，甚至是不合常理的。

什么是预防性原则

对于那些对预防性措施感兴趣的人来说，最初的问题是预防性原则究竟意味着什么或其要求是什么？我们能够想象出一个具有连续性的理解。其中一个极端是理性的人不会反对较弱的版本。另一个极端是较强的版本要求人们对监管政策进行根本性的反思。

当然可以感知的是，最为谨慎和较弱的版本会给出如下建议，缺乏存在危害的决定性证据不应成为拒绝提供保护和对抗风险的理由。例如，即使我们无法证明接触低水平致癌物与对人类健康的不利影响之间存在相关性，实施控制也可能是合理的。因此，1992 年的《里约宣言》（*Rio Declaration*）指出：“存在严重的或是不可逆的损害威胁时，缺乏充分的科学确定性不应该被用作推迟采取具有成本收益性的可以避免环境恶化的措施的理由。”

1987 年，在伦敦召开了关于北海保护的第二次国际会议，会上发布的宣言也表达了同样的观点：“为了保护北海免于可能因最危险的物质而遭到破坏，与会国都接受将预防性原则作为一种必要的措施，可能要求各国采取行动以控制这类物质的排放，即使暂时没有充分的科学证据表明破坏与之有因果关系。”与此类似，《联合国气候变化框架公约》使用了更为谨慎的语言：“若存在严重的或不可逆的破坏威胁，缺乏确切的科学确定性不应被当作推迟采取监管措施的理由；可考虑的应对气候变化的政策和措施应参考成本效益，尽可能地实现以最低成本确保全球利益。”

1998 年，由环境保护者发布的一份流传更为广泛的文件《温斯布雷德宣言》（*Wingspread Declaration*）更进了一步。文件称：“当某种行为对人类健康或环境造成的危害增加时，应当采取预防性措施，即使这之间的因果关系在科学上尚未得到证明。在这种情形下，这一行为的倡导者，而不是公众，将负有举证责任。”上文中引用的第一句话是《里约宣言》里的一种稍微富有攻击性的说法。之所以说它具有攻击性，是因为其没有局限于严重的或是不可逆的破坏性威胁。但是在举证责任倒置中，第二句话则是更进了一步。当然，一切都取决于举证责任要求出示的那些证据。

在欧洲，预防性原则有时被认为是一种更为强烈的方式，它要求所有决策都要有一个较宽的安全边际。一种定义认为，预防性原则是“当有证据表明损害可能发生时，就应当采取行动来改正问题，而不是要等到损害已经发生才采取措施。”[2] 这里的“可能”一词至关重要。在大多数情况下，如果“可能”不需要一些概率阈值来加以界定，那么所有情况都会有“证据表明损害可能发生”。对比另一种更强硬的版本，欧洲第一届濒危海洋会议的最后宣言称：“如果要判定一项确切行为的‘最坏情形’足够严重，那么对该行为的安全性存在的一点点的担忧就足以阻止其发生。”[3]

预防性原则的较弱版本反映了一项不言自明的道理，即原则上的毫无争议。实践中的必要性仅体现在消除公众困惑或个人群体要求出示造成损害的确凿证据的自私诉求上（理性社会中是不会有这种要求的）。最弱版本的定义可能在实践中是非常重要的，但在原则上他们是无可厚非的，甚至略显平庸。因此，在这里我就不再对这类定义进行赘述。为了做更进一步的分析，我们将通过一种比较强烈的方式来理解这一原则，只要存在健康、安全或自然等方面的潜在风险，就需要进行监管，即使证据仍然是推测性的，或监管的经济成本很高。为了避免出现明显的荒谬，对于潜在风险这一理念的理解应当有一定的科学合理性。为了支持监管，某个地方的人敦促认真对待某个风险是不够的。但是，正如我理解的那样，在预防性原则下，阈值的负担是最小的，一旦达到阈值，就会有某种类似的有利于监管控制推定的事物存在。

我坚信，对于预防性原则的这种理解与某些最热心的倡导者的理解是一致的。并且，这种理解有相对温和的形式，也符合众多的法律规则。

自相矛盾的预防性原则

人们往往不愿承认自己对预防性原则的理解是极其模糊的。预防应做到什么程度才是合适的？就其自身而言，这一原则没有告诉我们答案。预防性原则常常是，但却不应该是无视成本的。人们也很容易对这种观点提出反对意见。有些预防性措施当然是不值得的，因为它们的成本太高收益却甚少，但这还不是最严重的问题。真正的问题是预防性原则根本没有为我们提供任何指导，但不是说它本身是错误的，而是该原则禁止了所有的行动方向，包括规制。它所禁止的恰恰是自己所要求的那些步骤。

为了理解反对意见，我们有必要对一些具体问题进行讨论：

- 转基因食品已很常见。[4]其风险目前还无法确定。有些人害怕基因改造会产生严重的生态危害；另一些人又坚信其风险极低，并且基因改造会产生更有营养的食物，并且能显著改善人类健康。
- 很多人害怕存在于地面上的核能，因为他们认为核电站存在各种健康和安全风险，包括大灾难。但是，如果一国不依靠核能，就只能依靠其他的替代性生物能源，特别是依靠燃煤的火力发电站。这类电站也会有自身的风险，包括与气候变化相关的风险。近年来，中国已依靠核能实现了温室气体的减排，并解决了一系列的空气污染问题。[5]
- 对海洋哺乳动物的保护与军事训练之间可能存在着冲突。美国海军进行过很多此类军事训练，可能的结果便是威胁海洋哺乳动物的生存。海洋中的军事行动可能确实产生了很大的危害，但是暂停这类军事行动的决定可能也会危害到军备（或政府认为如此）。[6]

在这些情形中，预防性原则为我们提供了哪种引导呢？人们很容易认为，该原则倡导了严格的规制管控。在上述情形中，产生严重危害的可能性是存在的，并且没有权威性的科学证据能证明这种可能性是零。让我们暂且把在这些情况下强制执行严格监管的预防性原则是否明智的问题放在一边。先来思考一个更为核心的问题：更为严格的规制是根据预防性原则的要求实施的吗？

答案是否定的。在上述情形中，有时我们会很容易发现严格的规制实际上与预防性原则是相冲突的。最简单的原因就是，这样的规制可能会造成严重的社会利益损失，并导致许多本不该发生的死亡。在某些情况下，规制消除了某个过程或活动的机会效益，从而引发了本可以避免的死亡。如果真是这样的话，那么规制便不再具有预防性。

让我们再考虑一下对食物基因进行改造的情形。很多人之所以反对基因改造，主要是认为“对自然的篡改”会对环境或人类健康产生一系列不利的后果。然而，很多其他的人不仅相信这些恐惧是毫无根据的，而且还相信如果不允许进行基因改造可能会导致大量死亡和更多死亡的小概率事件。原因在于基因改造一直秉持着让食物生产变得更便宜也更健康的信念。例如，让很多发展中国家获益良多的黄金大米。基因改造确实会产生收益或其收益超过了其风险，但这些都不是问题的关键所在。这种说法是指，如果从字面上理解预防性原则，那么无论是规制还是不规制都会触犯这一原则。

规制有时候会违反预防性原则，因为它会使替代性风险上升，其形式是因规制而出现或增加的危险。让我们来参考一些杀虫剂的案例。杀虫剂通常是被禁用的或被管制使用的，旨在减少对鸟类和人类造成的伤害。而禁用所产生的风险是，贫穷国家的人们可能会因此失去对抗疟疾的最有效的方法，继而给公共健康带来严重损害。

再如药品标签，这是在一种新药投放市场时由政府采取的一项重要的预防性措施。如果政府能坚持采用这一措施，就可以使人们避免遭受来自未经充分测试的药物的伤害，但是这也让人们无法获得那些特定药物的潜在治疗效果。那么，究竟是要求进行广泛的售前测试还是反其道而行之才具有预防性的呢？在预防艾滋病药物的情况中，那些支持预防性措施的人已经从更好地保护患者健康的角度敦促政府取消售前测试。顺便说一句，在新药方面，美国要比大部分欧洲国家更具预防性，但是因为这类药品无法在市场上售卖，美国也无法为那些本可以通过更快疗程根除的疾病提供预防性保护。更一般地说，明智的政府可能希望忽略与低水平影响相关的小风险，理由是预防性应对措施可能会引发恐慌，而这种恐慌超过了这些措施对健康带来的任何益处。

我们应该能够看出，所有值得践行的预防性原则都是具有麻痹性的。对于规制、非规制及介于两者之间的任何情形来说，预防性原则都是一种障碍。然而，这些因素当然会衍生出另一个问题：为何预防性原则这么有影响力呢？为何预防性原则又被广泛地宣扬呢？我认为，当且仅当实施预防性措施的人戴上眼罩时，这一原则才具备可操作性。也就是说，仅当他们只关注规制情景的某些因素，而轻视或忽略其他因素时，这一原则才可用。但是，这个建议又会引出进一步的问题：如果特定的眼罩是实施预防性原则的前提条件，那又该如何解释呢？若人们的注意力是选择性的，那他们又为何这样选择呢？

预防性原则的运作

有时，预防性原则的运作方式是将大自然本质上是和谐的理念与人类的干预可能会导致风险的观点相结合，正如预防性原则建议对杀虫剂或基因改造进行严格的规制一样。许多人担心，任何人为的干预都会造成现状的损失，这些损失会产生很大的影响，而收益则会伴随着质疑或至少被认为是不那么重要的。例如，“人为的干预似乎在对食品风险和污染进行判定时充当了放大器的角色”，即使“世界上自然灾害造成的死亡人数要比人为灾害多很多”。[7] 研究表明，人类高估了杀虫剂存在的致癌风险，并且低估了自然致癌物存在的风险。人们还坚信，自然就意味着更安全，因此更倾向于饮用天然水而不是经过处理的水，虽然两者的化学分子式是一样的。[8]

对于大自然善行的坚信，在预防性原则的运作中扮演了重要的角色，特别是对于那些相信自然是和谐的或平衡的群体来说。实际上，许多支持预防性原则的人，似乎都特别关注新技术。大多数人相信，天然的化学物要比人造化学物安全。[9] 大部分的毒理学家却并不赞同这个观点。在这一观点的基础上，当人们干预自然界时，预防性原则便会主张要小心谨慎。在这里我们能够根据以下内容发现一些可以帮助我们理解的内容：大自然包含了很多系统，并且对系统的干预会引发严重的问题。但是，对预防性原则的理解却存在着一个很大的问题：所谓的天然可能一点都不安全。[10]

“自然平衡”的存在是我们都熟悉的一个观点。但根据公平标准，这个想法是“不正确的”。[11] 大自然本身就是“以变化为主要特征的，而不是恒定”，并且“大自然生态系统也是动态的”，其中所包含的理想的变化往往都是“那些由人类行为引起的变化”。[12] 在任何情况下，大自然都是一个充满破坏的领域，包含着疾病、杀戮和死亡。因此，与大自然相比，人类活动必然或更系统性地比大自然本身更具破坏性的主张是不能成立的。显然，大自然的产物相对来说更安全的想法也是不对的。[13] 在食品安全和健康的背景下，被很多人所推崇且创造出的每年可产生 45 亿美元收益的有机食品具有很多优点，但是否更健康却并没有定论。诚然，根据一种公认的有争议的观点，有机食品实际上“要比那些成长于人造化学物中的食物危险得多”。[14] 如果预防性原则仅使人们对杀虫剂产生了怀疑而没有对有机食品产生怀疑的话，那可能是因为违背大自然而产生的健康风险更令人担忧。

我们面临的一些最严重的风险是大自然的产物。没有什么东西要比暴露于日光之下更自然的了。很多人不惧怕日光。但是，这样的暴露却与皮肤癌及其他严重的危害相关。烟草作为一种大自然的产物，每年却能造成超过 40 万的美国人丧命。上述内容都不是为了解决具体因素，因为这些问题的解决取决于与价值和事实相关的复杂因素。然而，对大自然善行的错误信奉有助于解释，为什么预防性原则被非常错误地认为能在分析中为我们提供非常大的帮助。

损失厌恶

人们都不喜欢损失。也就是说，与希望有所得相比，人们更希望不要遭受损失。[15] 当预料到会有损失时，我们确实会感到惧怕。这种惧怕程度要远超当预料到会得到某些援助时的愉悦程度。到目前为止一切顺利。当个人和社会淡化源于现状的潜在收益而专注于潜在损失时，问题就来了，因为这会带来总体风险的增加和总体幸福感的下降。

在风险规制的背景下，有一个明确的推论：人们会密切关注任何新风险导致的或由已存在风险的恶化导致的损失，但是对规制带来的可预见性收益却漠不关心。损失厌恶通常能帮助我们解释是什么让预防性原则具有了可操作性。监管的机会成本通常非常小或根本不存在，但是该问题中的相关活动或实体的自付成本却是完全可见的。事实上，这是现状扭曲的一种形式。现状为我们标注了衡量得失的基准线，并且在这一基准下，与获得带来的欢愉相比，损失带来的不悦要严重得多。

如果损失厌恶是有效的，我们可以推测，预防性原则将会把人们的注意力引至某些风险造成的损失上，而淡化管控该风险所产生的可预见性收益。让我们再来强调一下上述美国案例，比较一下未得到充分测试的药品所造成的风险和该药品可能被延迟上市的风险。如果现实中存在机会收益，预防性原则将有可能为我们提供指引，尽管对此我曾提出反对意见。同时，被忽视的机会收益有时在应用预防性原则时呈现出的却是一个毁灭性问题。也许能挽救生命的药物的情况，恰恰就是我们说的这个情形。

损失厌恶往往与另一个认知发现密切相关：与不熟悉的风险相比，人们更能容忍熟悉的风险，即使它们在统计学意义上是一样的。[16] 例如，即使在美国每年有数万人死于车祸，驾驶带来的风险也不会引起人们过多的担忧。这是因为人们将与驾驶有关的风险看作生活的一部分。相反，很多人对较新出现的风险表现出了非常强烈的担忧。例如，转基因食品及最近引入的化学武器和恐怖主义等带来的风险。造成这种不同现象的一部分原因可能是因为人们怀有这样一种观念，即面对新的风险，我们首先考虑的是其不确定性（我们无法确定坏结果出现的概率）而不是风险（发生的概率是可以确定的）。那么，当我们无法对风险进行衡量时，可能会变得更加谨慎，这也都是可以理解的。然而，个人和社会关注新风险的倾向却超过了理智的倾向。通常以不太充分的理由，通过强调涉及危害的一小部分区域就可以使预防性措施得以实施。

可得性启发式

可得性启发式对于理解人们的恐惧及其对预防的兴趣至关重要。[17] 当人们运用可得性启发式时，他们会通过脑海中是否有相关的案例来评估风险的大小。如果人们很容易就能想到这样的案例，他们就不会像找不到案例时那样惧怕了。实际上，对于自然善行的信奉往往起源于可得性启发，如人们一再提及的基因“篡改”会导致严重的社会危害的案例。

进一步说，“同等频率下，容易被读取的案例的类别要远远多于不容易被读取的案例的类别”。[18] 我们可以参考这样一项简单的研究，给受试者一份名人名单，其中既有男性也有女性，然后询问他们名单中女性的名字更多还是男性的名字更多。如果这一名单中的男性更出名一些，则人们就会认为男性的名字会更多；而如果这一名单中的女性更出名一些，则人们就会认为女性的名字会更多一些。[19]

这一研究是关于熟悉是如何影响案例的可得性的。一般认为熟悉的风险比不熟悉的风险更严重，例如与吸烟相关的风险被认为比与阳光浴相关的风险更严重。但显著性也是非常重要的。例如，从主观概率上讲，目睹一起房屋失火事故的影响，可能比在当地报纸上读到这次火灾所带来的影响大得多。[20] 所以，当前事件比过往事件拥有更大的影响力。这一点能在很大程度上帮助我们解释与风险相关的行为，包括采取预防性行为的决定。人们是否会为自然灾害购买保险，在很大程度上受到了当前经验的影响。[21] 如果不远的过去并没有发过洪水，居住在洪水易发地区的人们很可能不愿意购买保险。地震发生后的一大后果就是，为地震而投保的人数显著增多，但是随着关于地震的生动记忆逐渐淡去，保险购买量又会逐渐回落。值得注意的是，在这些情境中，可得性启发式的应用并非是不合逻辑的。保险和预防性措施都是非常昂贵的，并且大多情况下，先前发生的事情似乎是将来再度发生该事情的最佳可得性引导。可问题在于，可得性启发式会导致过度恐惧和忽视等形式的严重错误。

可得性启发式能帮助我们解释预防性原则的运行机制的一个简单原因是，有时人们认为需要采取预防性措施的一项特定风险是可以被认知的，而包括与监管自身相关的其他风险却不能。例如，我们很容易知道砷是具有潜在危险的，并且砷作为一种著名的有毒物质，还曾经出现在一部电影《毒药与老妇》（*Arsenic and Old Lace*）中。相反，在对砷的管制可能会导致人们去使用不太安全的其他替代品这一观点进行判断时，还存在相对更为复杂的智力层面的操作。预防性原则在很多情况下似乎是可以为人们提供导向的，原因在于其中的某些相关风险是具有可得性的，而其他的风险则几乎是不可见的。并且，当人们倾向于保护自然而反对人为干预时，通常都是因为干预的风险是可见且熟悉的，但是不干预的风险却不是这样的。

不确定性与不可逆性

代表预防性原则的一些核心主张包含以下 4 个合理的要点：第一，不确定性；第二，跨时间学习；第三，不可逆性；第四，科学家求知谦逊的需要。在这些要点的帮助下，我们可能会在更精炼和更合理的方向上去理解预防性原则。一个核心问题就是，什么才是解决“最坏打算”思维的合理措施。全面分析需要对决策理论中的一些复杂问题进行调查，因此这不是做全面分析的地方，但是有 3 点内容是没有争议的。[22]

第一，如果一项产品或活动没有多少利润，那么与利润丰厚的情况相比，针对预防性措施的争论会更加激烈；第二，如果一项产品或活动具有微不足道的风险（既考虑到其概率又考虑到不良结果的重要性），且如果这种产品或活动能产生丰厚的收益，则它就不该被禁止或监管（包括通过贴标签的方式）。第三，如果某种产品含有较小的（但并非微不足道）灾难性风险，同时收益很有限并且没有理由为此冒险，则对于禁止这种产品或对其进行监管（包括通过贴标签的方式）就会存在较大的争议。

这里还存在着一些更复杂的情形。第一，某一产品或活动具有重要的收益；第二，我们无法或很难确定灾难性的不良结果出现的概率，这便产生了不确定性而非风险[23]；或者无法确定与不良结果相关的损害，这便产生了忽略的情形。在这些更为复杂的案例中，平衡这个账簿的两侧并不是一件简单的事情，而对于消除最坏情形的方案也确实存在争议。[24] 并且，如果风险是不可逆的（需要对不可逆的概念进行独立的分析），则与其解决方案相关的争论会进一步得到加强。对于更加完善的预防性原则或其他类似的原则，应当从不可逆性危害或灾难性危害的预防性原则两个角度，对其合理性进行判断。[25]

更宽广的视野下

我并不建议能够代替预防性原则的其他任何具体原则。但是，这里没有任何一项争论是支持阿伦·威尔达弗斯基（Aaron Wildavsky）的观点的。威尔达弗斯基是一位敏锐且富有影响力的政治学家，对风险规制特别感兴趣，同时也是一位预防性原则的反对者。[26] 按照威尔达弗斯基的观点，自然与社会能在面对巨大冲击时进行调整，因此最终呈现出的危险程度似乎要比我们所担忧的小很多。基于以上的理解，他认为预防性的观念应该被摒弃，并且由适应性原则取代。根据威尔达弗斯基提出的适应性原则，人们对于目前的很多危险便无须那么担心，如气候变化、食物传播疾病及臭氧层的破坏等。

不幸的是，适应性原则并不比预防性原则更好。在大自然或社会系统中，有些是具有适应能力的，而有些却没有。并且也无法对某一生态系统或社会是否具有适应性进行抽象意义上的确定。任何情况下，适应性都是一个程度因素，而我们应实事求是。适应性原则应当被理解成一种启发或精神捷径，一种倾向于在可能具有破坏性的技术变革面前无所作为的方式。与大部分的启发一样，适应性原则在很多情况下都能很好地发挥作用，但也可能会导致系统性甚至致命的错误。

反向效应广泛的多样性可能来自不作为、监管或任何介于两者之间的情况。承认这一点应该会是一条比较好的解决路径。这一解决路径试图对所有反向效应进行考量，而不是简单的一个子集。当现存的知识无法对反向效果的全部情况进行准确评估时，这一解决路径便会衍生出经验法则，以在面对不确定性时为我们指出合宜的行动过程。当社会面对灾难性风险时，合宜的方式应是采取行动，而不是袖手旁观或仅仅心存幻想。明智的做法应该是进行反抗，而不是接纳人们在思考风险时所面临的多样化的认知局限。列出一份严谨的风险领域清单，也有助于消除利益集团垄断的风险。

可以肯定的是，哪怕是那些不被人所知的公共警报，其本身也是一种伤害，并且在大规模连锁效应的作用下还可能会导致额外的伤害。针对风险的明智做法应是，即使毫无根据，也要努力减少公众恐惧。我在此的目的并不是否定上述做法，而是去解释预防性原则令人费解的流行性，并且帮助人们提炼出使预防性原则具有可操作性的策略。

在个人层面，这些策略也不是毫无意义的，特别是对于那些缺乏信息的人或通过关注手头情况中的一种因素就能做得很好的人来说。但是，对于政府来说，预防性原则却不是什么明智的选择。其中一个简单的原因就是，一旦人们的视野被扩大，预防性原则根本提供不了任何指导。当然，理性的国家应当采取预防措施，但却不应当实施预防性原则。

第 14 章

道德启发式

在认知领域里有关启发式的现代文献中，阿莫斯·特沃斯基和丹尼尔·卡尼曼（Daniel Kahneman）①的研究具有开创性意义。他们主张："人们通常依赖有限数量的启发式原则，来减少概率评估和价值预测等复杂性任务，以使判断过程变得更加简单。"[1] 但是，相关文献仅源于道德和政治领域的可行性调查，实际上人们还是会依赖简单的经验法则。经验法则通常运行良好，当然有时也会失效。[2] 其核心观点似乎是显而易见的。生活中的道德在很大程度上是由简单且高度直观的规则构成的。这些规则通常是有道理的，但在某些特定的情形中也会失败。欺骗或偷盗是错误的，但是如果欺骗或偷盗的目的是挽救人的生命，则其可能又是义不容辞的行为。并不是所有的承诺都一定要恪守。虽然试图在紧要关头违反一项存在已久的职业承诺是错误的，但如果你的孩子此刻正在医院，你可能从道德层面上确实会要求自己这么做。

我的一个主要目的就是要表明，启发式在道德、政治和司法判断方面扮演了一个普遍的角色，而且它们有时还导致了一些重大错误的发生。我还试图辨认出一系列目前既可以影响司法又能影响政治的启发式，同时还试图提

① 丹尼尔·卡尼曼是著名的心理学家、行为经济学家。他与巴黎高等商学院教授奥利维耶·西博尼、卡斯·R. 桑斯坦合著的《噪声》系统性地指出：噪声是影响人类判断的黑洞。其中文简体字版已由湛庐策划、浙江教育出版社出版。——编者注

出一个貌似合理的主张，即一些广泛实施的实践活动和信念都是这些启发式的产物。通常道德启发式代表了对一系列问题的概括，而道德启发式也确实适合这些问题，并且在大多数情况下这样的启发式也很有效。[3]当这样的概括脱离相关语境且被看作独立的或普遍性的原则时，问题就出现了。原则的可应用性看起来是显而易见的，并且那些反对这些原则的人在道德上是愚蠢的，甚至是令人难以容忍的。我坚持认为，这种问题的出现具有误导作用，甚至会引发道德上的错误。在理性缺位的情境中，拒绝实施这一概括性措施丝毫不愚蠢，亦不奇怪。

因为卡尼曼与特沃斯基研究的是事实和初始逻辑问题，所以他们或许认为启发式有时候会导致错误。不幸的是，这一想法不能如此简单地被表述出来。现实中的错误既是高度直观的，又是毫无争议的，并且最终人们会因自身的直觉而感到尴尬。在道德和政治领域，很难找到这样一个清晰的案例。然而，我想说明的是无论一个人的道德义务是什么，道德启发式都是存在的，而且实际上是无处不在的。我们不应该将潜在的道德直觉看作固定的分析点，而应将其看作不可靠的，至少是潜在的错误点。对反思均衡的探索，就是在所有层面的一般性知识中寻找判断的一致性。[4]在这一探索的过程中，我们秉持的一些道德准则可能就是启发的产物，而这些启发式有时却会导致错误的发生。

事实上，如果道德启发式是普遍存在的，那么肩负着多种基本责任的人不会认为自己的理论偏好是错误的，但是会认同启发式的运用方式通常很实用这一观点。功利主义者为了实现其效用最大化应当能辨认出启发式；义务论者为了合理履行道德责任应当能指出启发式；不受任何大规模理论约束的那些人，为了自身肩负更加适中的规范性责任，应当能够对启发式进行具体的说明。倘若道德启发式是存在的，则错误极有可能既存在于道德思考之中，也存在于司法和政治实践之中。常规意义上的司法和政治争论通常都是启发式的产物，但被粉饰成了普世的真理。因此，我将确定一套政治和司法判断。我们最好将这些判断理解为启发式产物。甚至在它们的合理性并不适用时，这些判断也经常非常错误地被作为政治和司法实践的指引来采用。

一般性启发式与古尔德的小矮人

启发式和事实

有关启发式和偏差的经典研究并不涉及道德问题，而是涉及事实问题。在解答核心的事实性问题时，缺乏准确信息的人会运用简单的经验法则。在长度为 4 页的英文小说中，有多少个单词是以"ing"结尾的呢？在同样的 4 页的英文小说之内，又有多少个单词的倒数第二个字母是 n 呢？大多数人会认为第一个问题的答案比第二问题的答案多，虽然思考片刻就会知道这是个错误。[5] 人们之所以会犯错误，是因为他们很可能使用了一种可识别的启发式，即可用性启发式，来对有关概率的问题进行解答。当人们运用这种启发式时，他们会通过是否能想到相关实例来回答概率问题。在缺乏统计学知识的情况下，人们试图去探寻例证。对于毫无统计学知识的那些人来说，这就远不是不合理地运用可用性启发式的问题了。他们的问题是，这类启发会导致严重的事实性错误，而这种事实性错误的形式通常是对于微小风险的过度恐惧及对重大风险的视而不见。

或者我们可以考虑一下典型性启发式，即有关概率的判断会受相似性估计的影响（甲和乙相似的情况）。与典型性启发式相关的知名例证是，假设请人们回答一位名为琳达的女士的可能职业是什么。该案例的表述如下："琳达今年31岁，单身、健谈且性格非常开朗。她毕业于哲学专业。在校期间，她非常关心歧视和社会公正问题，还参加过反对核武器的示威游行。"[6] 然后，研究人员要求人们对琳达的 8 个未来职业按照可能性高低进行排序。在这 8

个可能性职业中，6 个职位是用来凑数的（如精神方面的社会工作者、小学教师等），另外两个才是非常重要的职位，分别是“银行出纳”和“银行出纳及女权运动活跃分子”。

与银行出纳这个职业相比，更多的人认为琳达更像是一位银行出纳及女权运动活跃分子。这是一个明显的连接性错误，其中特征 A 和特征 B 要比特征 A 单独存在时的特征性更强。这样的错误便是由典型性启发造成的。与“银行出纳”相比，对琳达的描述似乎跟“银行出纳及女权运动活跃分子”更匹配。关于该案例的富有启发性的反馈是，进化论科学家斯蒂芬·杰·古尔德（Stephen Jay Gould）的发现：“我知道正确答案，但是有一个小矮人总是在我的脑袋里蹦来蹦去并对我大喊‘她不可能只是个银行出纳，再读一遍描述试试’”。[7] 因为古尔德所说的小矮人特别喜欢在道德层面叫嚷，在下文中我将多次提及这个小矮人。

根据道德启发式，现存的工作具有暗示性而非确定性；因此仍需经过很多步骤，特别是要通过额外的实验性工作来进行道德判断。我所要辨认的道德启发式理应会受到挑战，原因在于专门的应用不是可预测的。我的最初愿望之一就是激发出更多的拓展性研究。这些研究的主题是，人们何时以及是否会在特定的情况下运用有意义或无意义的道德启发式。

属性替代和典型案例

卡尼曼和尚恩·弗雷德里克（Shane Frederick）指出，当人们对评估“目标属性”感兴趣时，会用评估对象的“启发属性”来替代“目标属性”，且启发属性更容易掌控。所以，启发式是人们在这种情况下使用的一种精神捷径。[8] 因此，启发式就是通过“属性替代”这一过程来实现的。启发式的使用会引发用于判断真实性的直觉，这些直觉有时是片面的，从这个意义上来说直觉会在预测的方向上犯错。[9] 让我们思考这样一个问题，到底是死于自杀的人多还是死于他杀的人多呢？在缺乏统计信息时，人们可能会有这样的反应，即询问是否可以比较容易地在任何门类（可得性启发式）当中找到一些案例呢？但是，这样往往会导致错误，这是风险感知领域中的可得性偏差的结果。在某些情况中，启发式还会作为一种情感反应与情绪方面的影响相关联，并且实际上这种影响甚至可以被看作一种启发式。人们会根据某一产品或行为产生的影响对其进行评估。[10] 但属性替代常被用于处理缺乏情感因素的事实性问题。

类似的机制也在道德、政治和司法领域发挥着作用。当无法确定该对目标属性思考什么或做什么（道德要求或法律要求）时，人们可能会用启发式属性来替代。例如，询问他们如何看待自己信任的权威（如所偏好的政党首脑是一位特别睿智的法官，同时也是一位宗教人物）。通常这个过程会被视为典型案例。当面对新奇的难题时，观察者总会问，这是否与熟悉的问题有着相同的特征？如果真的如此，那么针对熟悉问题的解决办法就会被用到这个新奇的难题上。可能的情况是在价值和事实两个领域，现实世界的启发一般在真实世界中会运行良好，所以他们运用启发式方法会使道德错误减少而非增加，至少跟大多数可能的选择相比是这样的（详见下文有关规则功利主义的讨论）。这里唯一需要强调的是，我们的道德判断在某些时候会不起作用。

我们应该从认知的双重过程理论来对主要的启发式进行理解。[11] 系统 1 是直觉性的，快速、自动且毫不费力（这是古尔德小矮人的基本特征）。相反，系统 2 是深思熟虑的，缓慢、自知、精明，同时是经过演绎的。系统 2 扮演着一位控制者的角色，确认或否决某些判断。例如，一个人在经历过飞机失事事件一个月后再次乘坐飞机从纽约前往伦敦。这个人可能通过系统 1 做出一个快速且几乎是下意识的判断，认为这个航班是非常危险的。然而，也可能会做出来自系统 2 的否决判断，因为系统 2 进行了针对风险承受度的更现实的估计。系统 1 总是带有情感上的成分，但有时这是不必要的。例如，概率性判断可能需要特别快速地做出，根本无须情感成分。

大量的证据表明，人们总是能够做出自动的道德判断，且大部分都是没有经过思考而做出的。对于这些判断，他们自己有时都不能给出合理的解释。[12] 人们在进行道德、政治或司法判断时往往会用启发式属性来代替目标属性。系统 1 在这个过程中也在发挥作用，并且系统 1 可能会或不会受制于系统 2。让我们来思考一下乱伦禁忌。对于乱伦，即使是在这一禁忌似乎并不存在的情况下，人们也会在道德上对其表示厌恶。他们受到了“道德失声”的支配，无法对自己秉持的这一直觉做出解释。[13] 我们至少可以认为在这一过程中，系统 1 掌控着人们的判断，且并未经过系统 2 的修正。这个观点似乎也是合理的。这在法律和政治语境下都是真实的。

道德启发式的作用

为了展示道德领域中启发式的运行方式，我们还需要对一些能用来度量道德真理的基准做出说明。关于这些问题，我想避开那些争议较大的观点。我认为，无论人们对道德和政治判断的基础有什么样的看法，道德启发式似乎在实践中都能起作用。

在这一部分内容中，我首先将对野心勃勃的理论（意指针对“正确”和“好”的大规模描述）与道德启发式之间的关系进行概述。我认为，对于那些在道德和政治上接受了野心勃勃的理论的人来说，可供替代的立场是最小的启发式。但是该方法富有挑战性，因为任何富有野心的理论都颇具争议性，无法成为衡量道德真理的基准。我将在下文中对该主题进行更多的论述。为了取得进展，最简单的办法并不是将富有野心的理论（据说是正确的）与常识性道德（错误的）对立起来，而是采用另外两种更适宜的办法：一是，表明在任何关于道德要求的观点上，道德启发式都可以发挥作用；二是，表明在道德要求的最无争议的观点上，这样的启发式也是可以发挥作用的。

有些人属于功利主义者，他们坚信效用最大化才是终极目标。起初，人们并不了解这一理念的具体含义。用英国法理学家杰里米·边沁（Jeremy Bentham）的话来说，“效用就是能产生利润、优势、愉悦、美好或快乐的任何物质资产，旨在避免给利益相关方带来伤害、痛苦或不愉快”。[14] 我们不得不承认，这些话里包含着诸多悬而未决的问题，但是我的目的并不是要解答这些问题。我们应注意到，包括经济学家约翰·斯图亚特·穆勒和亨利·西季威克（Henry Sidgwick）在内的很多功利主义者对于效用的理解都比边沁要广泛得多。同时，他们还指出，一般性道德都是以简单的经验原则为基础的，且通常对效用具有促进作用，但有时也会没有作用。[15] 例如，穆勒曾强调人类一直在“由经验趋势的体验中不断地学习”，因此“效用原则的推论”逐渐被一般性道德所刻画。[16]

在现代心理学发现的启发下，功利主义者可能会争辩说，一般性道德简单地说是一系列关于什么才是真正重要的启发式，也就是效用。他们可能主张，一般性道德承诺便是一组精神捷径。根据功利主义的观点，这些捷径一般情况下会很好地发挥作用，但是也会产生严重的或系统性错误。假设大多数人都反对功利主义的惩罚方法，而信奉报复主义（可粗略地理解为一种将惩罚看作道德上应得的而不是效用最大化的方法）。这是功利主义者的偏好理论。他们对系统 1 有反应吗？他们正在犯认知上的错误吗？康德主义是一系列认知错误吗？（见第 15 章）需要指出的是，就道德要求而言，功利主义者通常会在具体案例上与其义务论对手达成一致。他们也能接受刑法和民法的基本原则。当义务论者和其他人与功利主义原则相背离时，他们可能是在启发式的基础上实施操作的。这些启发式通常是很有效的，但有时也不起作用。

然而，想要以这样的方式解决大规模的道德争论是非常困难的。在许多以可得性和典型性为基础的一般性启发式中，针对事实或基本逻辑规则的检验结果表明人们会犯错误。在道德领域进行相关证明是非常困难的。至少，那些反对功利主义的人不会因自己的道德判断导致效用的减少而感到尴尬。例如，那些坚持分配性考量的重要性的人就对功利主义者提出了巨大的挑战。目前还很难确定，社会底层的中等程度的效用损失正是社会顶层的巨大效用所得。

通过对道德启发式的存在性的强调，反对功利主义的那些人很可能会反败为胜。他们会争辩道，功利主义者推崇的原则大多时候都与道德要求是一致的，但实际上功利主义也在很多方面导致了严重的问题。按照该观点，功利主义本身即是一种时而有效时而导致系统性错误的启发式。事实上，功利主义者和其批评者之间的许多争论都涉及一方或另一方的主张，即反对意见往往能够产生好的结果，但也会导致严重的错误，因此应被否决。

要解决这些重大争议可不是一件容易的事，一个简单的原因就是功利主义者和义务论者都不太相信他们所定义的承诺仅仅是启发式的。道德启发式与心理学相关研究所揭示的启发式之间存在着明显的差别，在这些启发式中事实或简单的逻辑为确定人们是否犯错提供了很好的检验方法。如果人们更倾向于认为在给定的篇幅内以“ing”结尾的单词数量要多于倒数第二个字母是 n 的单词数量，那么很显然这里是有错误的。如果人们认为与“银行出纳”相比，琳达更像是“银行出纳兼女权主义运动活跃分子”，也存在着突出的问题。如果法国公民认为纽约大学的篮球队要比圣约瑟夫大学的篮球队更棒，是因为他们从未听说过后者的校名，那么只需简单地查一下得分记录便可以发现自己是错误的。在道德领域，事实性错误和简单逻辑都不能为人们提供这样的简单测试。

弱结果主义

因此，我在这里的目的并不是要像西季威克和穆勒那样去证明常识性道德是为获得正确的一般性理论而构成的一系列启发式。但是，更为谨慎的表述是：在很多情况下，道德启发式是起作用的，并且这一点可以被持不同的一般性理论的人或不确定到底哪个一般性理论才是正确的人所接受。我认为可能会得到这样的结论，即道德启发式可以在不接受任何特别富有争议的规范性主张的情况下发挥作用。在诸多案例中，这种主张完全可以在不接受任何有争议的规范理论的情况下被接受。其他的案例需要接受我所说的“弱结果主义”。根据这一理论，在其他因素都相同的情况下，法律体系的社会结果与法律应该做的事情息息相关。

弱结果主义者坚信，结果才是最重要的，但他们不需要成为功利主义者，也无须相信法律和政策应当使效用最大化。功利主义是备受争议的，包括哲学家在内的很多人对功利主义都持反对意见。效用思想的含义仍然包含很多普遍存在的问题。我们说的难道仅是快乐最大化和痛苦最小化吗？那难道不是对人们所做之事和应当在乎之事的一种狭隘的描述吗？这就是弱结果主义者思索的问题。他们已经准备接受这一观点，即无论其对效用的影响如何，都应将侵犯权利的行为算作重要的结果之一，因此这类侵犯权利的行为在全面评估应该采取什么样的行动方面扮演了重要的角色。让我们来考虑一下经济学家阿玛蒂亚·森一直坚持的观点，即结果主义论者可以在不接受功利主义也不否认侵犯权利是一系列相关结果的一部分的前提下，坚持结果的重要性。因此，森提出了一个解决办法，“与功利主义者分享一个结果主义方法（但与功利主义不同的是它不局限于只关注效用结果）”，同时还要强调“权利本身的重要性（但并不是赋予他们完全的优先权而不顾及其他的结果）”。[17] 弱结果主义与这种方法是一致的。在评估决策和社会地位时，弱结果主义论者可能会更愿意赋予非结果主义提倡的考虑因素更多的权重。

坚信责任与权利的一些义务论者将会反对任何形式的结果主义。例如，他们会相信惩罚才是最恰当的处理方式，惩罚的结果从来就与其适宜程度无关。我列出的有些案例对于那些相信结果根本就不重要的义务论者来说是缺乏说服力的。然而，在我看来弱结果主义似乎与任何学派都毫无关联，并且对不同的人们都有着足够的吸引力，这使得道德启发式在这些案例中发挥了重要作用的这一观点变得可信起来。对于那些反对弱结果主义的人来说，从他们自身的观点来看，询问道德和法律中的某些规则是否反映了有时会导致严重错误的那些启发式是富有成效的。

进化与规则功利主义

在继续分析之前，先做两项说明。第一，有些道德启发式可能具有一定的进化基础。[18] 我们可以通过自然选择对乱伦或同类相食等问题产生的自发的道德上的厌恶进行解释，即使高明的实验或生活中有不支持这种厌恶的情形。在乱伦案例中，问题更为直接：来自进化视角的自发厌恶要比对环境进行的更为精细的评估有用得多。[19] 事实上，进化论能为我所指出的大多数启发式提供支持。当某人承认自己的有害行为时，进化压力可能已经向其灌输了强烈的愤怒情绪，以及相应的反应倾向。作为对错误行为的回应，愤怒启发式可能比任何一种结果主义演算都要好，无论它是弱还是强。当然，很多道德承诺并不是进化的产物，但却是社会习得甚至是级联效应的产物；[20] 相关社会中的个人必将不可避免地受到一种普遍信念的影响，即篡改大自然是种错误行为，进化压力根本不需要发挥任何作用。

第二，与之相关的是，一些甚至大多数道德启发式都是由规则功利主义者或规则结果主义者来捍卫的。[21] 原因在于，在大多数情况下，道德启发式虽然简单但却非常有效，并且如果人们试图对相关的道德问题做更详细的评估，可能只会犯更多的道德错误，尤其当他们的个人利益受到威胁时。与复杂又细致的道德规则相比，简单且有些粗糙的道德规则可能会导致不常发生也不太严重的道德错误。与可得性启发式相比，通常运用道德启发式会产生更快速且非常准确的判断，反而那些试图通过统计分析得出结论的人会犯更多的错误，并且会在这个过程中浪费更多的时间。如果人类应用“简单的启发式作为起点”，那么他们也会采用“简单的启发式让自己变得更好”。[22]我将列举一些与道德启发式相关的案例。对我而言，这些案例中包含着很多法律和政策层面的严重错误，但我也不会说没有这些案例我们的生活会变得更好。相反，从道德角度看，与其他可能的选择相比，这些启发式可能会产生更好的结果。我将在下文中对其他可能的选择进行讨论。

道德框架

在有关启发式的著述中，卡尼曼和特沃斯基在著名的行为经济学经典案例的情境中发现了“道德框架”。[23]框架效应与启发式无关，但因为它们对道德直觉的合理性提出了一个显著问题，所以可以说它们也提供了非常有价值的背景。这是问题的第一部分：

想象一下，美国正在为应对一种罕见的地区疾病做准备。这种疾病预计会导致 600 人死亡。为此相关人员提出了两种不同的抗击该疾病的方案。假设准确的科学预测结果如下：

> 方案 A：将有 200 人获救。
> 方案 B：600 人全部获救的概率只有 1/3，而无人生还的概率是 2/3。
> 那么两个方案之中，你觉得哪个更好？

此时大部分人会选择方案 A。

然而，现在我们来考虑一下该问题的第二部分。相关情境还是如上文所述，但不同的是对可选方案的描述进行了调整：

> **方案 C：400 人会丧生。**
> **方案 D：无人死亡的概率是 1/3，而 600 人全部死亡的概率是 2/3。**

此时大部分人就会选择 D。但是，只要经过片刻思考，便会发现方案 A 和方案 C 是一样的，方案 B 和方案 D 也是一样的，这些只是对相同方案的不同表述而已。很显然，人们对于适宜方案的道德判断取决于结果中是用“生还”还是“丧生”来进行描述的。该如何对这种差异进行解释呢？最明智的回答或许是，人类普遍对于损失持厌恶态度（损失厌恶已得到认知发现的证实）。[24] 无论是自私的冒险主义还是基本的道德判断，损失厌恶都在人们的决策过程中扮演了重要的角色。但是，对获得还是损失的判定则取决于采用什么样的基准线。单纯的语义重构就能够改变基线，而道德直觉也会随之改变（很多案例都与公平有关）。[25]

这一发现通常被用来说明理性的标准问题。但有人认为受试者对发言人选择的框架所传递或“泄露”的信息做出了理性反应。[26] 当然，发言人的选择也会传递出其所期望得到的答案的线索。该案例中的一些对象便可以被认为是一种线索。然而，即使人们一般会考虑发言人传递的线索，其主张还是会与框架对于道德直觉来说是至关重要的这一主张相一致。[27] 这也是我在此一直强调的。

道德框架已经在对后代履行义务的重要情境下得到了证实。[28] 这是一个非常富有争议的道德、政治和法律层面的问题。[29] 至少可以说，对于那些尚未出生的人来说，适当的贴现率并不是一个大多数人都会考虑的问题。因此他们的判断很容易受到不同框架的影响。经济学家莫琳·克罗珀（Maureen Cropper）等人在经过一系列的调查研究后指出，人们对于当下救人一命或100 年内挽救 45 条生命持同样漠然的态度。[30] 这是通过询问人们是否愿意参与一个现在就能挽救 100 条生命的项目，或从现在开始的 100 年内拯救更多生命的项目后得出的结论。然而，人们的回答是基于他们不确定未来人类是否会长生不老（也许技术进步会拯救他们），并且同一问题在不同框架下也会产生完全不同的结果。[31] 例如，大多数人都认为明年因污染而导致的 1 例死亡与一个世纪后因污染而导致的 1 例死亡没有什么区别，都是“一样的糟糕”。这一发现没有显示出对当前一代的偏好。最直接的结论就是，在该对后代负有哪些义务这个问题上，人们的道德判断确实是框架效应的产物。[32]

同样的观点也适用于这个问题，即政府是否应该不仅要考虑挽救生命的数量，还应该考虑通过监管的介入所拯救的“寿命”的长度？如果政府的关注点在寿命上，与救助中年人的方案相比，救助儿童的方案就应获得更多的关注。这就是不道德的吗？人们的直觉取决于问题被归于哪个框架之中。[33] 可以预见的是，人们都会拒绝这种将老年人的价值看得低于年轻人的做法。但是，如果人们被问及，是愿意选择可以挽救 105 个老年人的政策还是挽救 100 个年轻人的政策时，很多人都会选择后者。他们给出的建议是，更愿意对处于危险境地的生命年限给予更多的关注。

至少可以说，对于人们不熟悉的道德、政治和法律问题，框架确实对他们的直觉产生了很大的影响。将特定的结果认定为现状的损失是非常有效的做法；在这样的框架下，道德关怀就会得到显著提升。也正因如此，政客们经常会将一个或另一个提案称为某些社会进步的“倒转时钟”。这里的问题在于，对于很多社会变迁来说，框架并不反映社会现实，而只是一种口头操作而已。

道德启发式与法律及政策的关系

我最重要的兴趣点在于道德启发式与法律及政策问题之间的关系。我将相关的启发式分为 4 类：与道德和风险规制相关的启发式；与惩罚相关的启发式；与“扮演上帝”相关，特别是与繁衍和性相关的启发式；与区分作为或不作为相关的启发式。这样的分类只是说明性的，而不是全面性的。

与道德和风险规制相关的启发式

成本—收益分析

一家汽车公司正在对是否为其生产的汽车设置特定的安全预防措施进行决策。公司进行了成本—收益分析，最后得出结论：他们没有理由设置特定的预防措施，原因在于他们需要为此支付 1 亿美元的费用但只能挽救 4 个人的生命，而该公司对换救一条生命的预算“上限”是 1 千万美金（顺便说一下，该上限比美国环保局的标准还要高一点）。普通人对这样的决定会作何反应呢？答案一定是他们并不喜欢这个决定。[34] 实际上，人们都倾向于主张对那些在进行成本—收益分析后将死亡风险强加于个人的公司实施惩罚，即使这类结果对人命的估值更高。

相反，人们更倾向于主张对那些将风险施于个人，但不进行与生命损失、费用度量，以及将两者进行对价相关的风险分析的公司实行不太严苛的惩罚。[35] 令人奇怪的是，如果公司行为是基于充分的成本—收益分析的，那么就无须承担相关法律责任这一点是不明确的。同时，这样的分析甚至还可以让公司免于不作为的起诉。到底是什么构成了人们的道德评价基础，并在实际的陪审团决策中被不断重复？[36]

可能出现的情况是，当人们不赞同用金钱来对价生命并进行交易时，他们一般会从一组非常重要甚至非常有用的道德准则中进行归纳，虽然这些准则有时会不起作用。请考虑以下道德准则：非故意致人死亡。在日常生活中，你可能并不会参与最终会导致一些人死亡的活动。如果你正在做运动或在院子里工作，倘若你坚信自己的行为会杀死其他人，那么一定不会继续这样的行为。援引之前的想法，公司在充分意识到死亡会发生后并不采取改善安全的防御措施，人们不赞同公司的这种做法。相反，当公司相信风险确实存在，但因特定的原因并不知道死亡会不会发生，且也没有采取提高安全性的防御措施，人们对这样的做法也是不赞同的。人们反对在进行成本—收益分析之后仍实施有风险的行为，部分原因可能是特定的分析会将预计死亡人数完全“暴露于眼前”。[37]

没有进行成本—收益分析但却意识到风险存在的那些公司，并没有使自己或他人清楚地知道自己的行为会造成死亡。最重要的是，人们不赞同故意造成死亡的公司行为。这里可能还存在着一种“冷酷的启发式”：那些明明知道其行为会导致死亡却依然我行我素的人，会被看作“冷酷”的怪物。[38] 按照这种观点，对于成本—收益分析的批评应被归于系统 1，属于跟小矮人的直接对话：“如果公司为了减少风险而在每条生命上花费了 610 万美元，那么我们应该原谅公司或公共机构将我们置于危险境地的行为吗？”[39]

需要注意的是，将概率归于一种确定性或将确定性归于一种概率都是非常容易的。如果我所说的都是正确的，则再度建构可能会有更大的效果。让我们来考虑两种情形：

> A 公司：知道其产品将导致 10 人死亡。公司在知道的情况下将该产品卖给了 1 千万个消费者。消除该风险的成本是 1 亿美元。
> B 公司：知道其产品致死的概率是百万分之一。他们的产品被 1 千万消费者使用。消除该风险的成本是 1 亿美元。

我并没有真的去搜集相关数据，但我预测：即使两个情形没有什么本质区别，A 公司还是会受到比 B 公司更严厉的惩罚。

对于那些知道自己的行为会导致人类死亡但仍然坚持实施该行为的公司，人们会对它们施以道德上的谴责，我认为道德启发式在这一过程中确实起了作用。道德启发式确实有颇多益处。但问题在于，人们并不是从不接受公司明知存在风险却仍然实施可致人死亡的行为的情况。至少在死亡人数相对较少或死亡是有益的活动产生的意外结果时，人们就会接受。政府知道一定会有人在高速公路上丧命，但仍允许修建新的高速公路；政府知道有些人会因火力发电厂造成的污染而丧命，但仍会批准建立；烟草公司生产烟草制品，若政府不实施禁烟令，成千上万的人会因此死亡；酒的销售也是同理。当然，在所有这些领域中，为了降低风险而采取进一步的措施是合理的。然而，这一主张并不支持这样一种不合理的看法，即从道德的角度来看，在可以预见某种行为会导致死亡的情况下仍实施该行为。

这里存在一种互补的可能性，包括事前和事后视角之间的混淆。如果在每一辆车上支出 50 美元便可以避免 1 人死亡，人们可能会变得非常愤怒，也将同意实施惩罚。他们没有察觉或考虑到一个可轻易在事前察觉到的事实，即对于没有发生意外的数以百万计的其他人来说，在每辆车上支出 50 美元是白白浪费的。事前视角更好的这种观点也并不是很明确的。但是，如果事后视角让人们忽略了权衡，那么有些事情确实会变得非常糟糕。

我相信，原则上我们无法证实社会上普遍存在着对成本—收益权衡的反感。但是，此时“我头脑中的小矮人仍然在上蹿下跳地对我大喊”：用金钱来换取已知会发生的死亡，在道德上是让人无法接受的。我要指出的是小矮人之声并不具有反馈作用，而是系统 1 的产物，是一种不成熟但非常坚韧的道德启发式。

排放权交易

在过去的几十年中，那些制定并实施了环境法的国家都已经尝试性地建立了“排放权交易”体系。[40] 在这些体系中，污染企业通常可以得到一个可排放一定数量污染物的许可，并且可以将这种许可在市场上进行交易。排放权交易体系的好处在于，如果体系可以起作用，政府就能以尽可能低的成本来确保减排。

排放权交易是不道德的吗？许多人坚信这是不道德的（见第3章）。例如，政治理论家迈克尔·桑德尔（Michael Sandel）坚称，排放权交易“破坏了我们正在试图培养的环境伦理”。[41] 桑德尔还主张：“将污染转换成一种可以买卖的商品，会导致与之密切相关的道德耻辱感的错位。只有公司或国家因向空气中排放过量的污染物而遭到处罚，群体才会判定污染者做了错事。而收费让污染成了进行商业活动的另一种成本，就像工资、福利或租金一样。”

同样，桑德尔也反对为搭载了拒绝付费的乘客的司机开通拼车渠道的提议。与上文提到的环境问题一样，只要购买了某项特权付费就可以做违背道德的事情似乎是无法为人所接受的。

我认为，就像针对排放权交易项目的其他批评一样，桑德尔使用的方式正是道德启发式。事实上，他也被自己心中的小矮人给愚弄了。他的启发式是不应该允许人们有偿实施违背道德的行为。就算你想为拥有攻击别人的权利而付费，这也是不被允许的；强奸、盗窃或殴打等行为都不存在交易许可。原因在于这些错误行为的适宜等级为零，执法资源非常有限，即使是无限的，人们会希望消除而不仅仅是减少这些形式的非法行为。然而，污染却是一个完全不同的问题。至少，某些程度的污染是有益的社会活动和产品生产过程中的意外结果，如汽车和发电厂。

从道德意义上来看，那些违反法律或与有益活动不相干的一些特定的污染行为是错误的，但不能说污染本身就是这样。当桑德尔反对排放权交易时，他实际上是将污染交易等同于一种犯罪，这是对那些在其他语境下才发挥作用的道德直觉过于笼统的概括。排放权交易并没有什么道德层面的问题。道德启发式引起了针对排放权交易体系的持续反对。

不幸的是，对于很多人来说这种反对意见是十分令人信服的，以至于只能推迟或减少使用在很多情况下都算得上是最佳的减排方式。这就是一个道德启发式导致高成本且毫无收益的政治错误的案例。

背叛

毫不夸张地说，人们并不喜欢背叛。对信任的背叛很可能会引起极大的愤慨。与那些未被寄予信任的人相比，一位保姆忽略了婴儿或者一位保安偷了雇主的物品等行为可能会招来更大的愤怒。到目前为止，似乎一切尚好。与不被信任的人相比，相同的行为如果由信任的人做出，其造成的伤害会更严重。与其他同等程度的犯罪相比，人们往往更乐意对背叛施以更严厉的惩罚。[42]

也许这种差异性可以通过这一理念进行解释，即对信任的背叛是一种独立的伤害，需要对其施以更强的威慑和惩戒。因为信任一旦失去，就很难再建立。一个家庭如果被其保姆盗窃，可能要比被其他的贼盗窃造成的伤害更大。信任关系的破裂会使金钱的损失变得更为复杂且不被重视。破裂的结果可能会变得更为严重。这样的家庭还会完全接受保姆这个身份吗？配偶的不忠是一件很糟糕的事，但是如果不忠行为的对象是你最好的朋友，结果会更糟糕。原因在于这种不忠事件会让你在未来很难与朋友建立信任关系。

我们可以试着从这个角度去理解为什么背叛行为会产生特殊的道德耻辱感，并且在违反法律的情况下加重惩罚。但让我们来考虑这样一个更难解释的研究结果：人们最不愿意承担产品（如安全气囊）带来的死亡风险，特别是当这些产品是用来保障生命安全的时候。[43] 同时，人们也不乐于承担“背叛风险”，所以宁愿去冒更大的风险，也不愿意卷入背叛之中。相关的研究涉及了上述两种主要情况。首先，受试者被要求在两款价格一样的汽车（汽车 A 和汽车 B）之间做选择。撞击试验的结果表明，在人们驾驶汽车 A（配备安全气囊 A）的时候，驾驶员会有 2% 的概率因撞击而死亡。而在汽车 B 中，这一概率为 1%，但同时，安全气囊弹出也会导致 0.01% 的致死率。相似的研究还涉及疫苗和烟雾报警器。

研究结果表明，有超过 2/3 的受试者选择了存在更高风险的安全选项，因为他们觉得更低风险的选项存在“背叛风险”。控制实验表明，人们不会对看到的数字感到困惑：当他们要在 2% 的致死率和 1.01% 的致死率之间进行选择时，只要背叛感没有袭来，人们都会选择 1.01% 这一概率。换句话说，人们对背叛的厌恶程度是如此之大，以至于他们宁愿去承受由自己的主观原因带来的高风险，也不愿意去承受由那些被人们认为可以提高安全性的装置所带来的风险。“很显然，人们愿意承受旨在避免出现的伤害的事物所带来的更高风险，来避免仅是一种可能性的背叛的出现。”[44] 值得注意的是“人们看起来在心理上无法忍受背叛风险，因此他们可以接受车祸、火灾、疾病的致死率提高一倍，也无法容忍任何一丁点儿出现安全装置背叛的可能性”。[45]

如何来解释人们这种看起来很奇特且又具有自我毁灭性的情感偏向呢？我认为是一种启发式在作祟：惩罚、没有回馈、背叛信任。通常情况下，启发式都会正常运行，但是在某些情况下也会失灵，如当设计这些启发式的人最后却增加了他们自身要面临的风险时。安全气囊既不是保安也不是保姆，同时还让本想通过安全气囊来保护自己的人面临风险。安全气囊是一种产品，人们选择安全气囊只是为了降低综合性风险。总的来说，如果安全气囊能使人们的生命更加安全，即使存在极低的会带来风险的概率（如果不使用安全气囊就不会有这个风险），也应该使用。人们不愿意置身背叛的风险之中，尤其是当涉及会使他们的死亡风险升高的产品时，这与琳达案例中代表性启发式的使用具有道德上的相似性。虽然这两种情况都源自经验法则，但都导致了系统性的错误。

从某种意义上来说，这种对于背叛风险的特殊厌恶感也许看上去并不是一种道德启发式，而是一种尝试。在选择产品时，人们并没有进行纯粹的道德评价；只是他们选择自己最喜欢的物品的过程恰巧是一种道德评价而已，其中如果涉及了道德评价的话，那也仅仅是属于他们最喜欢的物品的一部分。这样一来就有必要设计一个纯粹的道德评价实验，实验中所提出的问题不涉及受试者本人的生命安全，而是他人的。例如，当人们为自己的朋友或家人购买安全装置时，还会对这种背叛风险产生反感吗？我们有充分的理由相信，该实验的结果基本上与上文中的结果一致。

相关实验证实了我们的猜想。[46] 在决定是否要给孩子注射疫苗时，人们体现出了一种“忽略偏差”（omission bias）。与患病的风险相比，很多人对疫苗的风险更加敏感，以至于他们会把孩子置身于“大自然”的更高风险中，而不是选择接种疫苗。在下文论述中，我们会对“忽略偏差”与“相信自然，反感扮演上帝”之间的相关性做更进一步的阐述。我认为，“忽略偏差”是人们对背叛抱有特殊的反感情绪的准确定义，它导致人们在进行疫苗评价时出现了道德上的错误，毫无疑问在其他问题上也是如此，而这些错误恰恰提高了他们的孩子将要面对的死亡风险。

与惩罚相关的启发式

无意义的惩罚

在惩罚的情况下，道德直觉有时与惩罚带来的结果并没有什么相关性，这有可能是道德启发式恰好在发挥作用。[47] 例如，我们可以假设，一个公司参与了一起违法事件，人们想要像惩罚个人一样来惩罚这个公司。[48] 对于公司的严重惩罚并不会“伤害”到公司里违法犯罪的人，而会导致降薪、涨价或裁员，人们不太可能会去探究这种情况发生的可能性到底有多大。惩罚判断根植于一种简单的启发式，即惩罚应该是对暴行的适当回应。我们已经看到，在思索有关惩罚的问题时，人们会使用“愤怒启发式”。[49] 从这种启发式来看，人们的惩罚判断是愤怒的产物。这一启发式也许在大多数情况下会产生合理的结果，但在一些情况下，它会导致系统性错误，至少在我们想接受弱结果主义时是这样。

我们来看一下这样一个有趣的研究：在涉及疫苗和口服避孕药存在危害的案例中，人们是如何进行处罚判断的。[50] 在一个案例中，受试者被告知，更严厉的处罚将会促使公司更努力地生产更具安全性的产品。在对照案例中，受试者被告知，更严厉的处罚将会使公司倾向于停产，那么不安全的产品将继续在市场中流通。包括一个陪审团在内的大多数受试者，针对两个不同的案例给出了相同的处罚。“大多数的调查对象看起来并没有注意到利益机制”。[51] 在另一项调查研究中，人们对承诺生产出更具安全性的产品的公司的处罚判断与因处罚将会是保密的并且由保险公司承担（也就是说保险金额不会上涨）而不会受到影响的公司相同。[52] 这里也是一样，惩罚的结果并没有影响大多数受试者的判断。

另一个惩罚判断测试得出了相似的结论。在测试中，包括陪审团和立法者在内的受试者被要求为倾倒有害废物这一行为选择一个合适的处罚力度。[53] 在一个测试中，处罚会让公司更努力地避免产生废物，而在另一个测试中，处罚的结果将会导致公司停止生产有益的产品。在这两次测试中，大多数受试者主张的对公司采取的惩罚措施并没有太大的区别。值得关注的是，人们更倾向于让这个公司自行清理产生的废物，即使这些废物并没有对任何人的生命安全造成威胁，也不愿意花同样多的钱清理另一家已停产的公司产生的更具危险性的废物。

人们的这种偏好有什么样的意义呢？为什么一家公司会被要求采取一种成本相同但收益却更少的方案呢？在这些案例中，我们可以明显感觉到人们是在启发式的影响下做出的判断，启动惩罚机制时有情绪（如暴怒）的成分在里边，他们心中想要的惩罚结果完全不是基于结果论考量的。当然，作为一个基本规则，我们有理由认为惩罚是对暴行的适当回应；功利主义者接受这一观点，把它视为第一近似值，而主张惩罚主义的人则会坚持这一观点。但是，如果无论结果是否可以使人类更安全、更健康，我们都要采纳这一原则的话，这看起来未免就太过死板了。而当弱结果主义者不否认惩罚主义时，必将会对这种过度的死板进行谴责。那些支持适当惩罚的人，自然也是对这一原则嗤之以鼻的。但是，更值得他们去思考的是被启发式欺骗的可能性，他们之所以不愿意承认这一点，是因为自己内心存在着那个小矮人的声音。

检测概率

现在让我们来看一下惩罚领域的几个相关研究。从经济学角度看，在对不当行为实施惩罚时，政府的目标是确保最优威慑。[54] 为了提高威慑力，法律会提高惩罚的力度或提高实施惩罚的可能性。缺少充足执法资源的政府也许会采取严厉的惩罚手段，鉴于很多人会试图完全逃避惩罚，这么做会产生正面的威慑“信号”。而如果政府有充足的执法资源，那么也许会采取力度比较低的惩罚措施，但一定会严格依法处理所有或大部分的违法者。这些针对违法行为实施惩罚的观点引出了一个简单的理论：这些惩罚的最终目的都是为了弥补执行力上的欠缺。如果受到伤害的人能 100% 得到赔偿，那么惩罚性赔偿就显得没有必要了；但如果受到伤害的人只有 50% 的可能性得到赔偿，那么提起诉讼的一方就应该收到赔偿金两倍的惩罚性损害赔偿。这一简单的数学题将能确保产生最优威慑。

但我们还面临着更大的问题，即人们是否会接受这一条件，如果不接受，那么不接受的原因是什么？此时，让我们暂且把公众是否应该接受的问题放在一边。研究表明，人们拒绝最优威慑手段，并且他们不认为检测概率和惩罚具有相关性，原因在于他们的愤怒启发式起了作用。我参与了两个旨在阐明这一问题的相关实验。[55] 在第一个实验中，研究人员向受试者展示了需要进行惩罚性赔偿的违法行为的具体情况，同时还向这些受试者提供了违法行为被发现的概率的详细信息。不同的受试者看到的是相同的案例，但有一点不同：违法行为被发现的概率有很大的差异。之后，受试者被要求说出他们心中合理的惩罚赔偿金额。这一实验的目的是测试在被发现的概率很低时，受试者会不会提出一个更高的处罚措施。在第二个实验中，受试者被要求对一些审判和行政裁决进行评估，这些决定认为，当违法行为被发现的概率很高时应该降低惩罚力度，而当这一概率很低时则应该提高惩罚力度。受试者需要回答是否赞成根据违法行为被发现的概率的高低来采取不同的惩罚力度。

实验结论简单明了。第一个实验的结果表明，违法行为被发现的概率的不同不会对惩罚性赔偿产生影响，即使当人们把注意力全都放在了被发现的概率上时，结果也并没有什么差异。第二个实验发现，绝大部分的受试者都对审判决定提出了异议，他们认为当被发现的概率很高时，不应该降低惩罚标准；同样的，当被发现的概率很低时，也不应该提高惩罚。换句话说，人们并不赞成根据违法行为被发现的概率来划分惩罚等级，人们真正关心的是违法的程度和正确的道德义愤程度，而不是最优威慑手段。

的确，很多人在原则上可以接受惩罚主义却无法接受对惩罚进行的功利主义解释。这样的人在经过深思熟虑之后，基本上都会认为道德直觉的正确性基本上是被人描述出来的，真正重要的是被告人到底做了什么，而不是其行为是否会被发现。但是，如果我们接受弱结果论，就会发现一个不合理的现象：不当行为的总体程度和惩罚等级无关。我们不想忽视这个事实，即如果一个法律体系拒绝对难以察觉的违法行为实施强化的惩罚措施，那么势必会招致更多的违法行为。人们不愿意考虑被发现的概率这一因素的现象，证明了道德启发式在发挥作用，而这会导致真正的错误。由于所涉及的伦理问题极具争议性，因此我无法证明这一观点，但是那些拒绝考虑被发现的概率这一因素的人应该思考一下自己是否受到了系统 1 的支配。

与繁衍和性相关的启发式

繁衍和性是研究道德启发式运行机制的两个最主要的方面。我们可以参考一下克隆人这个问题，大多数美国人都对此持反对意见并且认为克隆人的研究应该被禁止。尽管人们对此问题达成了一致意见，但其中的伦理和法律问题其实并没有那么简单。为了进行更深入的研究，我们很有必要对生殖性克隆和非生殖性克隆的概念进行区分：生殖性克隆的目的主要是“繁衍”后代，而非生殖性克隆的目的是生产细胞以供治疗使用。那么这两种情况中所涉及的伦理问题是否有区别呢？在任何研究中，我们都需要先出于道德考量就其范围进行定义。我们是否担心通过克隆而降生的后代会对他们的父母怀恨在心？如果我们担心的话，原因是什么？我们是否会担心通过克隆而降生的后代会经受某种特殊的心理伤害？我们是否会担忧他们会有某种很严重的生理问题？

在一个关于新繁殖技术的极具影响力的讨论中，对于克隆这一首要议题，伦理学家莱昂·卡斯（Leon Kass）在“厌恶的智慧”[56]中提到：

> 人们总是把很多和克隆相关的事物拒之门外，他们对人类大规模克隆繁殖的前景有畏缩心理：在大批面容一样的克隆人中，个体的独立性被破坏，父子、母女双胞胎概念出现；还会出现女性生育和抚养自己、配偶甚至是已故父母的基因副本这样的怪诞之事；如果有一个孩子不幸夭折，人们便会荒诞地选择再生一个孩子作为其替代品；在利益的驱使下，复制一个人的基因来制造胚胎，并在有需要的时候进行冷冻或培育，以保障异体组织或器官移植的使用；想克隆自己的人通常都很自恋，另外一些人通常又很傲慢，这些人认为自己知道哪些人理应被克隆，知道哪种基因类型的胚胎可以被培育出来；弗兰肯斯坦（一个创造了怪物并被其毁灭的医学研究者）傲慢且自大，他创造了生命，并渴望控制其命运；人类在扮演上帝……我们之所以会排斥克隆人，并不是因为陌生或新奇，而是因为在那一瞬间我们凭借直觉和感受就能立刻确定，我们最珍视的东西将会遭到破坏。那些忘记了颤抖是何种感受的灵魂始终是肤浅的。[57]

卡斯的观点是正确的，他认为对克隆人的强烈反感也许是出于合理关切，而我对于克隆人在伦理上是否有可辩论性持怀疑态度。但我想指出的是，道德启发式和系统 1 可以支撑卡斯“我们凭借直觉和感受就能立刻确定”的这一说法，卡斯整理出的那些所谓的错误，在我看来是启发式在发挥作用的特殊案例。这种情况下的实用性操作并没有促进对可能性的判断，而是唤起了道德层面上的可疑行为。例如，“在大批面容一样的克隆人中，个体的独立性被破坏了”。代表性启发式也起到了类似的作用，如“弗兰肯斯坦傲慢且自大，他创造了生命，并渴望控制其命运”。但我相信，卡斯用这样的话完美地诠释了认知过程：“人类在扮演上帝。”

我们很可能会认为，在这里“不再去扮演上帝”是常见的启发式，不同社会对这一类别有着不同的规定，而随着时代的变迁，也会发生重大变化。正如我们在第 13 章中讨论的那样，相关启发式在道德和事实判断中起了很大的作用：不要干预大自然。这种启发式影响了很多道德判断，尽管个体和社会都习惯了各种各样的干预（如体外受精）。这种反干预启发式帮助我们解释了很多与风险相关的判断，如“人类的干预似乎放大了对于食品安全和污染问题的判断”，尽管“世界上，更多人死于自然因素，而非人为因素”。[58] 研究表明，人们高估了杀虫剂的致癌风险，却低估了来自大自然的致癌物风险。[59] 人们总是认为跟自然有关的东西就意味着安全，以至于更喜欢天然的水，而排斥经过处理的水，即使两者的化学分子式其实是一样的。[60]

在涉及转基因食品时，反对干预自然的这一道德禁令表现得特别明显，因此，针对转基因食品所设立的法律法规有时其实是由人们心中的道德启发式所驱使的，而不是经过系统 2 慎重考虑的结果。对于基因工程而言，尽管能证明其存在风险的证据微乎其微，反干预启发式仍左右着人们的判断。[61] 事实上，尽管自然添加剂与人工添加剂之间的实质性区别对消费者的危害很小甚至没有，很多公司还是会竭尽全力为自己的产品打上“纯天然”的标签。[62] 在繁衍和性方面亦是如此，但之所以普遍存在反对之声，是因为这种行为是“反自然”的。但就性方面而言，很难去界定什么样的才是“自然的”。并且难道自然的就是好的吗？在克隆问题上有一种特殊的启发式机制在发挥作用：不要干预人类繁衍的自然过程。我们尚不清楚这种启发式是否能很好地发挥其作用，但我们很清楚它会失效。

道德和性的交叉问题为道德启发式的使用提供了绝佳的切入点。这些启发式在任何时间和地点都有可能会发生，那时人们往往会听到来自内心深处的声音：“这太让人反感了！”这里的任何案例都会显得颇具争议性，但还是要回到伦理禁忌上来。人们总是会很容易想象得到近亲通婚的关系，即使这种关系不应受到社会谴责，但与社会规范是格格不入的，甚至违反了法律。[63]对伦理禁忌的最佳辩护一般涉及胁迫、心理伤害，并且近亲通婚后代存在一定的风险。

这种说法也许是合理的，即我们阻止这些伤害的最好办法就是严禁乱伦。这种办法虽然过于简单粗暴，但是易于实施。这种“一刀切”的禁令可能有自身的进化起源；也许它包含着很强的规则功利主义因素。我们不希望家庭成员询问在个案中乱伦是不是合理的，即使我们的潜在担忧仅限于胁迫和心理伤害。然而，只要存在这样的辩护，禁忌作为一种道德启发式的特性就暴露出来了。回想一下道德失声的现象，在这种道德判断下，人们能“感觉”到但是不能争辩；在性和繁衍的问题上，很多禁忌话题都可以用类似的术语来加以解读。[64]

与作为和不作为相关的启发式

人们已经就作为与不作为之间的区别是否及为什么会对道德、法律和政策产生影响进行了很多讨论。例如，在一个案例中，患者可能会请求医生不再为其提供延续生命的设备，那么患者的死亡是肯定的。在另一个案例中，患者可能会让医生为其注射一种能立即结束其生命的药物。很多人都会有一种强烈的道德直觉，即不再为患者提供延续生命的设备的决定，甚至将这样的设备撤掉，都是能够被接受的并且是合法的。但是，注射致死药物在道德上就是令人憎恶的。实际上，美国的宪法也准确地反映出了这种判断：人拥有将维持其生命的设备撤掉的宪法权利，但他们没有在医生协助下自杀的宪法权利。[65]但是，两者在道德上有什么区别呢？

有必要考虑这样一种可能性：在更为复杂和困难的道德问题的评估过程中，可以将区分作为与不作为视为一种启发式。从道德的角度来看，一般情况下，有害的作为要比有害的不作为糟糕得多。因为前者既包括了做出恶行的人的思想，又包含了恶行可能导致的结果。一个杀人犯比一个拒绝帮助溺水的人的旁观者更恶毒。因为杀人犯希望被害人死，而旁观者却没有这样的想法。但是，无论是在做出恶行的人的想法中，还是在恶行导致的结果中，有害的作为并不总是比有害的不作为更糟糕。

当生活或是一位聪明的对话者提出一个作为与不作为在道德上并没有什么区别的案例时，道德难题便出现了。然而，道德直觉（及小矮人）会强烈地抗议道："他们一定是有区别的！"例如，我们在前文中讨论过的疫苗接种问题。很多人身上都显现出了忽略偏差，即比起统计意义上更可取的行为，他们更愿意选择不作为。[66] 此时，一种通常明智的启发式——倾向于不作为而不是采取行动，似乎会产生道德错误。

在这样的情况下，我们可以假设道德直觉通常反映的是合理规则的过分抽象化，但它在特定的情况下却是失效的。这些规则谴责某种行为，但又允许不作为。从相关要素的角度来看，两者之间的不同貌似是合理的，但是在某些疑难案例中，这种说法也是站不住脚的。我认为，对撤掉维持生命的设备的持续接纳或对安乐死的持续怀疑，都是上述观点的证明。两者在道德意义上是没有什么不同的。作为与不作为的区别让不同变得显而易见，甚至在非真实的情况下也依然清晰。

离奇案例的道德判断与反思均衡

这些案例中的一部分案例看起来要比其他案例更具争议性。但是总体来看，它们似乎都让我对处理道德和政治上模棱两可的问题的广泛工作产生了严重的怀疑。因为这些工作是通过试图揭露离奇案例（在日常生活中从来没有或很少出现）的道德直觉来进行的。只因为是挽救 20 个无辜之人的唯一方法，就去射杀另一个无辜的人吗？[67] 一个女人意外地将清洗液倒入了咖啡中，而想让她死去的丈夫没有将解毒药给她，该如何对这个案例进行恰当的道德评价呢？[68] 如果火星人到达地球并告诉你，除非你去虐待一名儿童，否则他们就会摧毁整个世界，那么你会去虐待一名儿童吗？将一个人推到铁轨上杀掉与将火车铁轨移向那个人的方向使火车撞死他，这两者有什么分别呢？

我坚信在这种情况下，潜在的道德直觉一般会起作用，但是当它们因为道德和法律分析的目的而脱离熟悉的情境时，其可靠性就不是很明确了。考虑以下规则：不要去杀死一个无辜的人，即使这么做是为了拯救其他人（在这里我不考虑自卫和战争的情况）。在所有相似的情形中，如果所有人都有这样的直觉，那么社会很可能会发展得更好，只不过是因为关于必然性的判断很可能是不可靠和自私的。但是，在假定的案例中，当杀死一个无辜的人是拯救另外 20 个无辜的人的必要行为时，我们的直觉可能就会变得模糊和受到质疑。并且，如果我们关于假定案例的直觉非常坚定（永远不要杀死无辜者），它们可能又会变得值得我们如此坚持。简单原因就是，它们已经脱离了使其具有意义的现实环境。

离奇案例的使用之所以受到辩护，并不是因为它们一定是正确的，而是作为一种诱导我们使用道德判断架构的方式让我们能够“将原因和原则剔除”，这是我们的反应基础。[69] 但是，如果那些反应是不可靠的（信息不全和没有反思性除外），它们就无法帮助我们明确道德判断的架构。对于剔除支撑我们的反应的原因和原则来说，离奇的案例可能就是无益的。

简而言之，我相信，一些基于离奇的道德性难题的哲学分析，无意中甚至有些滑稽地重复了卡尼曼和特韦尔斯基的早期理念：一般情况下非常敏感的直觉却最终失效了。讽刺的是，当卡尼曼和特韦尔斯基想要设计出能够示范这种失效的场景时，一些哲学家又推出了离奇案例，他们认为直觉好像是可靠的，并且应当成为构成坚实的道德判断大厦的基石。对启发式运行模式的理解，使我们有理由怀疑这些直觉的可靠性，即便有时这些直觉是非常坚定的。

目前，可能的情况是，人们希望坚信自己的潜在直觉。社会生活大部分情况下是越来越好，而不是越来越糟，因为大部分将启发式看作道德规范的人都相信无辜之人是不应该被杀害的。如果启发式被当作一种普遍且独立的规则，那么有些错误就可能会发生，但是仅仅在非常罕见的情况下，当做出这种判断的理由看似很充分但实际上并不是时，接受这些规则的人可能会要求自己不要偏离它。换句话说，虽然严格的规则在某些情况下可能会失效，但它可能还是比更为精细的分析要好一些，原因在于更为精细的分析在实践中更容易失效。从各方面来看，那些相信不管怎样都应该说真话的人比那些认为只在具体情况和在进行各种有利判断的基础上才应该说真话的人要做得好得多。

在道德启发式以常规形式运行的范围内，它可能会得到这样的辩护，即所有常规形式都比其他的可选方案更好，即使在可以想象的各种情形中会出现很多错误。我已经注意到，道德启发式可能表现出一种在大多数现实世界中都会有效的“生态理性”；回想一下人类依靠可以让生活变得美好的简单启发式生存的可能性。我并不是说与那些合理的可选方案相比，以最教条的形式存在的道德启发式更糟糕。要想在抽象意义上解决该问题并不是一件容易的事。我只是主张，这样的启发式会导致真正的错误和严重的误解。针对该问题，大量的实验性工作仍有待开展，因为现有的研究也仅是触及其表面而已。

在哲学体系中，有大量关于直觉在道德争论中的作用的文献，其中大部分的文献都将焦点集中在寻求反思均衡方面的作用上。[70]在约翰·罗尔斯（John Rawls）富有影响力的表述中，人们在进行正义判断时，首先应确保自己在一般性问题的所有层面上的信念能保持原则一致性。[71]罗尔斯强调，在探索反思均衡的过程中，所有的信念在原则上都是可以被修正的。但他同时也强调，部分关于特定情境或更具一般性的信念，在我们看来是固化的。要想从根本上改变这些，确实需要付出很多努力。将对道德启发式的理解作为挑战反思均衡的基础是很诱人的，但我并不相信这里所说的内容可以支撑这种挑战。回过头来再看罗尔斯的表述，我们的所有直觉在潜在意义上都是可以被修正的，包括那些我们异常坚信的直觉。

我在这里要补充的一点是，如果道德启发式是普遍存在的，那么我们的一些坚定信念可能都是源于道德启发式。我们在试图达到反思均衡时应该意识到这个事实。当然，一些根植于道德启发式的信念，在反思之后可能会变得正确，这可能是因为那些信念并不会出现在机械地运用启发式的人身上。我只是认为，看似最为坚定或最不易改写的判断，可能都是过度抽象的直觉的产物。这些直觉时常有效，但偶尔也会失效。

如果说道德领域的示范作用要比事实领域更难，主要是因为在相关情境中我们会对导致事实性错误的原因深信不疑，但却无法对导致道德性错误的原因投上赞同的一票。有关道德要求存在着很大的争议，以至于我们只能说：一方面它是在启发式的作用下运行的，而另一方面它也有一定的正确之处。我想我已经对以下观点说得够多了。那就是在特定案例中，经验规则导致了根本性的错误。这不仅发生在事实判断领域，还包括道德、政治和司法等领域。

第 15 章

权利

在政治、道德及法律理论方面，最大型的辩论场莫过于结果论者和义务论者的针锋相对。结果论者认为行为的正确与否取决于其产生的结果，因为结果可以被衡量、汇总和排序。我们可以将功利主义看作结果主义的一种表现形式。相比之下，义务论者认为即使有些行为带来了好的结果，这些行为也可能是不正确的。义务论者认为虐待他人或杀人本身就是错误的行为。很多义务论者同样认为不应该把一个人扔到高速列车轨道上，即使这样做可以挽救很多人的生命；不应该虐待他人，即使这样做会让我们得到很宝贵的情报，从而拯救很多人的生命；无论经过功利主义权衡的结果如何，奴隶制都是一种道德上的错误；对于言论自由的保护并不取决于类似的功利权衡；对于死刑的支持或反对取决于其本质的正确与否，与死刑所带来的结果无关。

义务论者与结果论者的分歧直接给法律和政策的很多方面带来了压力。结果论者认为，包括言论自由在内的一系列宪法权利必须被全力捍卫，并且要参照其结果进行解释说明，但义务论者对此则持反对态度。结果论者很容易被监管政策中的成本—收益分析所欺骗，但这种分析方式已经受到了来自广义的义务论基础的巨大冲击和挑战。结果论者崇尚以威慑为基础的惩罚论，并且坚决反对报复主义，而这一点恰好是义务论者所认可的。对于“刑罚”和“惩罚性赔偿判决”，义务论者与结果论者之间存在着系统性分歧，这种分歧同样也存在于对合同法和侵权行为的基本原则的理解中。

为了捍卫自己的观点，义务论者经常会引用一些案例，在相关案例中人们对于事物的判断基于自己坚定又敏锐的直觉，也就是“第六感”，而不是去评估其中的结果。[1] 他们认为结果论的对立面是非妥协性的直觉，因此推断结果论是错误的。我在前文中对弱结果论进行了探究，并试图弱化其中存在的分歧，但可以肯定的是结果论的常见形式似乎总是和人们内心深处的直觉相矛盾，尤其是当人们处在新的或不熟悉的情景中时。[2] 例如，人们总是在直觉上倾向于实施报复行为，他们希望违法者能得到应有的惩罚，而相对于惩罚，那些试图说服人们采用结果主义的努力都会付诸东流。[3]

针对义务论和结果论两者间的矛盾冲突还存在着大量的哲学层面的研究，而根据这些研究，我们似乎很难得出一个简单的结论，但可以得出一点：在某些重要的问题上，义务论是一种道德上的启发式，而结果同样至关重要。基于此观点，义务论直觉也就成了很普遍的存在，在这个意义上，这些直觉通常会导致一些事物从适当的以结果为导向的评估中生发出来。例如，对言论自由和宗教自由的保护，都是以结果来证明其是否正当的。然而，与此同时，当出现了次优或坏结果时，义务论直觉有时也会产生严重的系统性错误。有人认为义务论应该被视为一种启发式，大量的行为学和神经科学研究结果与这一观点相一致。研究结果还表明，义务论判断已深深扎根于人们的无意识的及情绪性的信息处理过程中。[4]

我的主要观点由两部分组成。第一，目前的很多研究结果正在试图瓦解人们心中根深蒂固的道德直觉，并为人们对道德问题的即时且看似坚定的反应提供了新的审视角度。事实上，义务论也许真的是一种道德启发式，从这个意义上来说，这是一种道德分析上的心理捷径，并且是以结果为导向的。对此，哲学家亨利·西季威克认为，功利主义对结果的判断不仅仅给现下主流的道德规范提供了广泛的支持，同时也维护了道德规范的行使范围和资格：这也再次解释了常识道德的异常，不管从哪个角度来说，这些异常看起来都和具有反思性的智慧相去甚远；此外，当前通行的准则并不能为人们的行为提供足够准确的指导，然而与此同时，困难和困惑也在试图为人们提供越来越多的额外引导。总的来说，功利主义方法可以帮助人们解决这些由常识中存在的模糊不清的本能直觉所产生的连带性困难和困惑。[5]

西季威克并没有从经验主义的发现中获利，但他也许会对这样的观点表示赞同："义务论哲学在很大程度上是对情感道德直觉的合理化。"[6]但我的第二个观点是，在越来越多的研究中我们可以发现，没有证据可以充分表明义务论评价是错误的。尽管如此，我还是要寻求一下进行这一证明的可能性。

电车难题与天桥困境

大量神经学和心理学的研究结果都表明，义务论评价起源于道德启发式，而道德启发式通常运行得飞快且能自主进行。需要强调的是，如果这个观点是正确的（当然它可能就是正确的），那么从一定意义上来说，义务论评价在大多数情况下一定会产生合乎标准的正确结果。这些在自发过程中产生的评价包含了多种情感模式，且通常能为人类的行为提供解释。如果义务论评价是由道德启发式产生的，那么我们可能会得出结论：义务论评价总体上可以顺利运行，但在系统性方式中便会失效。

在这方面，我们可以将两大道德困境中长期存在的哲学争论看作对义务论和结果论的一种测试。[7]首先，我们来看一下"电车难题"。请试想一下现在有一辆行进中的有轨电车，而它的前方有 5 个人，如果有轨电车继续向前行驶的话，一定会有人因此丧命。现在可以通过扳动扳手将有轨电车引向另一个行驶方向，但这一方向上也有1个人。而牺牲这个人的生命可以拯救另一个方向上的其他5个人，你会怎么做？大多数的人会选择扳动扳手。其次就是“天桥困境”，这个案例的情况与上一个有一点不同：唯一可以拯救那5个人的办法就是从天桥上推1个陌生人下去，让这个人挡在铁轨上来阻止电车继续行驶，也就是说用这个陌生人的生命来换取另外5个人的生命。大多数人的选择是不能让这个陌生人死亡。

这两个实验之间存在着实质性的区别吗？人们围绕这两个问题展开了大量的哲学研究，研究结果在很大程度上表明，人们心中坚定的直觉一直是作为一个基本原则被保护着的。似乎是这些坚定的直觉将上述两种情形区分开了，告诉人们道德需求中的关键所在，同时肩负着一个重要的哲学任务：对直觉的正确性进行解释。

现在让我们抛开这些争论来思考这样一个简单的问题。仅就以直觉为基本原则来说，这两个案例之间并无差别，人们的不同反应只是基于义务论启发式：“不能让无辜的人白白牺牲。”所以人们谴责牺牲陌生人的行为，而不去谴责扳动扳手的行为。也就是说，人们更愿意按照自己的道德启发式来行事，所以人们认为使用武力来谋害陌生人的行为是罪大恶极的，但是当我们试图去找出这两种精心设计的案例有何不同时，就会发现潜在的启发式其实是无效的。因此，包括哲学家在内的很多人都在竭尽全力捍卫直觉，并让世人知道这两个案例在原则上是有着本质区别的，但事实上并非如此。如果没有区别的话，那么义务论直觉给“天桥困境”提供了一个启发，并且正在把人们引入错误的方向。我们可以对这一命题进行检验吗？它是否暗示了一些关于义务论的更普遍的层面？

神经系统科学领域的证据

大脑

人类的大脑对于“电车难题”和“天桥困境”问题会作何反应呢？一项极有影响力的研究并没有试图从基本原则的角度来解释这一道德问题，但是研究人员发现“在进行道德判断时，情感的参与度呈现出了系统性的多样化”，与“电车难题”相比，大脑中的情感区域在思考“天桥困境”问题时显得更为活跃。[8]

更值得注意的是，“天桥困境”优先激活了大脑中包括杏仁体在内的情感区域；相反，“电车难题”则主要提高了大脑中的认知控制和工作记忆区域的活跃度。研究人员的发现为我们带来了这样一个可能的结果：人类的大脑可以区分致死的不同诱因，有些诱因引发了人们无意识的情感反应，有的则没有。其他的核磁共振研究也得出了几乎相同的结论。[9]

作为与不作为

人们普遍相信有害的作为要比有害的不作为更糟糕；“直觉”可以帮助我们来更好地对二者进行区分。很多人认为原则上的差异是合乎情理的，他们的观点也许是正确的，为了捍卫这一差异所产生的争论也是令人信服的。但是，就人们实际的判断而言，我们有理由相信无意识机制是直觉产生的重要原因，而无意识机制与谨慎、可控是截然相反的。值得关注的是，人类大脑中更快、更自动的区域会认为作为比不作为更糟，而更慢、更谨慎的区域会更关注结果，且没有在二者之间做出明确的区分。[10]

在相关实验中，受试者观看了一系列道德场景，其中就包括作为和不作为。与“有害作为”相比，“有害不作为”的出现提高了受试者的大脑额叶控制网络的参与度，额叶区域的主要功能是基于一定的目标指导人们的行为。那些在控制网络中展现了高参与度的受试者在回答有关“不作为”的问题时，显示出了他们在对“作为”和“不作为”进行判断时的细微差别。这项研究表明，在更受控或更严谨的过程中“作为”和“不作为”之间没有差异性。更进一步的研究也在试图推翻人们对于“作为”和“不作为”的直觉上的感受。当然，也许在人们的观念中“不作为”似乎没那么令人讨厌。在研究人员看来，存在着“这样一个角色，它的任务就是消除对不作为带来的影响的可控认知”。[11] 这也就意味着，类似这样的认知使得人们并没有发觉“作为”要比“不作为”糟糕得多。

结果就是，人们在可控认知缺位的情况下，会不自觉地忽视“不作为”。人们参与到这种认知中来的目的是克服无意识判断，从而对“不作为”进行谴责。因此，“可控认知并不是要与不作为的影响产生联系，而是要推翻它”[12]，而且“人们越是认为有害不作为和有害作为没什么区别，就越容易在对不作为进行评价和判断时进行认知控制”[13]。

社会情感与功利主义

腹内侧前额叶皮质是大脑中主管社会情感的区域，如同情、羞愧和内疚。[14] 腹内侧前额叶皮质受损的人会出现相关情感的缺失等问题，且通常在情感接收上也存在缺陷。研究人员预测，这类患者在面对道德场景时通常会显示出极高概率的功利主义判断，同时又会表现出很强烈的情感反应，如“天桥困境”。研究人员的这种预测最后被证明是正确的。[15] 在回答此类问题时，腹内侧前额叶皮质受损的受试者在实验中显示出了更大的功利主义倾向。

有人认为，义务论推论是负面情感反应的产物，而上述的研究结果也恰好证实了这一观点。[16] 与之相反的是，结果论推论反映了某种成本—收益的分析方式，这应归因于大脑中背外侧前额叶皮质的参与，这一区域主要负责认知功能。腹内侧前额叶皮质的受损大多会抑制情感影响，并促使人们参与不同行为结果的分析。患有额颞叶痴呆的患者一直深受“情感钝化”的困扰，他们在面对“天桥困境”问题时，会更多地倾向于采取行动。[17] 一份颇具争议性的研究结果显示:“在一些语境下，有情感障碍的患者往往都是社会道德准则的拥趸。”[18]

行为证据与义务论

大量的行为证据同样表明，义务论与系统 1 相关，尤其是和情感相关。

文字或图片

在另一项实验中，研究人员的目标是测试受试者是否存在视觉或文字方面的认知风格，也就是测试受试者表现出的视觉准确度和文字准确度哪一个更高。[19] 研究人员提出了这样的假设：由于在视觉呈现的过程中人们的情感会更突出，所以那些在文字测试中表现良好的受试者更有可能对事物做出功利主义的判断和评价，而那些在视觉测试中取得良好成绩的受试者则更多地会对事物做出义务论评价。这一假设在后续的测试中得到了验证，那些更具视觉认知风格的受试者倾向于对事物做出义务论评价。

受试者的自述显示，他们的内部表象（即他们看到的东西）预示了其做出的判断和评价。从某种意义上来说，那些“看到”了具体伤害的受试者会更容易做出倾向于义务论的判断。研究人员认为：“视觉意象在触发无意识情感反应的过程中扮演了很重要的角色，这也就促使了义务论倾向的形成。”[20]

认知负荷的影响

什么是认知负荷的影响？如果人们被赋予一项任务，这个任务对这些人来说存在认知上的困难，那么可以说这些人对复杂过程没有太多的处理“空间”。那么他们会对一件事做出什么样的道德判断呢？答案是显而易见的，认知负荷的升高会对结果论（功利主义）道德判断造成干扰，但对义务论评价却没有类似的影响。[21] 这项研究结果也有力地证明了这样一个观点，即结果论评价其实是认知层面上的需要，相对而言，义务论评价更容易且都是自发产生的。[22]

启动系统 2

在认知反射测试中，研究人员通过给出一系列的问题来引出答案，这些答案很符合人们的直觉，但却都是错误的。其中有这样一个问题：一个球拍加一个球，一共 1.1 美元，球拍比球贵 1 美元，那么球应该是多少钱？答案应该是 5 美分，但是大多数受试者都给出了错误的答案。受试者更倾向于根据自己的直觉给出一个貌似合理的答案——10 美分。认知反射测试的受试者往往是在反射的基础上很快地就给出了答案，但这个答案通常都是错误的。如果人们在参加认知反射测试前参与过其他任务的话，那么他们会对自己的直觉判断事先“做好准备”。接受认知反射测试会对人们的道德判断产生什么样的影响呢？

答案是显而易见的：参加过认知反射测试的人更多地体现出了义务论思维，而且支持功利主义。[23] 让我们来思考一下这个困境：

约翰是一艘军用潜水艇的舰长，这艘潜水艇经常在冰山下方的水域航行。舱内的一次突发性爆炸已经导致舱内的氧气被大量消耗，并造成一名船员因受伤而大量出血。无论采取什么措施，这名受伤的船员最后都会因为受伤而死去。

舱内现存的氧气含量已经不足以供给所有船员安全到达海面上，对于约翰来说，拯救剩下船员的唯一方式就是杀死那名已经受伤的船员，这样一来，舱内将会有足够的氧气来保证其他船员的生命安全。

那么对于约翰来说，杀死那名船员的行为在道德层面上是否可以被接受呢？在众多受试者中，那些事先已经接受过认知反射测试的人更倾向于认为约翰的行为在道德层面上是可以被接受的。[24] 因此在回答了一系列的问题之后，那些接受过认知反射测试的人在面对社会困境问题时，明显更倾向于支持结果论。

义务论思维

上述的这些证据证实了这样一个命题，即义务论直觉仅仅是启发式而已，它由系统 1 的无意识操作触发，其基本场景和事实性问题基本上是一致的。人们经常会使用心理捷径或经验法则，这些方式在大多数时候都可以平稳运行，但有时也会导致系统性错误。

为了确定这一观点，神经系统学和心理学都提供了具有指导性的初步证据，但也仅限于这两个领域而已，更重要的是，我们没有跨文化的相关信息来加以佐证。不同国家和文化中的人在面对道德困境时也会给出相同的反应吗？有义务论倾向的无意识过程仅发生在某些国家或某种特定的文化中吗？是不是会有这样的情况，一些国家的人针对实例和判断不自觉地表现出了道德上的不赞同，但别的国家的民众就可以忍受这种判断，甚至是欣然接受？义务论到底在何时何地才显得重要呢？针对这些问题，或许我们无法马上得到答案，也许一些义务论反应是根深蒂固的，有些则不然。

此外，义务论直觉和评价横跨了很多不同的领域，并不能简单地由“电车难题”“天桥困境”及类似的假设问题来概括，如果义务论直觉在解释这些问题时让人困惑或毫无益处，那么义务论也不会因这一事实而宣告失败。让我们来思考一下报应论、言论和宗教自由论、基于对人的尊重而被禁止的奴隶制和酷刑；还有源自公平设想的美国侵权行为法和合同法。我们并没有一套自然形成的神经科学和心理学理论证据，也没有在道德、政治和司法等诸多问题上形成义务论的思维方式，因为义务论倾向一直都在提议中或是保护之下。也许是系统 2，而非系统 1 负责上述相关问题中的义务论思考，然而我们可以想象，神经科学和心理学方面的证据最终将会证实：在很多问题上无意识行为支持广泛问题中的义务论思维。

义务论直觉是错误的吗

即便如此，关于义务论是一种启发式（就我使用这个术语的意义上而言）这种假设还是受到了迅速且猛烈的抨击。事实上，我们在对真相问题进行评估时一直有一个独立的标准。假设人们认为与自杀相比，他杀造成了更多的死亡。事实证明人们的这种受可得性启发式影响的判断是错误的。但是如果人们认为即使酷刑可以带来好的结果，但它仍旧是不道德的，那么这说明我们目前还没有一套明确的正确的独立标准可以证明人们的想法是错误的。

诚然，大量的哲学方面的研究都在试图捍卫一些结果论方面的观点，但义务论者则持反对意见。他们这么做都是为了佐证自己的观点，并且在细节方面煞费苦心。事实上，社会科学家可以证明，某些经验法则会产生错误；

对于义务论就不能这么说了。义务论判断也许根本就不是一种心理捷径。尽管人们的无意识行为给义务论判断提供了一个有利的开端，但它们最终应该是一个漫长而成功的过程中的产物。

或者我们假设一种道德直觉的产生在某种程度上是由情感导致的，一些或很多义务论直觉都属于这一范畴。尽管如此，我们也没有足够的理由来确信那些直觉是错误的；一些有关世界现状的直觉通常源于人们的恐惧情绪，因此不能说这些直觉是错误的。的确，人们会居安思危，但在不知道是什么引发了恐惧的情况下，我们没有理由相信情绪会导致人们犯错。事实上，即使一些或许多义务论直觉是受情绪驱使的，也并不意味着这些直觉会失效。

如果这些观点都是正确的，那么我们也许会赞同这样的说法：义务论思维通常由无意识行为产生，而结果论思维通常是精密计算和深思熟虑的结果。这也许是思考道德心理学的正确方式，至少在很多领域是这样，由此产生的对道德心理学的理解对很多法律和政治问题都有解释力；它可以帮助我们去理解为什么法律和政治辩论会以现有的方式进行。但如果这样的话，我们可能就无法得出义务论思维是错误的这一结论。从这方面考虑这样一个事实，在回答某些问题或遇到某些情况时，人们的瞬时直觉反应是正确的，而长时间的思考可能会造成错误。那么我们就没理由相信系统 2 的准确度总是高于系统 1 了。尽管义务论判断是无意识的、情绪化的，但也可能会产生正确的结果。

两个新物种：康德人与边沁人

这里有一种可以锐化这一论点的方法。假如我们发现了两个新的人类物种，他们分别为“康德人”和“边沁人”。假设“康德人”远比智人（即现代人类）更加情绪化，而“边沁人”则正好相反。同时假设神经系统科学家发现“康德人”和“边沁人”都有着独特的大脑构造，“康德人”有高度发达的情感系统，但认知系统先天欠发达；相反，“边沁人”则有着高度发达的认知系统，且比智人发达得多。就像他们各自的名称一样，“康德人”在面对道德问题时，更具义务论倾向，而“边沁人”则是完全的结果论主义者。

实验结果使人印象深刻，一些人坚持认为我们有新的证据可以证明结果论的正确性了。的确，人类学家研究后发现，“边沁人”发表了很多经过精心设计的带有结果论倾向的言论，让人印象深刻；相反，“康德人”却毫无建树。在这些证据面前，我们是否真的有理由相信结果论是正确的呢？答案当然是否定的。结果论的正确与否主要取决于其证据的强度，而不是新人种的大脑构造。

假设一个打破旧习的“边沁人”撰写了一篇很有影响力的文章主张结果论是错误的，而“康德人”所持有的观点是正确的。难道不需要对这一论点的是非曲直进行调查吗？如果答案是肯定的，那么我们应该能发现，即使某种道德信念源于无意识行为，它们也不见得就是正确的。一切都取决于为其辩护的理由。道德信念也许来自系统 1，但是“康德人”的想法也许是正确的，这时候“边沁人”就不得不听从于他们了。

道德推理与道德合理化

假设我们赞同近期的各种研究发现所展现的事实，那么“义务论判断往往是由情绪反应引起的”；一个更令人瞩目的说法是，根据现有的证据（而非迫于证据压力）来看，“与其说义务论哲学是道德推理，倒不如说是在道德合理化方面的更大范围的尝试”。[25] 认知心理学家乔舒亚·格林（Joshua Greene）并没有否认直觉系统正确的可能性，而是继续提到：“科学，尤其是神经系统科学，在为我们提供信息方面能产生更加深远的影响，这些信息可以促使我们去重新审视自己的道德观和在道德概念方面的认知。”[26]

这种观点看上去似乎是真实可信的，但是科学的信息到底是如何促使我们去重新审视自己的道德观的呢？最佳答案是，这些信息可以使人们放慢速度，并对自己的即时反应反复推敲。如果你认为自己的道德判断是情绪化行为作用下的瞬时直觉，那么会更愿意相信自己的直觉可能是错误的，并认为自己的直觉受到了不相关因素的影响。

假设你认为把某个人推到铁轨上的行为很难让人接受，即使这样做可以拯救 5 个人的性命；再假设你被问到，是否能接受扳动扳手，使一个人穿过活板门掉下去，从而拯救 5 个人的性命？我们假设你可以接受这种做法。现在让我们再假设你被要求将自己在这两个案例中的判断协调一致。也许你会认为自己无法给出一致的判断，因为在第一个案例中，你和陌生人之间的身体接触会让你的道德判断呈现出完全不同的结果，但经过思考之后，你会发现它们之间并不相关。如果你给出的结论和我们刚才所做的假设是一样的，那么你可能是个更倾向于采用结果论思维方式的人。

事实上，我们可以为上述观点找到证据。[27] 让我们看一下这个案例：一家大型的制药公司销售一种患者急需的抗癌药品。为了提高盈利，公司决定大幅度提高药品价格。这种做法可以被接受吗？更多人觉得无法接受。现在让我们再看一个案例：一家大型的制药公司销售一种患者急需的抗癌药品。公司决定把药品的销售权出售给一家小型公司，这一举措能让公司获得巨额的盈利，并且这家大型公司知道那家小型公司在得到药品的销售权后会大幅度提高药品的价格。这种做法可以被接受吗？

很多人觉得可以接受。在一个被试间设计中，人们都只看到了问题的一个方面，人们认为事件所造成的间接伤害远比直接伤害更容易让人接受；但在被试内设计中，人们可以同时看到问题的两个方面，这样便没有了差异性。显然，问题的关键在于当人们同时看到两个案例时，他们会认为对于伤害行为的正确评估不能只依靠直接—间接差异来进行。我们不难想象在人们遇到其他道德困境时，一定也会有同样的想法，在面对“电车难题”和“天桥困境”时也是如此。如果系统 1 和情感过程可以给出一个迅速又直觉性的结论，即要么是道德上的拒绝，要么是道德上的接受，那么当人们同时遇到 A 和 B 两个案例时，这一结论的说服力将会减弱，并且会使人们觉得结论与道德因素之间没有什么关系，或者人们至少会在思考之后觉得促使得出结论的因素和道德无关。还有这样一种可能性，当人们在同一时间遇到各种各样的问题时，某些他们最初认为的无关紧要的因素是和道德相关的。

同样的过程也许会在直截了当的法律辩论中出现。假设人们直觉上认为惩罚性赔偿是对不法行为最简单也是最好的惩罚手段，而威慑理论看起来则次之，因为威慑理论要么过于复杂，要么基本上是离题的。[28] 如果这样的话，人们对于适当的惩罚性赔偿判决的判断就不会在很大程度上受到潜在行为被发现和被惩罚的可能性的影响。这是分析最优威慑的关键因素。批判性思维也许会让人们把注意力放在威慑力所带来的影响上，这样一来导致的结果就是，人们往往会忽视与问题高度相关的因素。的确，批判性思维（至少是持续性思维）也许会让人们认为自己关于“公平”的一些直觉性判断是错误的，因为他们大多都没有什么好的结果。这样的思考也许会让人们改变自己心中对于政策和法律的初始看法，甚至会让人们认为这种想法根植于启发式。

然而即便如此，我们最后也没能得出一个具有决定性的结论。我们规定人们会很好地重新审视自己的直觉，并得出一个不同的观点，也许新的观点更加偏向于结果论主义。假设人们确实这样做了。我们知道他们的行为是否正确吗？其实没有必要知道。我们可以再次提出上文中的一些问题，人们的即时回答比经过深思熟虑之后的回答更准确了。至于道德问题，最终评估必须依靠正确的道德理论来完成。事实上，即使人们对自己的直觉进行了调整也并不意味着他们内心就会遵从那个理论。这只是人们在某些条件下的想法，当然这些条件更有利于良好思维方式的形成。但无论他们的想法是正确的还是在原则上是真实的，问题都依旧存在。

嘈杂的直觉

我们正在学习大量关于道德判断的心理学知识。人们越来越有理由认为许多义务论直觉是迅速的、无意识的、情感过程的产物，并且这些直觉在公共政策和司法辩论中扮演着重要的角色。但相关证据既不必要也不充分，不足以证明义务论仅仅是一种启发式这一结论（从心理捷径的意义上来说是正确的理论方向）。人们需要的是道德方面的论证。

这种说法有一个限定条件。众所周知，在涉及事实性问题时，源自系统 1 的瞬时情感通常都能平稳运行，但会产生系统性错误。义务论直觉看起来似乎有着和瞬时情感相同的来源，但义务论不会出错，然而它会产生这样的可能性，即尽管一直被人们固守着，但义务论直觉正在推动复杂推论的产生，如果没有古尔德小矮人的上蹿下跳和大喊大叫，这些推论或许不会出现或不会有如此大的吸引力。小矮人也许是对的，但同时我们更应该听听其他的声音。

第 16 章

美国的党派主义

在偏见和敌意方面，英语中存在着很多不同的“主义”,“种族主义”“性别主义”“阶级主义”“物种主义”都是其中的典型代表，而我在这里想提出一个新的主义，即“党派主义”。党派主义的主要特征是某政党的党内人士通常会对其他党派人士满怀敌意，并且给对方贴上很多可怕的标签。[1]党派主义者认为其他党派中充斥着这样一群人，他们集无知、愚蠢、邪恶、腐败、欺诈、难以接触等各种缺点于一身。

我认为在今天的美国，党派主义是真实存在的，并且有愈演愈烈的趋势。党派主义的存在给政府、国家政治和民众的日常生活带来了一系列的不利影响。有时它会使改变成为可能并加速它的发生，至少在一个党派执政时是这样。而有时则会使事情走向反面，当各党派之间有能力并决心牵制对方时，会使改变减缓和停滞。

在这里，我还想讨论一下美国党派主义产生的原因及其带来的后果，并就应对之策给出建议。当国家处于绝对党派主义者的掌控之下时，一些严重的社会问题将会变得异乎寻常地难以解决，至少通过法律来解决是不可能的。如今，三权分立制度已经给美国的立法创制权带来了很大的阻碍，一旦党派主义出现，国家的任何改变都会寸步难行。行政部门可以凭借一己之力来寻求改变，如奥巴马和特朗普，可当党派主义存在时，这种单方面的改变所带来的问题也始终存在。这种改变要么是不合理的，要么是欠考虑的。

我们能够在生活中找到大量的证据来验证党派主义的存在及其蔓延的态势，最明显的莫过于美国的“团队温度计测评制度”。[2] 在这种测评制度下，人们被要求给自己所在的团队或其他团队进行打分，分数从 0 到 100 不等，100 分代表调查对象在其团队中感受到了“温暖”，而 0 分则说明调查对象在其团队中感受到了“寒冷”。在过去的 30 年里，美国民主党和共和党的内部测温分数一直稳定地维持在 70 分左右。相比之下，其他政党的团队测温分数则有了明显的下降，自 1988 年至今已经下滑了 15 个百分点。[3] 2008 年，党外的测温分数大概在 30 分左右，并且还在持续下降。但不同的是，美国共和党在这一年推行的“福利政策”（people on welfare）使它的党外评分达到了 50 分，而美国民主党的“财团政策”（big business）则使其取得了 52 分。显然，党派主义对对立党的消极影响不仅比对不受欢迎的人和因素的消极影响更大，而且是大得多。

内隐联想测验

极具影响力的内隐联想测验可以揭示人们心中存在的偏见。[4] 具体的测验过程很简单。首先在屏幕的上方向受试者展示一些词语，如在屏幕的左上角给出“白色”和“好的”或者“白色”和“坏的”，同时在屏幕的右上角给出“黑色”和“好的”或者“黑色”和“坏的”。然后，受试者将在屏幕的正中间看到一张白人的脸或一张非洲裔美国人的脸，抑或是“愉悦”“糟糕”这样的词语。受试者的任务就是在看到屏幕正中间的图片或词语时，选择并点击屏幕上方的词语来与之匹配。

很多白人受试者会做出这样的反应：当他们看到屏幕中间出现了褒义词

如“愉悦”或一张欧洲裔美国人（高加索人）的脸时，他们会迅速地点击左上角出现的“白色”和“好的”，但当左上角的词是“黑色”和“好的”时，他们的反应时间会更长一些。[5]同样的，当他们看到屏幕中间出现了贬义词，如“糟糕”时，他们会迅速点击左上角的“黑色”和“坏的”，但当左上角的词是“白色”和“坏的”时，他们的反应时间又会再次变长。当屏幕中间的图片分别是欧洲裔美国人（高加索人）和非洲裔美国人时，他们都会点击左上角的“好的”，但前者所耗费的时间显然更短一些。

由此可以看出，种族偏见已经在美国人心中根深蒂固，并且在政治领域中我们也很难能找到任何可与之相比的其他现象，至少在美国的两大主流政党中是这样的。为了测试政党中存在的政治偏见，两位斯坦福大学的政治学家尚托·延加（Shanto Iyengar）和肖恩·韦斯特伍德（Sean Wegtwood）围绕着2000名成年人开展了大量的内隐联想测验。[6]结果表明，美国人心中存在的政治偏见其实要比种族偏见大得多。当参与测验的美国民主党人看到“愉悦”这个词时，他们会很快点击“民主党”和“好的”，而不是“共和党”和“好的”。不同种族间的内隐偏见一直是显而易见的，不同政党间的内隐偏见则更加明显。

爱情与婚姻

如果你是一个民主党人，你会和一个共和党人结婚吗？如果你的妹妹做了这样的事情，你会因此感到伤心难过吗？研究人员针对类似的问题进行了很长时间的调查研究，并且发现在某些重要事情上，人们心中的种族偏见其实正在减弱。[7]但与此同时，美国民众心中的党派偏见却出现了猛增态势，这不仅影响到了国家政治，而且左右了人们对于婚姻的看法和决定。早在1960年，仅有5%的共和党人和4%的民主党人对于子女与党外人士结婚持反对态度。[8] 但到了 2010 年，这些数字则飙升到了 49% 和 33%。[9] 而有趣的是，类似的增长在同时期的英国并没有发生。[10]

相比之下，在 2009 年，有 6% 的美国人对于家庭成员与其他种族的人结婚一事表示支持，这与 1986 年的调查结果形成了强烈的反差，当时有 65% 的受访对象表示这种婚姻模式无论发生在自己还是别人身上都是难以接受的。[11] 尤其当问到他们如何看待非洲裔美国人和白人伴侣的婚姻模式时，6% 的白人和 3% 的非洲裔美国人均表示他们“无法接受家中存在黑人和白人间的跨种族婚姻”。[12] 与之相似的是，最近的盖洛普民意调查（Gallup Survey）显示，有 87% 的民众对于跨种族婚姻表示赞同，这与 1958 年的 4% 大相径庭，这种社会行为准则上的戏剧性转变也呈现出了与党派主义变化规律完全相反的趋势。[13]

面试中的偏好

内隐联想测验仅仅衡量了民众心中的态度指标，而没有考量他们的行为。对于跨党派婚姻的反对声日益高涨的现象揭示了美国民众心中对其他党派与日俱增的偏见和敌意，但这并不能完全反映现实情况。为了进一步研究人们的行为，延加和韦斯特伍德（Lyenger and West-wood）让一千多名受试者审阅了几所高中高年级学生的履历并判定哪些学生可以获得奖学金。[14] 其中一些学生的履历中明显包含着与种族色彩相关的信息，如“非洲裔美国学生协会主席”，而另一些学生的履历中则带有强烈的政治信号，如“青年共和党主席”。

最终的结果是，履历中的种族信息使学生大获全胜。受试者中的非洲裔美国人更倾向于将奖学金授予非洲裔候选人，支持率达到了 73%；而白人受试者也对非洲裔的候选人有着适度的偏爱，尽管支持率并没有那么高。但党派关系却让这一数字大不相同。约有 80% 的民主党人和共和党人均选择了自己党派内的候选人。[15] 尽管来自对立党的候选人看上去更有实力，但大多数人还是会选择自己党派的候选人。[16] 所以相比之下，种族特征取得了优势性胜利。[17] 而在这里值得强调的是，当其中一个候选人的能力明显强于另一个时，这种种族优势将不复存在，相反，党派优势将会引导人们选出可能并不太优秀的候选人。

这里还有一个类似的研究。在这个研究中，学生们被要求扮演大学招生办主任一角，并确定哪些申请人可以得到参加校内面试的邀请函。为此，他们要依据主观和客观两类指标来进行考量，客观指标是申请人的高考（SAT）成绩和班级排名，主观因素则是指申请人的教师推荐信息。[18] 在政党认同感很高的党员中，党派主义有着极强的存在感：44% 的受试者选择了来自对立政党中能力更强的申请人来参加面试，而在对照组中，受试者并不知道申请人的党派信息，此时有 79% 的受试者选择了来自对立政党的申请人。[19]

党派主义观念与实际行为的关系

为了进一步研究党派主义观念与实际行为之间的关系，延加和韦斯特伍德邀请了 800 人来玩一个信任游戏，这个研究在行为科学领域中很有名。[20] 游戏规则是这样的：首先，第一个受试者会得到一些钱，假设是 10 美元。然后她可以选择把手里的钱全部或部分给予第二个受试者抑或不给，之后她将会被告知可以从研究人员那里得到所给出金额 3 倍的回馈，并且第二个受试者也会返还一些钱给她。当第一个受试者决定拿出多少钱交给第二个受试者时，一个关键的影响因素是她对第二个受试者会返还同样数额的钱给自己的信任程度。信任程度越高，初次分配的金额就越大。

那么，人们不愿相信来自不同种族或党派的人吗？延加和韦斯特伍德通过测试发现，种族差异并不会影响人们的信任程度，而党派差异则完全相反，人们明显会对与自己同一党派的人更加信任。

党派主义观念会使政党内部人士更愿意彼此分享与对立党派有关的负面消息，甚至还会在组建团队时避免其党员的加入。[21] 在一个实验中，受试者被要求去做这样一个决定：如果现在有一篇言辞激烈的文章，充斥着夸张和辱骂的字眼，还把议会僵局归咎于民主党或共和党，那么你是否会允许将这篇文章发表在美国受众广泛的新闻网站上？[22] 研究人员在测试结果中再次发现了党派主义观念的存在：65% 的人选择发表这篇文章，前提是这篇文章是批评其对立党派的；而如果这篇文章是批评自己所在的政党的，那么选择发表的人只有 25%。[23] 研究人员还发现，受试者心中的党派情感的强烈程度，与他们想要发表负面文章的意愿相关。[24]

在第二个实验中，研究人员让受试者从 4 个人中挑选 3 个人并组成一个团队来完成拼图游戏。[25] 每个受试者都会公开自己的党派身份和教育背景，学历最低的那个人通常都是无党派人士。有超过一半的受试者都选择了学历最低的无党派人士成为自己的队友，而不选择学历较高的与自己对立的党派成员。

一种反对之声

从这些及其他实验中我们可以清楚地看到党派主义在美国的盛行。[26] 关于党派主义现象到底发展到了一个怎样的程度自然是有待商榷的，但对于它的存在和影响则是无可争议的。当然，人群中仍旧不乏反对之声，有些人并不同意将党派主义和种族主义做比较，更不同意将党派主义比作过街老鼠。他们认为人们有正当理由对持不同政治信仰的人提出反对意见。所以，如果人们认为某种立场是可恶的，那么他们就不会对持同样观点的人充满批判态度了。

在一些人看来，政党间的猜忌和敌意完全是立法分歧的产物，而不是任何意外的结果。种族主义和性别主义其实是由人类的偏见造成的，主要是基于人类自身不可变或至少不相干的特征，而党派关系并不存在这一特点。事实上，政治偏见或相对应的各种类型的主义的观点似乎都具有误导性。也许我们此刻正在谈论的并不是某种偏见，而是对持有某种信仰的人做出的经过深思熟虑的判断。并且从某种程度上来说，这种判断正是对偏见的有力回击。

为了接受这种回应，我们需要先对日常生活和政治本身进行区分。在美国，如果人们仅仅因为政治信仰不同而讨厌彼此的话，这的确是非常不应该发生的事情。诚然，其他一些党派的特点或宗旨看起来的确会引起党外人士的反感。但美国的两大政党规模庞大且多元化，因此认为两党党员在政治领域之外仍敌视彼此的想法就有些奇怪了。

当然，这种评判是基于实质性结论而做出的。当得知共和党人是彻头彻尾的种族主义者和性别歧视者时，你就会觉得对他们的反感其实是理所应当的；同样的，当得知民主党人其实是一群暗中破坏美国政治的人时，你会发现他们也不值得同情。但如果你认为，两个政党之间的善意的分歧理应普遍存在，那么我们其实不必掩盖党派主义存在的事实，更何况它的存在已经渗透到美国人的日常生活中。

当然，在政治领域中人们普遍认为差异性是很平常的事情，大家持有

“你我有别”的态度也很难避免。对于一些美国国会议员来说，这种态度在某种意义上已经植根于两党制中，一定程度上的对立其实并不代表个人的观点和好恶，它仅仅反映了两个党派间的原则性分歧，但并没有上升到偏见的高度。在一天大部分的工作时间内，如果你面对的是一个和你差别很大的人，你难免会对他产生一些憎恶。而问题在于，善意的分歧并不意味着政见不同，当面对这种分歧时，你的主要任务是和平地解决这个问题，而不是进一步地激化矛盾。对于政治本身来说，诸如党派主义之类的事物也许是政治原则的产物，但却可能会产生破坏性的后果，而这种后果我们可能很快就会看到。

美国党派主义的成因

对于到底是什么诱发了美国党派主义这一问题，我们至今还没有很明确的答案，但一些有帮助的线索已经逐渐显现。

意识形态上的分歧

人们很容易认为，美国党派主义的增长是意识形态分歧和其可见的日益增强的产物。假设我们回到了 1979 年的某一天，两大政党的一方或双方都支起了“大帐篷”。事实上，民主党中的保守派比共和党中的自由派思想更为保守，所以两个政党的意识形态就必然有重叠，此时我们其实看不到太多党派主义存在的迹象。

这种假设在很多方面都能得到印证。我们可以试着去追溯两个政党意识形态差异性产生和发展的历程，来证明双方意识形态的渐行渐远与党派主义的发展之间的相关性。尽管很强的相关性不一定起决定性作用，但至少可以为我们提供参考。政治阵营间的负面影响与实质性分歧的日益加深是相关的。如果事实真的如此，那么党派主义观念的上升从某种程度上来说就具有了合理性，至少偏见和憎恶都可以被视为具体且真实存在的事物。党派主义在私人领域扮演的角色可能仍旧很难得到理解，但至少它在政治领域的日益壮大是可以理解的。

但检验这一假设的更好方式是看一下人们的政策偏好程度是否预示了党派主义的形成和发展。换句话说，当人们对一些政治问题表示强烈不满时，这种不满又会在政治阵营间引发强烈的分歧，那么这个时候，人们是否会对其对立党表现出强烈的负面情绪？令人惊讶的是，负面情绪与意识形态两极分化之间的相关性是微乎其微的。[27] 人们心中的负面情绪并没有随着政党间两极分化的加深而增长，民众的党派情感更多地来自党派身份而不是意识形态。如果一个共和党人不喜欢一个民主党人，那么究其原因在很大程度上是因为他们所处的党派不同，尽管实质性分歧也起到了推波助澜的作用，但这并不是主要原因，反之亦然。

政治运动的影响

人们不禁会问，美国的党派主义是在政治运动中产生的吗？通常我们会得到肯定答案。首先是因为政治运动会使得党派间的差异性越来越大，其次是因为政治运动的部分观点会将对手推入负面地带。延加和韦斯特伍德为这一假设找到了强有力的支撑。尤其当民众一直暴露在负面消息中时，他们心中对党派的敌意会不断滋生，而政治运动为形成这个条件提供了可能。[28] 很明显，政治运动非常有助于提升民众的党派身份认同感，并进一步加深支持者和反对者之间的负面情绪和成见。

传播媒介的影响

碎片化的传媒市场很容易使人们被党派之间的路线隔离开。这很容易让我们回想起前文中提到过的群体极化现象（见第 2 章），这一现象经常随着回声室和信息茧房的存在而增长。在美国，福克斯新闻网的保守主义定位使它具有很高的辨识度，微软国家广播公司的自由主义特点亦如此。如果你想知道一档脱口秀访谈节目的特征，那么你从主持人的言语中就能找到答案。如果在节目中，主持人把一群人说成是“另一派”，并用充满恶意、愚蠢和渴望权利来形容“另一派”，那么他所灌输给观众或听众的无疑就是党派主义了。

社交媒体同样可以让人们找到自己的党派归属，Facebook 和 Twitter 便是回声室的替代品，它们都会造成党派主义的出现。目前，我们并没有明确的数据来支撑这一论点，但相关数据的收集正在进行中。[29] 我们有理由相信，带有如此强烈的政治认同色彩的碎片化的传媒市场，一定会加速美国党派主义的发展。

政治极化

假设在当今社会中，人们对某一观点存在分歧。第一阵营的人认为观点 A 是正确的；第二阵营的人则持反对意见，认为观点 A 不正确。假设第一阵营是正确的一方，并且独立于第一阵营的第三方给出了准确且真实的可以证明观点 A 是正确的信息，那么我们有理由相信第二阵营很快也会相信观点 A 是正确的。但实际情况与假设则截然相反，第二阵营的人仍旧认为观点 A 是不正确的，并且坚持的程度比之前更加强烈。对其看法进行纠正的结果就是催生极化。

这一基础性的研究并没有涉及党派之间的差异性问题，但它揭示的问题其实与党派差异密切相关，同时也为我们提供了这样一个观点：党派主义的终极目的就是确保那些带有强烈政治认同感的人能在一定程度上对他人的纠正免疫。尽管事实上，来纠正你的人并没有表达他的政治主张，因为人们如果能就某一事实达成一致的话，这其实是政治进步的先决条件，但这对于党派主义来说是极具破坏性的。

纠正别人的观点所带来的影响因政治意识形态的不同而有着很大的差异。对于那些来自自由派的受试者来说，他们的反对态度很温和但没有明显的转变，因为他们已经明确表达了自己的反对意见。[30] 但对于那些自诩为保守派的受试者来说，他们对这一观点的支持态度出现了很明显的转变，“换句话说，纠正反而产生了相反的效果，那些保守主义者在听到有人纠正他们说伊拉克没有大规模杀伤性武器后，反而比之前更相信伊拉克持有大规模杀伤性武器”。[31] 这说明，纠正别人的观点所产生的影响其实很容易促成两极分化，使得人们对身边发生的事情所持有的观点和态度更加鲜明。

另一项研究进一步证实了这一观点。研究人员向人们抛出了一个观点来让他们判断，即削减税收对于刺激经济增长十分有效，这在很大程度上增加了政府的收入。随后，研究人员又向人们展示了对于这一观点的纠正。纠正再一次在人们观点的转变中发挥了作用，“一些保守主义者看到了声称削减税收并没有提高政府收入的证据，这反倒使他们更加相信之前的观点，而对于那些没有看到证据的人来说，他们的态度并没有发生太明显的变化。”[32]

这里还有这样一个实验，看看权威的媒体进行的纠正会不会改变人们的想法。阿拉斯加州前州长萨拉·佩林（Sarah Palin）一直坚持认为平价医疗法案会滋生“死亡陪审团”。[33] 对于那些对佩林有好感但政治知识水平低下的人来说，纠正他们的观点是很有效的，同样有效的情况还发生在那些反对佩林的人身上。[34] 可一旦这种纠正发生在有很高政治知识水平的支持者身上时，一切都会变得不一样。当听到有人纠正自己的观点时，他们将会更加确信平价医疗法案的推行势必会促使死亡陪审团的产生。[35]

这一影响对于美国自由主义者和民主党人来说基本上是无一例外的。2005 年，很多自由派人士错误地相信布什总统对干细胞研究实施了禁令[36]，而在看到纽约时报和福克斯新闻网关于这个消息的纠正之后，他们仍旧坚持自己之前的观点，并没有出现转变。[37] 但与之相反的是，保守主义者接受了这一纠正。[38] 因此，我们也看到了纠正带来的极化日趋严重的态势。

正如以上研究所体现的那样，我们能够发现相关实验中的受试者通常都有着很鲜明的意识形态观念而非党派倾向，所以我们无法确定当某一特定问题发生在党派中时，这一影响是否还同样有效。但鉴于党派主义的种种普遍特征，我们有理由相信这种影响还是会发生的。实际上，一项重要的相关研究表明，人们通常都会支持自己所在党派的观点，即使党派所持的观点和他们自己的独立判断是相反的，人们也会盲目地受到党派的影响。[39]

相关研究还指出，无论是在美国共和党还是在民主党内，人们都会被问及他们在各种政治问题上的观点，这样我们就可以得知两大政党内的成员对于当前存在的政治问题的看法。此外，研究人员分别在两个政党内选取了一些人，向他们提出同样的政治问题，看看他们的想法如何，但唯一的区别是：研究人员会向这群人提供一个额外信息，即他们可以事先了解一下党内领导成员对于这些问题的看法。这一区别所带来的影响是显而易见的，看到了领导层的意见之后的观点和没看时有很大的不同。令人惊讶的是，“这一额外信息对政策的客观作用及受试者的意识形态都带来了压倒性的影响”。[40] 同时，人们并没有察觉到自己前后态度的转变，他们认为自己的判断并没有受到领导层的意见的影响，而完全是基于问题本身的利弊做出的。而在这里，我们可以清楚地看到党派主义对人们的价值判断产生的影响，而这种影响通常都是无意识的。

僵局理论

党派主义是如何对美国社会发生改变的可能性产生影响的呢？就立法而言，答案很简单：在存在党派主义的社会条件下，法律的制定将会是一件很难的事情，至少当两党中的任意一方都有权阻止立法进入提案程序时，这种情况就会出现。如果立法者自身就有党派主义倾向，那么这一结论当然是不言而喻的；即使他们不是党派主义者，或者他们没有对其他党派人士心怀敌意且很愿意和他们一起工作，选民的压力也会使情况朝着不利的方向发展。在美国，党派主义已经使国会的不作为程度达到了前所未有的高度。

无论这种僵局是好是坏，立法的问题都一直存在。即使国会的积极性很高，可一旦政府想要减少社会福利，人们宁愿国会毫无作为。因为这时，人们关注的根本不是国会是否作为，而是社会福利。所以在一定时期内，国会的作为是会造成社会福利下降的。一个受阻的国家立法机构，如果在权衡了各方利弊之后，想到的唯一做法就是减少社会福利的话，那么民众应该替他们感到悲哀和惋惜。目前所存在的问题，一方面是立法现状是否存在问题及问题达到了什么样的程度。如果答案是否定的，那么并不急于颁布实施新的法律。而另一方面是，新法律的实施和颁布是否会带来社会的改善和进步，如果答案同样是否定的，那么维持现有的僵局将是一件好事而不是坏事。

对任何一种特殊事态的详细叙述都需要一个理想化的僵局理论来支撑。这里的情况不适合任何这样的理论。但如果我们这样来想的话或许事情会合理一些：如果一个国家正面临着一系列严重的问题，而一些可能的措施可以减少或者彻底解决这些问题，但这时党派主义的存在使得这些措施难以通过和实施，那么问题就严重了。所以在可能的条件下，所有的这些假设都是非常合理的。

3 种对党派主义的可能解决方案

在这里，我的主要目的是进行相关描述，而不是提出规范性的结论。人们可能会认为党派主义真的存在且呈日益增长之势，但我们对此却无能为力。事实上，党派主义的滋生确实已经给今天的美国带来了很多严重的社会问题。如果改变迫在眉睫，而现存的挑战仍然没有得到解决，那么政府机构该怎样做出回应？

人们往往会强烈要求致力于寻找党派主义产生的原因，从而使民众能很容易地辨别什么样的行为属于党派主义，而这通常也是政府机构能够给出的最直接也最积极的回答。但是詹姆斯·麦迪逊在《联邦党人文集》第 10 篇中提到过的党争现象，与今天的情况很相似，“自由于党争，如同空气于火，是一种离开它就会立刻窒息的养料。但是因为自由会助长党争而剥夺政治生活不可缺少的自由，这与因为空气会使火具有破坏性而希望消除生命必不可少的空气是同样愚蠢的行为”。[41]

通过麦迪逊的描述我们可以得知，试图完全地消除党派主义其实是件很愚蠢的事情。事实上，党派主义的状态和程度并不是静止不变的。正如我们看到的那样，在近 10 年间，党派主义有了很明显的增长；与 20 年前相比更是增长了很多，但这种变化却不是人们精心设计出来的，它看起来更像是一系列社会力量共同作用的结果，包括新兴科技、“无形之手”，以及广泛的私人和公共参与者的分散决策。

所以真正的解决方案并不是致力于寻找党派主义产生的原因，而是努力将其产生的不利影响降到最低。在这里我们可以考虑 3 种可能性。

时机就是一切

显然，党派主义一般会在美国总统大选或中期选举之前表现得尤为明显。届时，反对党阵营的一举一动都会被凸显出来。如果政客们为了某种目的想与对手联合起来的话，那么他们可能会让自己置身于危险之中。而相反的，在选举结果公布的那一刻，党派主义则会马上销声匿迹，新上任的总统及其政党将经历一段“蜜月期”。“蜜月期”这个词非常形象地描绘出了选举结果公布时人们的状态：一段新的关系正在温馨友好的氛围中被建立起来。而在这种氛围中，党派主义至少在一段时间内将不复存在，抑或是消失很长一段时间。

这个观点向我们揭示了这样一个问题，总统轮换期是一段至关重要的时期，而且总统在第一任期之内一定要非常清楚地知道自己的当务之急是去解决哪些问题，在确定了问题的优先级之后，再结合策略使这些问题逐一得到解决。这些关键步骤尤为重要，尤其是在党派主义的笼罩之下，这对任何一个总统或对整个国家来说都是如此。

预先承诺

在极富创造力的法律框架下，国会的不作为只会导致大刀阔斧的改革。例如，《1990 年军事基地调整和关闭法案》规定，基地关闭委员会的 9 名成员可以由总统来委派，委员会将会列出一份建议关闭的军事基地的名单，如果总统批准了，那么这些军事基地将会关闭，除非国会在 45 天之内提出反对意见。[42] 当然，如果国会没有提出任何意见，这些关闭军事基地的提案也会生效。

而另一个更具争议的案例则是“自动削减开支”。[43] 2011 年，国会和时任总统奥巴马完成了一项十分艰难的谈判，双方同意：除非国会推行削减预算的具体方案，否则 2013 年将会启动自动削减开支机制。[44] 当时，只有极少数的民众支持自动削减开支机制，因为他们觉得这是在迫使国会履行其义务，但最终自动削减开支机制还是生效了，并且不管怎样，自动削减开支机制也的确影响到了联邦政府的开支。2011 年的这项决定向人们发出了一个信号：一旦国会不作为，那么必将会引发严重的后果。值得注意的是，由于党派主义的存在，默认的结果实际上已经生效了。

如果我们的目标是完善基础设施、加强社会保障、推行财政政策或在其他方面取得革新性的进步，那么其实我们都能想到和执行针对这些问题的策略。不管有没有委员会的帮助，国会都会按照步骤实现计划，除非在未来的某一天新的国会做出了改变。当然，要使这些计划都能付诸实践需要艰苦卓绝的努力，因为有时用来解决党派主义相关问题的方法会被党派主义击退。但在一些情况中，某种预先承诺或对现状的改革都是十分具有可行性的。

授权机制、变革与技术统治论

在很多情况下，抑制党派主义的最有效的手段就是控制授权机制，尤其是当政府掌握着强有力的科技手段时。我知道这个结论对很多人来说都非常刺耳，但我认为很多政治问题的根源其实或多或少并不在于政治本身。党派主义之所以毫无裨益，是因为党派间的差异性是或几乎是不相关的，其最大的根源在于事实真相，而事实真相并不依赖于政治派别。考虑以下这些问题：

1. 美国环保局应该把周边环境中的臭氧浓度阈值从原来的十亿分之七十五降到十亿分之七十、十亿分之六十五还是十亿分之六十？

2. 美国职业安全与健康管理局应该为建筑工人与硅土的接触时间制定一项规则吗？
3. 美国交通管理部门应该要求在新生产的汽车上安装倒车可视装置吗？
4. 美国食品药品监督管理局应该禁止哮喘吸入器排放氯氟烃吗？

以上所有的这些问题都是很专业的技术性问题，没有丰富经验的人是没有办法解答这些问题的。所以，政策的制定者要了解待制定政策在健康和安全方面的利弊，此外他们还需要控制制定政策的成本、货币政策等问题。控制硅土暴露时间所需要的成本是 1 亿美元、5 亿美元还是 10 亿美元？以上 3 种成本所带来的结果分别是怎样的？政策一旦公布是否会造成人们的就业率或工资降低？硅土暴露时间不同，会带来怎样的不同程度的伤害？试行条例可以挽救多少生命？

价值判断在相关争论中扮演着很重要的角色，但人们通常会在经验主义的引导下达成空前的一致，尽管大家的党派身份和价值取向不尽相同。例如，如果最后施行的硅土条例花费了 10 亿美元，每年仅能挽救两个人的生命，那么不管这项条例的党派立场如何，几乎都不会有人支持。但如果这项条例花费了 1 亿美元，每年可以拯救 700 个人的生命，那么几乎没人会反对。所以无论怎样，我们不应该只是通过参考一个人的党派身份来解答重要问题。

民主党和共和党对环保局和职业安全与健康管理局所持的态度是不同的，这一点是众所周知的，而他们的不同态度会在某些问题上直接导致分歧的产生。在这里我想提出的是，很多分歧并不是由价值判断或党派倾向产生的，而是由于事情本身。当双方针对事情的真相做了充分的考虑后，政党之间的分歧自然也就烟消云散了。

至少当意识形态问题被排除在外，只单纯考虑技术性问题时，情况是这样的。很多社会变革都需要对事实真相进行密切关注，价值判断反而次之。所以我认为，当人们在做选择时，一定要把权力赋予那些知道如何解决事实争端的人。

制度评价的脆弱性

尽管我的主要观点都是描述性的而不是规范性的，但我们已经能够认识到，对于美国党派问题的理解强化了某种行政行为的理由，也提高了人们对于在合理范围内的行政部门自由裁量权的接受程度。实际上，更重要的是人们对现任总统的好恶会在很大程度上影响他们对行政部门权力的判断。如果是一个共和党派的总统当政，民主党派一定不会接受一个提倡自由裁量权的总统；如果总统是民主党派的，共和党派也一定会有同样的担忧和诉求。

正是基于这一点，很多重要的制度判断都显得很脆弱甚至动荡不堪。人们不会意识到自己卷入了政治权力分配的变化之中，而这种变化是一种偶然中的必然，我们甚至可以将制度评价视为党派主义的牺牲品。在一定程度上，制度权威存在的问题被一些从事相关工作的特定人群在短期内的评价掩盖了。正是出于这个原因，根据党派主义的观点，有利于民众接受总统权力的评估参数和标准将被一个因素所主导：在任总统的评价标准。

当然了，人们都希望制度评价能在“无知之幕”后面进行，并希望双方都能搁置暂时性的胜负。但出于政治原因，“无知之幕”的实施总是频频受阻，因为它与眼前的选举利益相悖。例如，若一个共和党人支持人们接受一个来自民主党派的总统行使自由裁量权，那么他的政治生涯基本就到此为止了；甚至对于一个旁观者来说，挑战也是存在的，因为人们心中的短期政治考量的确是显著存在的。

美国党派主义真实存在且日益严重，同时在人们的日常生活和政治领域两个方面也产生了严重的不利影响。它不仅使政府在某些问题上越发寸步难行，甚至当立法者发现了一个对两党都有利的举措时，也会迫于选举的巨大压力而无法实行，因为他们害怕遭到来自选民和同事的报复。

甚至在目前的情形下，美国党派主义已经显露出了前所未有的影响，在中期选举的前夜，这些影响则更为明显，并且在总统大选结束半年后才会有所减弱。但是由于体制的原因，想要党派主义在短期之内大幅度衰减几乎是不可能的。

那么，这将是个严重的问题吗？如果社会现状非常好，而政府在未来的举措会使情况变糟，那么我们似乎没有理由去抵制党派主义的存在，因为在这种情况下党派主义是一个珍贵的保护屏障。但如果一个国家正面临着很多严重的问题，而同时一些可能的举措可以有效地解决这些问题，那么这时党派主义的存在将会对国家的繁荣与和平产生严重的威胁。

至少在不远的将来，美国看起来似乎并没有什么有效的可以削弱党派主义的办法。如果党派主义真的出现了衰减，那也一定是无意识的结果，而不是人为干预的成果。人们最希望的其实是能减少党派主义所带来的影响，而我认为减少其影响的最有效方法是实行预先承诺策略，以及重拾对专业技术知识应用的重视。

结语

源自社会规范的约束效应

人类喜欢依赖自己的惯性思维。不管这些思维是否真的存在，我们的意识都是依赖它们运行的。当一个人的生命中发生了某件事情，或者当社会在沿着某个方向前进时，我们都会认为这是不可避免的，是理所当然发生的，就像许多拼图组合在一起一样。而当回顾此事时，人们又总会做事后诸葛亮："约翰命中注定会成为一名律师""从出生那天起我就知道，苏珊长大后会去学医""我就知道托马斯和琳达一定会离婚""琼和埃里克真是天造地设的一对啊"。如果某个音乐家或者电影大受好评，人们会说"他们这么优秀，受欢迎是理所当然的，这一定是和文化影响有关"；2017 年爆发了反性侵运动，而人们认为："如果那时性骚扰和性侵犯得到了足够重视的话，那么这样的运动早就发生了，尤其是在 2016 年已经有了先例的情况下。"

因为时光不能倒流，所以我们不能说人们的想法是错误的。一些婚姻已是无可救药，一些社会运动也是无法避免的，但是生活中的一些小的举措可能会引发巨大的蝴蝶效应。约翰其实是在大学里遇到了一位非常优秀的老师，而这个老师激发了他学习法律的兴趣，如果不是这个老师，他可能不会走上这样的道路（这就是我的亲身经历）；那位成功的音乐家或那部成功的电影，也许是在正确的时间和地点引起了一群人的热情，从而产生了巨大反响，改变了一切。

有些政治运动是临界点和级联效应的最大受益者，有些却不是；有些企业家或幸运或有能力或两者兼备，而有些却不是。在事情发生之后，我们总能从中发现规律的存在，但如果出现了例外，我们又会发现不一样的规律也同样存在。一项在一年或者一段时间内无法避免的运动，也许正是由此前一系列重要举措和推动累积形成的，如果没有前期的铺垫，这项运动可能会发生得更晚甚至根本不会发生。

2013 年奥斯卡最佳纪录片是《寻找小糖人》(*Searching for Sugar Man*)，这部佳作讲述了一个并不知名的底特律唱作歌手西斯托·罗德里格斯（Sixto Rodriguez）的故事。罗德里格斯在 20 世纪 70 年代早期发行了两张专辑，但美国民众对他知之甚少，很少有人会去买他的专辑，他也一度被唱片公司抛弃。后来他结束了歌手生涯，在底特律成为一名装修工人。而装修工人罗德里格斯不知道的是，他的作品在南非广受好评。南非人视他为传奇巨星，并将他与甲壳虫乐队和滚石乐队相提并论，把他的作品比作“我们生命的配乐”，他的专辑销量在南非达到了 50 万张。在纪录片《寻找小糖人》中，罗德里格斯的两种身份形成了强烈的反差：在美国，他是个籍籍无名的装修工人，星路惨淡；而在南非，他则是名声大噪的传奇摇滚巨星。

不难想象，罗德里格斯在南非的文化中引起了民众的广泛共鸣，文化纽带给他带来了巨大的成功；而同样的，这一文化纽带如果消失也会导致一定程度的失败。但对此不要完全信以为真。罗德里格斯是南非早期流行文化的受益者，并且引发了级联效应。如果幸运的话，同样的事情可能会发生在美国、英国、澳大利亚或者法国，但事实上并没有。

我的核心观点是，这是源于社会规范的约束效应。人们通常会行之所行，言之所言，只有在社会规范的压力下才会保持沉默。我们通常会觉得这些社会规范都是理所当然存在的，对它们没有什么特殊的态度，它们就像家里的家具一样存在着。我们也许会向它们表示赞同，也许会厌恶甚至是表示谴责，而社会规范经常会存在于最有趣的案例中。如果人们讨厌自身所处的社会规范的话，那么周围环境很快就会发生变化。人们需要释放自己的情绪，不管释放的结果是不是他们真正想要的。

相反，有的社会运动向人们灌输了前所未有的理念和价值取向。有时人们的偏好已经适应了现有的实践和规范；人们没有被压制，也没有情绪需要去释放。在这种情况下，大规模的社会变革很难发生或进展很慢，但级联效应仍有可能发生。而这时，偶发互动和舆论飞地，以及由民众推动产生的级联效应等将是必然。这些将会为我们带来巨大的惊喜。

注释

第 1 章

1. Timur Kuran, *Private Truths, Public Lies* (1998).
2. Catharine MacKinnon, *Sexual Harassment of Working Women* (1978). 当然，有些性骚扰者是女性，抗议性骚扰者是男性。为了表述上的简便，也为了体现大部分的性骚扰行为，在此没有进行细分。
3. Lawrence Lessig, *The Regulation of Social Meaning*, 62 U. Chi. L. Rev. 943 (1995).
4. Meritor Savings Bank v. Vinson, 477 US 57 (1986); Oncale v. Sundowner Offshore Services, 523 US 75 (1998).
5. Richard McAdams, *The Expressive Powers of Law: Theories and Limits* (2015). “当公众态度的感知力与现实严重脱节时，立法者通过制定与实际态度及实际的未来投票相一致的立法而获益，这就产生了一个戏剧性的启示：对实际态度的‘唤醒’。”
6. P. Wesley Schultz et al., *The Constructive, Destructive, and Reconstructive Power of Social Norms*, 18 Psych. Sci. 429 (2007).
7. 强调这一点并不意味着否认这一观点，即反对将“政治正确”作为一种压制持不同政见者的方式通常是正确的。
8. Leonardo Bursztyn et al., *Misperceived Social Norms: Female Labor Force Participation in Saudi Arabia* (2018).
9. Timur Kuran, *Sparks and Prairie Fires: A Theory of Unanticipated Political Revolution*, 61 Public Choice 41 (1989).
10. Duncan Watts, *Everything Is Obvious* (2011); Susanne Lohmann, *The Dynamics of Social Cascades*, 47 World Pol. 42 (1994). 然而请注意，可以通过保证匿名性来对隐藏的偏好、信念和价值观进行检测。一个有指导意义的发现是，由于社会规范的作用，匿名性非常重要。Leonardo Bursztyn et al., *From Extreme to Mainstream: How Social Norms Unravel* (2017). Timur Kuran and Edward McCaffery, *Expanding*

Discrimination Research: Beyond Ethnicity and to the Web, 85 Soc. Sci. Q. 713 (2004). 即使可以获得与隐藏偏好相关的信息，由于社会动态过程的重要性，我们可能也不能预测变化，因为社会的动态变化是无法提前预知的。Susanne Lohmann, *I Know You Know He or She Knows We Know You Know They Know: Common Knowledge and the Unpredictability of Informational Cascades*, in Political Complexity: Nonlinear Models of Politics 137 (Diana Richards ed. 2000).

11. Timur Kuran, *Ethnic Norms and Their Transformation through Reputational Cascades*, 27 J. Legal Stud. 623 (1998).
12. Edna Ullmann-Margalit, *Considerateness*, 60 Iyyun 205 (2011).
13. Philip O'Leary, *The Prose Literature of the Gaelic Revival, 1881–1921* (2005).
14. Jon Elster, *Rationality, Emotions, and Social Norms*, 98 Synthese 21, 23 (1994).
15. 我在这里不打算讨论那些用于解决社会集体行动问题的规范。有关于这一主题的相对清晰的阐释，请参阅：Edna Ullmann-Margalit, *The Emergence of Norms* (1977)；也可以参阅：Edna Ullmann-Margalit, *Normal Rationality* (2017)。这里的分析适用于这些情况，不过要采用一些巧妙的手段。最重要的是，当这类规范限制人们去做他们想要做的事情时（通过防止背叛的方式），他们也会以互利为目的行事，因此维持该规范符合人们的利益。鉴于这一原因，这类规范所施加的约束至少从反响上看很受欢迎。
16. Mark Granovetter, *Threshold Models of Collective Behavior*, 83 Am. J. Soc. 1420 (1978). 这种观念得到了这一文献的有力拓展：Kuran, supra note。
17. Cass R. Sunstein, *Social Roles and Social Norms*, 96 Colum. L. Rev. 903 (1996); Cristina Bicchieri, *Norms in the Wild* 163–207 (2016). 歧视者和歧视的反对者当然都可以成为规范倡导者。在性骚扰的情况里，美国女歌手泰勒·斯威夫特（Taylor Swift）就在2017 年充当了规范倡导者的角色，她高调反对令人讨厌的接触行为（act of unwanted touching）。Melena Ryzik, *Taylor Swift Spoke Up. Sexual Assault Survivors Were Listening*, New York Times (August 15, 2017)
18. Kuran, supra note; D. Garth Taylor, *Pluralistic Ignorance and the Spiral of Silence: A Formal Analysis*, 46 Pub. Opinion Q. 311 (1982). Richard McAdams, *The Expressive Powers of Law* 136–162 (2015).
19. See id.; Sushil Bikhshandani et al., *A Theory of Fads, Fashion, Custom, and Cultural Change as Informational Cascades*, 100 J. Polit. Econ. 992 (1992).
20. 有一个颇有意思的现象：当一个级联效应开始发生时，人们可能会低估参与其中的人对其他人发出的信号的反应程度，但对于他们自己私下发出的信号则不会如此。鉴于这个原因，他们可能会认为级联效应包含了比实际情况更多的信息。Erik Eyster & Matthew Rabin, *Naïve Herding in Rich-Information Settings*, 2 Am. Econ. J.: *Microeconomics* 221 (2010); Eric Eyster et al., *An Experiment on Social Mislearning* (2015). 规范倡导者有强烈的兴趣改正这一错误。

21. Amos Tversky & Daniel Kahneman, *Availability: A Heuristic for Judging Frequency and Probability*, 5 Cognitive Psychol. 207 (1973).
22. Timur Kuran & Cass R. Sunstein, *Availability Cascades and Risk Regulation*, 51 Stan. L. Rev. 683 (1999).
23. Gordon Wood, *The Radicalism of the American Revolution* 29 (rev. ed. 1998).
24. Id. at 29–30.
25. Id. at 169.
26. Id.
27. Thomas Paine, "Letter to the Abbe Raynal," in *Life and Writings of Thomas Paine*, 242 (Daniel Edwin Wheeler ed. 1908). Gordon Wood, *The Creation of the American Republic*, 1776–1787 68 (rev. ed. 1998).
28. Lawrence Lessig, *The Regulation of Social Meaning*, 62 U. Chi. L. Rev. 943 (1995). See also Richard H. McAdams, *Cooperation and Conflict: The Economics of Group Status Production and Race Discrimination*, 108 Harv. L. Rev. 1003, 1065–1085 (1995).
29. Lessig, supra note 36, at 966.
30. Leonardo Bursztyn et al., *From Extreme to Mainstream: How Social Norms Unravel* (2017).
31. Id.
32. Helpful discussion can be found in Timur Kuran, *Ethnic Norms and Their Transformation through Reputational Cascades*, 27 J. Legal Stud. 623 (1998).

第 2 章

1. John Turner et al., *Rediscovering the Social Group* 142 (1987).
2. Roger Brown, *Social Psychology* 222 (2d ed. 1983). 这些国家包括美国、加拿大、新西兰、印度、孟加拉国、德国和法国。Johannes Zuber et al., *Choice Shift and Group Polarization*, 62 J. Personality & Social Psychol. 50 (1992); Dominic Abrams et al., *Knowing What to Think by Knowing Who You Are*, 29 British J. Soc. Psychol. 97, 112 (1990). 当然，有些文化可能会或多或少地出现两极分化的倾向；这将是一个实证研究中非常有趣的领域。
3. D. G. Myers, *Discussion-Induced Attitude Polarization*, 28 Hum. Rel. 699 (1975).
4. Brown, supra note 2, at 224.
5. D. G. Myers & G. D. Bishop, *The Enhancement of Dominant Attitudes in Group Discussion*, 20 J. Personality & Soc. Psychol. 286 (1976).
6. Id.

7. J. A. F. Stoner, A Comparison of Individual and Group Decisions Including Risk, unpublished master's thesis, Sloan School of Management, Massachusetts Institute of Technology (1961), available as J. A. F. Stoner, J. A. F. Stoner, *Risky and Cautious Shifts in Group Decisions: The Influence of Widely Held Values*, (2017); 4 J. Experimental Soc. Psychol. 442 (1968).
8. Brown, supra note 2, at 208–210, for an overview.
9. Paul Cromwell et al., *Group Effects on Decision-Making by Burglars*, 69 Psychol. Rep. 579, 586 (1991).
10. Brown, supra 2, at 211.
11. 这项研究的大部分工作是由丹尼尔·卡尼曼与大卫·施卡德（David Schkade）一起合作完成的。Cass R. Sunstein et al., *Punitive Damages: How Juries Decide* (2007).
12. David Schkade et al., *Deliberating About Dollars: The Severity Shifts* 100 Colum. L. Rev. 1139 (2000).
13. Brown, supra note 2, at 210–225; Turner et al., supra note 1, at 142–170.
14. A. I. Teger & D. G. Pruitt, *Components of Group Risk-Taking*, 3 J. Experimental Soc. Psychol. 189 (1967).
15. Robert S. Baron et al., *Social Corroboration and Opinion Extremity*, 32 J. Experimental Soc. Psychol. 537–560 (1996); Chip Heath & Richard Gonzales, *Interaction with Others Increases Decision Confidence but Not Decision Quality: Evidence against Information Collection Views of Interactive Decision Making*, 61 Org. Behav. & Hum. Decision Processes 305–326 (1997).
16. Hans Brandstatter, *Social Emotions in Discussion Groups*, in Dynamics of Group Decisions (Hans Brandstatter et al. ed. 1978). Turner et al., supra note 1, at 154–159. 这篇文章试图用这个证据作为新综和体的基础，并称之为“群体极化的自我分类理论”。在这个表述中，“劝说依赖于自我分类，其在群体内部创造了一个普遍性的身份”，极化之所以会出现，是“因为群体成员调整了自己的观点，使其与他们关于群体立场的想象相一致（相符合），并且更为极端，而群体的立场已然极化，原型的回应决定了这种想象”。这里的关键之处在于，当一个群体朝着某个方向发展时，可以洞察到的“原型”是由群体所处的位置决定的，这是个人想要趋向的位置。正如特纳所建议的那样，他们的表述指明的是“社会比较和劝说性论证模型的多个方面的叠加”；由于这种叠加，我不会把它作为一项分散的陈述在这里进行讨论。一个特别有趣的含义是，一个比较极端的群体会显示出相对较大的朝着极端主义方向的转变。
17. Turner et al., supra note 1, at 153.
18. Russell Spears, Martin Lee, & Stephen Lee, *De-Individuation and Group Polarization in Computer-Mediated Communication*, 29 British J. Soc. Psychol.

121 (1990); Dominic Abrams et al., *Knowing What to Think by Knowing Who You Are*, 29 British J. Soc. Psychol. 97, 112 (1990); Patricia Wallace, The Psychology of the Internet 73–76 (1999).

19. Lee Roy Beach, *The Psychology of Decision Making in Organizations* (1997).
20. H. Burnstein, *Persuasion as Argument Processing*, in Group Decision Making (H. Brandstetter, J. H. Davis, & G. Stocker-Kreichgauer eds. 1982).
21. Brown, supra note 2, at 225.
22. Amiram Vinokur & Eugene Burnstein, *The Effects of Partially Shared Persuasive Arguments on Group-Induced Shifts*, 29 J. Personality & Soc. Psychol. 305 (1974).
23. Id.
24. R. T Riley & T. F. Pettigrew, *Dramatic Events and Attitude Change*, 34 J. Personality & Soc. Psychol 1004 (1976).
25. Myers, supra note 24 at 135.
26. Lois Marie Gibbs, *Love Canal: The Story Continues* 26–124 (1998).
27. Callahan v. US, 364 US 487, 493–494 (1961). 我很感激丹·卡汉（Dan Kahan）强调了这点。
28. Caryn Christensen & Ann S. Abbott, *Team Medical Decision Making*, in Decision Making in Health Care 267, 273–276 (Gretchen Chapman & Frank Sonnenberg eds. 2000).
29. Id. at 274.
30. *Letter to Madison* (January 30, 1798), reprinted in *The Portable Thomas Jefferson 882 (M. Peterson ed. 1975)*.
31. *Speech to the Electors* (November 3, 1774), reprinted in Burke's Politics 116 (R. Hoffman & P. Levack eds. 1949).
32. Id.
33. *The Federalist* No. 10.
34. Heather Gerken, *Second-Order Diversity*, 118 Harv. L. Rev. 1099 (2005).

第3章

1. 163 US 537, 544 (1896) (noting that segregation laws "do not necessarily imply the inferiority of either race to the other").
2. 347 US 483 (1954).
3. Bernard Williams, *A Critique of Utilitarianism, in Utilitarianism: For and Against* 108–109 (J. J. C. Smart & Bernard Williams eds. 1973).
4. Herbert A. Simon, *Models of My Life* 281 (1991).

5. Robert C. Ellickson, *Order without Law: How Neighbors Settle Disputes* 167 (1991) (“Members of tight social groups … informally encourage each other to engage in cooperative behavior”); Edna Ullmann-Margalit, The Emergence of Norms 22–60 (1977).
6. Edna Ullmann-Margalit, Normal Rationality (2017).
7. Elijah Anderson, Streetwise: Race, Class, and Change in an Urban Community (1990).
8. Cass R. Sunstein, *Social Norms and Social Roles*, 96 Colum. L. Rev. 903 (1996).
9. Viviana A. Zelizer, The Social Meaning of Money (1994).
10. Joel Waldfogel, *The Deadweight Loss of Christmas*, 83 Am. Econ. Rev. 1328 (1993). Waldfogel's engaging book on the subject is Scroogenomics (1998).
11. Margaret J. Radin, *Market-Inalienability*, 100 Harv. L. Rev. 1849, 1871 (1987).
12. Ullmann-Margalit, supra note 5, at 134–197 (discussing norms involving partiality and inequality).
13. Steven Kelman, What Price Incentives? Economists and the Environment 27–28 (1981).

第 4 章

1. Louis D. Brandeis, Other People's Money 92 (1914).

第 5 章

1. Daniel Kahneman, Thinking, Fast and Slow 20–21 (2011).
2. Sarah Conly, Against Autonomy (2012); Ryan Bubb & Richard Pildes, *How Behavioral Economics Trims Its Sails and Why*, 127 Harv. L. Rev. 1593, 1659 (2014).
3. Sendhil Mullainathan & Eldar Shafir, Scarcity: Why Having Too Little Means So Much 39–66 (2013).
4. Björn Bartling & Urs Fischbacher, *Shifting the Blame: On Delegation and Responsibility*, 79 Rev. Econ. Stud. 67 (2012). Nadja Dwenger, Dorothea Kübler & Georg Weizsäcker, Flipping a Coin: Theory and Evidence, unpublished manuscript (2013). 该文献对人们是否喜欢通过抛硬币来逃避责任进行了探讨。考虑以下建议：做出决定的认知或情感成本可能会超过做出最佳选择所带来的好处。例如，决策者可能不愿在没有足够的时间和精力去思考的情况下做出选择。或者，她可能会觉得自己没有资格获得成功。或者，她可能会预测，在不确定性得到解决后，可能会对自己的选择感到失望。 在这种情况下，放弃部分或全部的决定权似乎是可取的，即使它通常会增加产生次优结果的可能性。
5. *Pandora Can Predict How You Vote Based on Your Favorite Stations*, Huffington

Post, February 18, 2014.

6. Theory and Practice (Christian Coons & Michael Weber eds., 2013); Gerald Dworkin, The Theory and Practice of Autonomy (1988).
7. F. A. Hayek, The Market and Other Orders 384–386 (Bruce Caldwell ed., 2014).
8. John Stuart Mill, *On Liberty*, in On Liberty 5, 76 (Stefan Collini ed., 1859/1989) (1859).
9. Id at 76.
10. George Loewenstein et al., *Warning: You Are About to Be Nudged*, 1 Behav. Sci. & Pol'y 35, 37, 40 (2015).
11. Hendrik Bruns et al., *Can Nudges Be Transparent and Yet Effective?* 16–17 (WiSo-HH Working Paper Series, Working Paper No. 33, 2016); Mary Steffel, Elanor F. Williams, & Ruth Pogacar, *Ethically Deployed Defaults: Transparency and Consumer Protection through Disclosure and Preference Articulation*, 53 J. Marketing Res. 865, 872 (2016).
12. Simona Botti & Christopher Hsee, *Dazed and Confused by Choice*, 112 Org. Behav. & Hum. Decision Processes 161 (2010).

第6章

1. Richard Thaler & Cass Sunstein, *Nudge: Improving Decisions about Health, Wealth, and Happiness* 5 (2008).
2. Robert Sudgen, *Do People Really Want to Be Nudged toward Healthy Lifestyles?*, 64 Int'l Rev. Econ. 113 (2006).
3. Cass R. Sunstein and Lucia A. Reisch, *Trusting Nudges: An International Survey* (2019); Janice Y. Jung & Barbara A. Mellers, *American Attitudes toward Nudges*, 11 *Judgment and Decision Making* 62 (2016); Cass R. Sunstein, *The Ethics of Influence* (2016); Lucia A. Reisch & Cass R. Sunstein, *Do Europeans Like Nudges?* 11 *Judgment and Decision Making* 310 (2016); Cass R. Sunstein, Lucia A. Reisch, & Julius Rauber, *Behavioral Insights All Over the World? Public Attitudes toward Nudging in a Multi-Country Study.*
4. Jung & Mellers, supra note 3.
5. Amos Tversky & Richard H. Thaler, *Anomalies: Preference Reversals*, 4 *Journal of Economic Perspectives* 201, 211 (1990).
6. Jacob Goldin, *Which Way to Nudge? Uncovering Preferences in the Behavioral Age*, 125 Yale L. J. 226 (2015); Jacob Goldin & Nicholas Lawson, *Defaults, Mandates, and Taxes: Policy Design with Active and Passive Decision-Makers*, 18 Am. J. L. & Eco. 438 (2016).

第 7 章

1. Albert Hirschman, *The Rhetoric of Reaction* (1991).
2. Lauren E. Willis, *When Defaults Fail: Slippery Defaults*, 80 U. Chi. L. Rev. 1155 (2012). 我在这里只是粗略地讨论了反助推的风险。George Loewenstein et al., *The Unintended Consequences of Conflict of Interest Disclosure*, 307 JAMA 669 (2012); Ryan Bubb & Richard Pildes, *How Behavioral Economics Trims Its Sails and Why*, 127 Harv. L. Rev. 1593 (2014); Sunita Sah et al., *Effect of Physician Disclosure of Specialty bias on Patient Trust and Treatment Choice*, PNAS (2016).
3. Gabriel D. Carroll et al., *Optimal Defaults and Active Decisions*, 124 Q. J. Econ. 1639, 1641–1643 (2009). Cass R. Sunstein, *Choosing Not to Choose* (2015).
4. Eyal Zamir, *Law, Psychology, and Morality: The Role of Loss Aversion* (2014).
5. Elizabeth F. Emens, *Changing Name Changing: Framing Rules and the Future of Marital Names*, 74 U. Chi. L. Rev. 761 (2007).
6. Id. at 786.
7. Young Eun Huh, Joachim Vosgerau, & Carey K. Morewedge, *Social Defaults: Observed Choices Become Choice Defaults*, 41 J. Consumer Res. 746 (2014).
8. John Beshears et al., *The Limitations of Defaults, unpublished manuscript* (September 15, 2010).
9. Erin Todd Bronchetti et al., *When a Default Isn't Enough: Defaults and Saving among Low-Income Tax Filers* 28–29 (Nat'l Bureau of Econ. Research, Working Paper No. 16887, 2011). 就违约操纵对个人将退税用于储蓄债券的退税分配的预先计划没有影响进行了解释。然而，请注意，在这项研究中，“默认”只是一个表单上带有退出选项的陈述。在这种情况下，使用这种“默认”和主动选择之间的界线相对较模糊。
10. Zachary Brown et al., *Testing the Effects of Defaults on the Thermostat Settings of OECD Employees*, 39 Energy Econ. 128 (2013).
11. Aristeidis Theotokis & Emmanouela Manganari, *The Impact of Choice Architecture on Sustainable Consumer Behavior: The Role of Guilt*, 131 J. Bus. Ethics 423 (2014).
12. René A. de Wijk et al., An In-Store Experiment on the Effect of Accessibility on Sales of Wholegrain and White Bread in Supermarkets (2016)
13. David J. Just & Brian Wansink, *Smarter Lunchrooms: Using Behavioral Economics to Improve Meal Selection* (2009).
14. Lauren E. Willis, *Why Not Privacy by Default?*, 29 Berkeley Tech. L. J. 62 (2014). 特别是这一建议：“企业围绕着他们所青睐的违约行为展开了一场有力度的活动，以使消费者处于违约状态，但也会通过一场同样有力度的活动来促使消费者选择退出，以应对与其利益相悖的违约行为。许多违约行为并没有激励企业促使消费者做出知情选择，而是让企业有机会利用消费者的偏见，或迷惑消费者使其坚持或选择退出违约行为。”

15. Requirements for Overdraft Services, 45 § C.F.R. 205.17 (2010).
16. Lauren E. Willis, *When Defaults Fail: Slippery Defaults,* 80 U. Chi. L. Rev. 1155, 1174–1175 (2012).
17. Id. at 1186–1187.
18. Id. at 1192.
19. Id.
20. Id.
21. Id. at 130.
22. Tatiana Homonoff, *Essays in Behavioral Economics and Public Policy* (September 2013).
23. Willis, supra note 16, for an excellent discussion.
24. Punam Anand Keller et al., *Enhanced Active Choice: A New Method to Motivate Behavior Change*, 21 J. Consumer Psychol. 376, 378 (2011).
25. Ariel Porat & Lior J. Strahilevitz, *Personalizing Default Rules and Disclosure with Big Data*, 112 Mich. L. Rev. 1417 (2014).
26. Lauren Willis, *The Financial Education Fallacy*, 101 Am. Econ. Rev. 429 (2011).
27. Sharon Brehm & Jack Brehm, *Psychological Reactance: A Theory of Freedom and Control* (1981); Louisa Pavey & Paul Sparks, *Reactance, Autonomy and Paths to Persuasion: Examining Perceptions of Threats to Freedom and Informational Value*, 33 Motivation & Emotion 277 (2009).
28. Erin Frey & Todd Rogers, *Persistence: How Treatment Effects Persist after Interventions Stop*, 1 Pol'y Insights from Behav. & Brain Sci. 172 (2014). 探索了 4 种“持续性途径”，“解释持续性治疗产生效果的途径：建立心理习惯；改变人们的想法和方式；改变未来成本；以及利用外部强化。”
29. Hunt Allcott & Todd Rogers, *The Short-Run and Long-Run Effects of Behavioral Interventions: Experimental Evidence from Energy Conservation*, 104 Am. Econ. Rev. 3003 (2014); Henrik Crongvist et al., *When Nudges Are Forever: Inertia in the Swedish Premium Pension Plan*, 108 Am. Econ. Rev. 153 (2018).

第 8 章

1. David Foster Wallace, Commencement Address, Kenyon College, Gambier, Ohio, May 21, 2005.David Foster Wallace, in His Own Words, September 19, 2008.
2. Meghan R. Busse et al., Projection Bias in the Car and Housing Markets (Nat'l *Bureau of Econ. Research,* Working Paper No. 18212, 2012).

3. Daniel Kahneman, *Thinking, Fast and Slow* (2011).
4. Lauren Willis, *The Financial Education Fallacy*, 101 Am. Econ. Rev. 429 (2011).
5. Friedrich Hayek, *The Market and Other Orders*, in The Collected Works of F. A. Hayek 384 (Bruce Caldwell ed., 2013); italics added.
6. Sarah Conly, *Against Autonomy* (2012).
7. Stephen Darwell, *The Value of Autonomy and the Autonomy of the Will*, 116 Ethics 263, 269 (2006).
8. T. M. Wilkinson, *Nudging and Manipulation*, 61 Pol. Stud. 341, 347 (2013).
9. Id. at 351.
10. Conly, supra note 6.
11. Wilkinson, supra note 8, at 345.

第 9 章

1. *"Don't Tell Me What I Can't Do!" Lost Compilation*, YouTube (May 4, 2009).
2. Sharon Brehm and Jack L. Brehm, *Psychological Reactance: A Theory of Freedom and Control* (1981).
3. Alexis de Tocqueville, *The Ancien Regime and the French Revolution* 151 (Jon Elster ed., 2007).
4. The Federalist No. 10. 民主政体和共和政体的两大不同点在于：第一，在共和政体中，政府授权给由其他专业人士选出的少数公民；第二，公民人数越多，国家范围越广，后者可以扩大。第一个区别的效果是，通过把公众的意见传递给一个经过挑选的公民群体，使公众的意见得到提炼和扩大，他们有智慧最能看出自己国家的真正利益，他们的爱国主义和对正义的热爱也最不可能牺牲公众的意见来换取暂时的或局部的考虑。在这样的规则下，很可能发生的情况是，由人民代表发出的公众声音，将比为这个目的而召集来的人民自己发出的声音更符合公共利益。
5. Oren Bar-Gill and Cass R. Sunstein, *Regulation as Delegation*, 7 *J. Legal Analysis* 1 (2015).
6. Edna Ullmann-Margalit & Sidney Morgenbesser, *Picking and Choosing*, 44 Soc. Res. 757 (1977); Edna Ullmann-Margalit, *Normal Rationality* (Avishai Margalit & Cass R. Sunstein eds. 2017).
7. Tali Sharot et al., *How Choice Reveals and Shapes Expected Hedonic Outcome*, 29 *J. Neuroscience,* 3760 (2009).
8. Nicola J. Bown et al., *The Lure of Choice*, 16 J. Behav. *Decision Making* 297 (2003).
9. David Owens et al., *The Control Premium: A Preference for Payoff Autonomy*, 6 Am. *Econ. J.: Microeconomics* 138 (2014).

10. Suzanne C. Thompson, *Illusions of Control: How We Overestimate Our Personal Influence*, *8 Current Directions Psychol. Sci*. 187 (1999).
11. Sebastian Bobadilla-Suarez et al., *The Intrinsic Value of Control: The Propensity to Under-Delegate in the Face of Potential Gains and Losses*, 54 J. Risk & Uncertainty 187 (2017).
12. David Owens, Zachary Grossman, & Ryan Fackler, *The Control Premium: A Preference for Payoff Autonomy*, 6 Am. *Econ. J.: Microeconomics* 138 (2014); Björn Bartling, Ernst Fehr, & Holger Herz, *The Intrinsic Value of Decision Rights*, 82 Econometrica 2005 (2013).
13. Tohn Stuart Mill. On Liborty, in On Liborty 5, 76 (stefam Collini ed. 1859/1989).

第 10 章

1. Sarah Conly, *Against Autonomy* (2012); Ryan Bubb & Richard Pildes, *How Behavioral Economics Trims Its Sails and Why*, 127 Harv. L. Rev. 1593 (2014).
2. 请注意，选择自由无论从何种合理的角度来看，都是社会福利的一个重要组成部分。Daniel Benjamin et al., *Beyond Happiness and Satisfaction: Toward Well-Being Indices Based on Stated Preference*, 104 Am. Econ. Rev. 2698 (2014); Björn Bartling et al., *The Intrinsic Value of Decision Rights* (U. of Zurich, Dep't of Econ. Working Paper No. 120, 2013). Matthew Adler, *Well-Being and Fair Distribution. Beyond Cost–Benefit Analysis* (2011).
3. Nat'l High. Traf. Safety Administration, *Final Regulatory Impact Analysis: Corporate Average Fuel Economy for MY 2017–MY 2025*, August 2012, table 13.
4. Xavier Gabaix & David Laibson, *Shrouded Attributes, Consumer Myopia, and Information Suppression in Competitive Markets*, 121 *Q. J. Econ*. 505, 511 (2006).
5. Light-Duty Vehicle Greenhouse Gas Emission Standards and Corporate Average Fuel Economy Standards; Final Rule, Part II, 75 *Fed. Reg*. 25,324, 25,510–25,511 (May 7, 2010).
6. Hunt Allcott & Michael Greenstone, *Is There an Energy Efficiency Gap?*, 26 *J. Econ*. Persp. 3 (2012).

第 11 章

1. Max Bazerman et al., *Reversals of Preference in Allocation Decisions: Judging an Alternative versus Choosing among Alternatives*, 37 Admin. Sci. Q. 220 (1992). Christopher Hsee et al., *Preference Reversals between Joint and Several Evaluations of Options*, 125 Psychol. Bull. 576 (1999). Yin-Hui Cheng et al., *Preference Reversals*

between Joint and Separate Evaluations with Multiple Alternatives and Context Effects, 120 Psychol. Rep. 1117 (2017).Amos Tversky & Richard Thaler, *Preference Reversals*, 4 *J. Econ*. Persp. 201 (1990); Amos Tversky et al., *The Causes of Preference Reversal*, 80 Am. Econ. Rev. 204 (1990). 我认为，对某些此类逆转现象的最佳解释"规模兼容性"，与本文所探讨的那些现象属于同一类，尽管我不能在这里设立这一命题。

2. Christopher Hsee, *The Evaluability Hypothesis: An Explanation for Preference Reversals between Joint and Separate Evaluations of Alternatives*, 67 *Organizational Behav. & Hum. Decision Processes* 247, 248 (1996).
3. id.; Christopher K. Hsee, *Attribute Evaluability: Its Implications for Joint-Separate Evaluation Reversals and Beyond*, in Choices, Values, and Frames 543–565 (Daniel Kahneman & Amos Tversky eds. 2000). Max H. Bazerman et al., *Explaining How Preferences Change across Joint versus Separation Evaluation*, 39 *J. Econ. Behav. & Org.* 41 (1999).
4. Jeffrey R. Kling et al., *Comparison Friction: Experimental Evidence from Medicare Drug Plans*, 127 Q. J. Econ. 199 (2012). 简而言之，该文献作者将比较摩擦描述为"比较信息的可用性和消费者对它的使用之间的楔子"。他们发现这个楔子比人们想象的要大得多，因为即使信息唾手可得，人们也不会使用它。比较摩擦和逆转偏好之间有明显的相关性，而我在这里关注的正是这种相关性；在现实市场和政治中，由于比较摩擦的存在，人们无法在单独的评估中获得他们本可以轻易获得的信息。
5. Shane Frederick et al., *Opportunity Cost Neglect*, 36 *J. Consumer Res.* 553 (2009).
6. Ted O'Donoghue & Matthew Rabin, *Doing It Now or Later*, 89 Am. *Econ. Rev.* 103 (1999).
7. Hsee, supra note 2, at 253.
8. Id.
9. John A. List, *Preferences Reversals of a Different Kind: The "More Is Less" Phenomenon*, 92 Am. *Econ. Rev*. 1636 (2002).
10. Id. at 1641.
11. George Loewenstein, *Exotic Preferences: Behavioral Economics and Human Motivation* 261 (2007).
12. 在没有收集数据的情况下，我将在几个方面提供一些关于可以想象的群体会做些什么的推测。我的希望是，这些推测将足够可信，是一种逻辑上的必要性(假设)，甚至是不言而喻的，这样数据的缺失就不再是问题。但我要强调的是，一些推测只是推测，有支撑数据的话会更好。
13. Cheng et al., supra note 1.

14. Christopher Hsee et al., *Magnitude, Time, and Risk Differ Similarly between Joint and Single Evaluations*, 40 *J. Consumer Res.* 172 (2013).
15. Max H. Bazerman et al., *Explaining How Preferences Change across Joint versus Separate Evaluation*, 39 *J. Econ. Behav. & Org.* 41 (1999).
16. Mark Kelman, Yuval Rottenstreich, & Amos Tversky, *Context- Dependence in Legal Decision-Making*, 25 *J. Legal Stud.* 287 (1996).
17. Christopher Hsee & Jiao Zhang, *Distinction Bias: Misprediction and Mischoice Due to Joint Evaluation*, 86 *J. Personality and Social Psych.* 680 (2004).
18. Daniel Kahneman & Richard Thaler, *Utility Maximization and Experienced Utility*, 20 J. Econ. Persp. 221 (2006); Daniel Kahneman et al., *Back to Bentham? Explorations of Experienced Utility*, 112 *Q. J. Econ.* 376 (1997).
19. Timothy Wilson & Daniel Gilbert, *Affective Forecasting*, 35 *Advances Experimental Soc. Psychol.* 345 (2003).
20. Hsee & Zhang, supra note 17.
21. Max Bazerman et al., *Negotiating With Yourself and Losing: Making Decisions With Competing Internal Preferences*, 23 *Acad. Mgmt. Rev.* 225, 231 (1998).
22. Max Bazerman et al., *Joint Evaluation as a Real-World Tool for Managing Emotional Assessments of Morality*, 3 *Emotion Rev.* 290 (2011).
23. Max Bazerman et al., *Explaining How Preferences Changes across Joint versus Separate Evaluation*, 39 *J. Econ. Behav. & Org.* 41 (1999).
24. Id.
25. Xavier Gabaix & David Laibson, *Shrouded Attributes, Consumer Myopia, and Information Suppression in Competitive Markets*, 121 Q. *J. Econ.* 505 (2006).
26. 没错，基于个人错误。我喜欢旧的 11 英寸苹果超薄笔记本电脑，但我买了新的笔记本电脑，它的屏幕很棒，虽然键盘很糟糕。
27. Max Bazerman et al., *Explaining How Preferences Change across Joint versus Separate Evaluation*, 39 *J. Econ. Behav. & Org.* 41 (1999).
28. Hsee, supra note 2.
29. Iris Bohnet et al., *When Performance Trumps Gender Bias: Joint vs. Separate Evaluation*, 62 *Mgmt. Sci.* 1225 (2015).
30. Id.
31. State Farm Mutual Automobile Insurance Co. v. Campbell, 538 US 408 (2003); TXO Production Corp. v. Alliance Resources, 509 US 443 (1993).
32. Cass R. Sunstein, Daniel Kahneman, Ilana Ritov, & David Schkade, *Predictably Incoherent Judgments*, 54 *Stan. L. Rev.* 1153 (2002).

33. Id.
34. Id.
35. Daniel Kahneman et al., *Shared Outrage and Erratic Awards: The Psychology of Punitive Damages*, 16 *J. Risk & Uncertainty* 49 (1998).
36. Daniel Kahneman & Cass R. Sunstein, *Cognitive Psychology of Moral Intuitions*, *in Neurobiology of Human Values: Research and Perspectives in Neurosciences* 91 (Jean-Pierre Changeux et al. eds. 2005).
37. Kahneman et al., supra note 35.
38. David Schkade et al., *Do People Want Optimal Deterrence?*, 29 *J. Legal Stud.* 237 (2000).
39. Netta Barak-Corren et al., *If You're Going to Do Wrong, At Least Do It Right: Considering Two Moral Dilemmas At the Same Time Promotes Moral Consistency*, 64 *Mgmt. Sci.* 1528 (2017).
40. Cass R. Sunstein, *How Do We Know What's Moral?*, N.Y. Rev. Books (Apr. 24, 2014).
41. J. A. Hausman, *Contingent Valuation: A Critical Assessment* (2012); Handbook on Contingent Valuation (Anna Albertini & James Kahn eds. 2009).
42. e.g., Peter A. Diamond, *Contingent Valuation: Is Some Number Better Than No Number?*, 8 *J. Econ. Persp.* 45 (1994).
43. Daniel Kahneman, Ilana Ritov, & David Schkade, *Economic Preferences or Attitude Expressions? An Analysis of Dollar Responses to Public Issues*, 19 *J. Risk & Uncertainty* 220 (1999).
44. Id.
45. Id.
46. Janice Y. Jung & Barbara A. Mellers, *American Attitudes toward Nudges*, 11 *Judgment & Decision Making* 62 (2016).
47. id.; Cass R. Sunstein, *The Ethics of Influence* (2016).
48. Jung & Mellers, supra note 46.
49. Shai Davidai & Eldar Shafir, *Are Nudges Getting A Fair Shot? Joint Versus Separate Evaluations*, 3 Behav. Pub. Pol'y (forthcoming 2018).
50. Id.

第 12 章

1. Amartya Sen, Poverty and Famines (1981).
2. Amartya Sen, Development as Freedom (1999).

3. Transparency and Open Government, 74 Fed. Reg. 4685 (January 29, 2009).
4. Corey Zarek, *Agencies Continue to Deliver on Day-One Commitment to Open Government*, White House Blog (July 14, 2016).
5. Louis D. Brandeis, Other People's Money 92 (1914).
6. Archon Fung et al., Full Disclosure (2008).
7. Archon Fung and Dana O'Rourke, *Reinventing Environmental Regulation from the Grassroots Up: Explaining and Expanding the Success of the Toxics Release Inventory*, 25 Envtl. Mgmt. 115 (2000).
8. Partha Deb and Carmen Vargas, *Who Benefits from Calorie Labeling? An Analy- sis of Its Effects on Body Mass* (Nat'l Bureau of Econ. Research, Working Paper No. 21992, 2016).
9. Fung et al., supra note 6.
10. Senator Elizabeth Warren, Speech at Administrative Conference of the United States: Regulatory Capture Forum (March 3, 2016).
11. Samantha Power, "A Problem from Hell": America and the Age of Genocide (2002). By the way, I like this book a lot, and I have learned a great deal from its author.
12. Max Farrand, The Records of the Constitutional Convention of 1787, vol. 3, 367 (1911)
13. United States v. Nixon, 418 US 683 (1974).
14. 44 USC §§ 2201–2207 (2012).

第13章

1. *The Precautionary Principle in the 20th Century: Late Lessons from Early Warnings* (Poul Harremoes et al. eds. 2002); Arie Trouwborst, Evolution and Status of the Precautionary Principle in International Law (2002); *Interpreting the Precautionary Principle* (Tim O'Riordan & James Cameron eds., 2002); Precaution, Environmental Science and Preventive Public Policy (Joel Tickner ed., 2002); *Protecting Public Health and the Environment: Implementing the Precautionary Principle* (Carolyn Raffensberger & Joel Tickner eds. 1999).
2. Benny Joseph, *Environmental Studies* 254 (2005).
3. Final Declaration of the First European "Seas At Risk" Conference, Annex 1, Copenhagen, 1994.
4. Alan McHughen, *Pandora's Picnic Basket* (2000).
5. Ling Zhong, *Note, Nuclear Energy: China' s Approach toward Addressing Global Warming*, 12 Geo. Int'l Envtl. L. Rev. 493 (2000). 当然，我们有理由敦促各国减少对燃煤电厂或核电的依赖，转而使用环保首选的替代能源，如太阳能。Renewable Energy:

Power for a Sustainable Future (Godfrey Boyle ed., 1996); Allan Collinson, Renewable Energy (1991); Dan E. Arvizu, Advanced Energy Technology and Climate Change Policy Implications, 2 Fla. Coastal L. J. 435 (2001). 但这些替代方案可存在自身的问题，如可行性和费用问题。

6. Testimony of Vice Admiral Charles W. Moore, Deputy Chief of Naval Opera- tions for Readiness and Logistics, before the House Resources Committee, Subcom- mittee on Fisheries Conservation, Wildlife and Oceans, June 13, 2002.
7. Paul Rozin & Carol Nemeroff, *Sympathetic Magical Thinking: The Contagion and Similarity "Heuristics"*, in Heuristics and Biases: The Psychology of Intuitive Judgment (Thomas Gilovich, Dale Griffin, & Daniel Kahneman eds. 2002).
8. Id.
9. Paul Slovic, *The Perception of Risk* 291 (2000).
10. James P. Collman, *Naturally Dangerous* (2001).
11. Daniel B. Botkin, *Adjusting Law to Nature's Discordant Harmonies*, 7 Duke Envtl. L. & Pol'y F. 25, 27 (1996).
12. Id., 33.
13. Collman, supra note 10.
14. Id., 31.
15. Richard H. Thaler, *The Psychology of Choice and The Assumptions of Economics*, in Quasi-rational Economics 137, 143 (1991) (arguing that "losses loom larger than gains"); Daniel Kahneman, Jack L. Knetsch, & Richard H. Thaler, *Experimental Tests of the Endowment Effect and the Coase Theorem*, 98 J. Pol. Econ. 1325, 1328 (1990); Colin Camerer, *Individual Decision Making, in The Handbook of Experimental Economics* 587, 665–670 (John H. Kagel & Alvin E. Roth eds. 1995).
16. Slovic, supra note 9, at 140–143.
17. Amos Tversky & Daniel Kahneman, *Judgment under Uncertainty: Heuristics and Biases*, in id., 3, 11–14.
18. Id., 11.
19. Id.
20. Id.
21. Slovic, supra note 9, at 40.
22. Daniel Steel, Philosophy and the Precautionary Principle: Science, Evidence, and Environmental Policy (2014).
23. Frank H. Knight, Risk, Uncertainty, and Profit 19–20 (1921/1985)（将可测量的不确定性或风险的可能性与被称为不确定性的不可知的不确定性区分开来）; Paul Davidson,

Is Probability Theory Relevant for Uncertainty?A Post Keynesian Perspective, 5 J. Econ. Persp. 129, 129–131 (1991)（描述了真正的不确定性和风险之间的区别）；Cass R. Sunstein, Irreversible and Catastrophic, 91 Cornell L. Rev. 841, 848 (2006)(注意：风险来说，"概率可以被分配给各种结果"，而对于不确定性"没有这样的概率可供分配"）. Kenneth J. Arrow & Leonid Hurwicz, *An Optimality Criterion for Decision-Making under Ignorance*, in Uncertainty and Expectations in Economics: Essays in Honor of G.L.S. Shackle 1 (C. F. Carter & J. L. Ford eds., 1972). Jon Elster, Explaining Technical Change app. 1 at 185–207 (1983).

24. Nassim Nicholas Taleb et al., The Precautionary Principle (with Application to the Genetic Modification of Organisms) 10 (Extreme Risk Initiative—NYU Sch. of Eng'g Working Paper Series, 2014).
25. Cass R. Sunstein, *Worst-Case Scenarios* (2009); Cass R. Sunstein, *Irreparabil- ity as Irreversibility, 2018 Supreme Court Review* 93.
26. Aaron Wildavsky, *But Is It True*? (1995), 433.

第 14 章

1. Amos Tversky & Daniel Kahneman, *Judgment under Uncertainty: Heuristics and Biases,* 185 *Science* 1124 (1974).
2. Jonathan Baron, *Nonconsequentialist Decisions*, 17 *Behav & Brain Sci*. 1 (1994); Jonathan Baron, Judgment Misguided: Intuition and Error in Public Decision Making (1998); David Messick, *Equality as a Decision Heuristic*, in Psychological Perspectives on Justice (B. *Mollers & J. Baron eds*. 1993).
3. Jonathan Baron, *Nonconsequentialist Decisions*, 17 *Behav. & Brain Sci*. 1 (1994).
4. John Rawls, *A Theory of Justice* (1971); Norman Daniels, *Justice and Justification: Reflective Equilibrium in Theory and Practice* (1996).
5. Daniel Kahneman & Amos Tversky, *Choices, Values, and Frames*, 39 Am. Psychol. 341 (1984).
6. Daniel Kahneman & Shane Frederick, *Representativeness Revisited: Attribute Substitution in Intuitive Judgment*, in Heuristics and Biases: The Psychology of Intuitive Judgment 49, 63 (Thomas Gilovich, Dale Griffin, & Daniel Kahneman eds. 2002); Barbara Mellers, Ralph Hertwig, & Daniel Kahneman, *Do Frequency Representations Eliminate Conjunction Effects?*, 12 Psychol. Sci. 469 (2001).
7. Stephen J. Gould, Bully for Brontosaurus: Reflections in Natural History 469 (1991).
8. Kahneman & Frederick, supra note 6, at 49, 63.
9. D. G. Myers, Intuition: Its Powers and Perils (2002).

10. Paul Slovic et al., *The Affect Heuristic*, in Heuristics and Biases: The Psychology of Intuitive Judgment 49, 63 (Thomas Gilovich, Dale Griffin, & Daniel Kahneman eds. 2002).
11. Kahneman & Frederick, supra note 6, at 49, 63.
12. Joshua D. Greene & Jonathan Haidt, *How (and Where) Does Moral Judgment Work?*, 6 Trends in Cognitive Sci. 517 (2002); Jonathan Haidt & Matthew Hersh, *Sexual Morality: The Cultures and Emotions of Conservatives and Liberals*, 31 J. Applied Soc. Psychol. 191 (2002). Compare David A. Pizarro & Paul Bloom, *The Intelligence of the Moral Intuitions: Comment on Haidt*, 110 Psychol. Rev. 193 (2001).
13. Jonathan Haidt et al., *Moral Dumbfounding: When Intuition Finds No Reason, unpublished manuscript, University of Virginia* (2004).
14. Jeremy Bentham, *An Introduction to the Principles of Morals and Legislation* 12 (J. H. Burns & H. L. A. Hart eds. 1970).
15. John Stuart Mill, *Utilitarianism* 28–29 (1861/1971); Henry Sigdwick, *The Methods of Ethics* 199–216 (1874); R. M. Hare, *Moral Thinking: Its Levels, Method and Point* (1981); J. J. C. Smart, *An Outline of a System of Utilitarian Ethics*, in Utilitari- anism: For and Against (J. J. C. Smart & B. Williams eds. 1973).
16. Mill, supra note 15, at 29. 人们普遍认为，道德的主要任务是识别合理的一般理论，并在理论出错时纠正直觉。 B. Hooker, Ideal Code, Real World: A Rule-Consequentialist Theory of Morality (2000). 在这里，我们来看看这个具有煽动性的说法：每天保持道德和名义上的对公平的关心应该被视为针对现实问题的一组启发式，即如何促进效用。J. Baron, *Judgment Misguided: Intuition and Error in Public Decision Making* (1998). L. Kaplow & S. Shavell, *Fairness versus Welfare* (2002).
17. Amartya Sen, *Fertility and Coercion*, 63 U. Chi. L. Rev. 1035, 1038 (1996).
18. Frans de Waal, Good Natured: The Origins of Right and Wrong in Humans and Other Animals (1996); Elliot Sober & David Sloan Wilson, *Unto Others: The Evolution and Psychology of Unselfish Behavior* (1999); Leonard D. Katz, *Evolutionary Origins of Morality: Cross-Disciplinary Perspectives* (2000).
19. *Ethics and Evolution: The MIT Encyclopedia of the Cognitive Sciences* (R. A. Wilson & F. C. Weil eds. 2001).
20. Cass R. Sunstein, *Why Societies Need Dissent* (2003).
21. Brad Hooker, *Ideal Code, Real World: A Rule-Consequentialist Theory of Morality* (2000).
22. Gerd Gigerenzer et al., *Simple Heuristics that Make Us Smart* (1999).

23. Daniel Kahneman & Amos Tversky, *Choices, Values, and Frames*, 39 Am. Psychol. 341 (1984).
24. Amos Tversky & Daniel Kahneman, *Loss Aversion in Riskless Choice: A Reference-Dependent Model*, 106 Q. J. Econ. 1039 (1991).
25. Daniel Kahneman, Jack L. Knetsch, & Richard H. Thaler, *Fairness as a Con- straint on Profit-See king: Entitlements in the Market*, 76 Am. Econ. Rev. 728 (1986).
26. Craig R. McKenzie, *Framing Effects in Inference Tasks—and Why They Are Normatively Defensible*, 32 Memory & Cognition 874 (2004).
27. Note also that loss aversion is quite robust in the real world.Colin Camerer, *Prospect Theory in the Wild: Evidence from the Field*, in Choices, Values and Frames (Daniel Kahneman & Amos Tversky eds. 2000); Shlomo Benartzi & Richard H. Thaler, *Myopic Loss Aversion and the Equity Premium Puzzle*, in Choices, Values and Frames (Daniel Kahneman & Amos Tversky eds. 2000). 而且也没有证据表明它仅仅或主要是由说话者的线索造成的。还需要注意的是，当提示存在时，其性质取决于说话者对框架效应存在的理解，否则，线索就是无效的。
28. Shane Frederick, *Measuring Intergenerational Time Preference: Are Future Lives Valued Less?*, 26 *J. Risk & Uncertainty* 39 (2003).
29. Richard Revesz, *Environmental Regulation, Cost–Benefit Analysis, and the Discounting of Human Lives*, 99 Colum. L. Rev. 941 (1999); Edward R. Morrison, *Comment, Judicial Review of Discount Rates Used in Regulatory Cost–Benefit Analysis*, 64 U. Chi. L. Rev. 1333 (1998).
30. Maureen L. Cropper et al., Preferences for Life-Saving Programs: How the Public Discounts Time and Age, 8 *J. Risk & Uncertainty* 243 (1994).
31. Shane Frederick, *Measuring Intergenerational Time Preference: Are Future Lives Valued Less?*, 26 *J. Risk & Uncertainty* 39 (2003).
32. Jonathan Baron, *Can We Use Human Judgments to Determine the Discount Rate?*, 20 Risk Analysis 861 (2000). 这里也得到了相似的结论。这个框架也可能表明说话者的意图，且受试者可能对场景的确定性程度敏感（例如，假设未来的死亡实际不会发生）。但尚恩·弗雷德里克 (Shane Frederick) 强烈怀疑这些解释的完整性。Shane Frederick, *Measuring Intergenerational Time Preference: Are Future Lives Valued Less?*, 26 J. Risk & Uncertainty 39 (2003). 我并非拒绝接受这些结果，仅想说明直觉对框架的敏感性。Frances Kamm, *Moral Intuitions, Cognitive Psychology, and the Harming-versus-Not- Aiding Distinction*, 108 *Ethics* 463 (1998).
33. Cass R. Sunstein, *Lives, Life-Years, and Willingness to Pay*, 104 *Colum. L. Rev.* 205 (2004).

34. Kip W. Viscusi, *Corporate Risk Analysis: A Reckless Act?*, 52 *Stan. L. Rev.* 547, 547, 558 (2000).

35. Phillip E. Tetlock et al., *The Psychology of the Unthinkable: Taboo Trade- Offs, Forbidden Base Rates, and Heretical Counterfactuals,* 78 J. Personality & Soc. Psy- chol. 853 (2000).

36. Kip W. Viscusi, *Corporate Risk Analysis: A Reckless Act?*, 52 *Stan. L. Rev.* 547 (2000).

37. Phillip E. Tetlock et al., *The Psychology of the Unthinkable: Taboo Trade-Offs, Forbidden Base Rates, and Heretical Counterfactuals,* 78 *J. Personality & Soc. Psychol. 853–870 (2000).*

38. 非常感谢乔纳森·海特（Jonathan Haidt）提出该建议。

39. Frank Ackerman & Lisa Heinzerling, *Priceless: On Knowing the Price of Every- thing and the Value of Nothing* (2004).

40. Cass R. Sunstein, *Risk and Reason: Safety, Law, and the Environment* (2002).

41. Michael Sandel, *It's Immoral to Buy the Right to Pollute,* New York Times (December 15, 1997); Steven Kelman, *What Price Incentives? Economists and the Environment* (1981).

42. Jonathan J. Koehler & Andrew D. Gershoff, *Betrayal Aversion: When Agents of Protection Become Agents of Harm,* 90 Org. Behav. & Hum. *Decision Processes* 244 (2003).

43. Id.

44. Id. at 244.

45. Id.

46. Ilana Ritov & Jonathan Baron, *Reluctance to Vaccinate: Omission Bias and Ambigu- ity,* 3 *J. Behav. Decision Making* 263 (1990).

47. John Darley et al., *Incapacitation and Just Deserts as Motives for Punishment,* 24 L. & Hum. Behav. 659 (2000); Kevin M. Carlsmith et al., *Why Do We Punish? Deterrence and Just Deserts as Motives for Punishment,* 83 *J. of Personality & Soc. Psychol.* 284 (2000).

48. Daniel Kahneman, David Schkade, & Cass R. Sunstein, *Shared Outrage and Erratic Awards: The Psychology of Punitive Damages,* 16 *J. of Risk & Uncertainty* 49 (1998); Cass R. Sunstein et al., *Punitive Damages: How Juries Decide* (2002).

49. Kahneman & Frederick, *Representativeness Revisited: Attribute Substitution in Intuitive Judgment,* in Heuristics and Biases: *The Psychology of Intuitive Judgment* 49, 63 (Thomas Gilovich, Dale Griffin, & Daniel Kahneman eds. 2002).

50. Ilana Ritov & Jonathan Baron, *Reluctance to Vaccinate: Omission Bias and Ambiguity,* 3 *J. Behav. Decision Making* 263 (1990).

51. Jonathan Baron, *Morality and Rational Choice* 108, 123 (1993).

52. Id.

53. Jonathan Baron & Ilana Ritov, *Intuitions about Penalties and Compensation in the Context of Tort Law,* 7 *J. Risk & Uncertainty* 17 (1993).

54. Mitchell A. Polinsky & Steven S. Shavell, *Punitive Damages: An Economic Analysis,* 111 *Harv. L. Rev.* 869 (1998).

55. Cass R. Sunstein, David Schkade, & Daniel Kahneman, *Do People Want Optimal Deterrence?,* 29 *J. Legal Stud.* 237, 248–249 (2000).

56. L. Kass, *The Wisdom of Repugnance,* in The Ethics of Human Cloning 17–19 (L. Kass & J. Q. Wilson eds. 1998).

57. Id.

58. P. Rozin, *Technological Stigma: Some Perspectives from the Study of Contagion,* in Risk, Media, and Stigma: Understanding Public Challenges to Modern Science and Technology 31, 38 (*J. Flynn, P. Slovic, & H. Kunreuther eds*. 2001).

59. Id.

60. Id.

61. A. McHughen, *Pandora's Picnic Basket* (2000).

62. E. Schlosser, *Fast Food Nation: The Dark Side of the All-American Meal* (2002).

63. J. Haidt & M. Hersh, *Sexual Morality: The Cultures and Emotions of Conservatives and Liberals,* 31 *J. Applied Soc. Psychol*. 191–221.

64. Haidt et al., supra note 13.

65. Washington v. Glucksberg 1997, 724–725.

66. J. Baron & I. Ritov, *Intuitions about Penalties and Compensation in the Context of Tort Law,* 7 J. Risk & Uncertainty 17–33.

67. B. Williams, *A Critique of Utilitarianism,* in Utilitarianism: For and Against (J. J. C. Smart & B. Williams eds. 1973).

68. J. J. Thomson, *The Trolley Problem,* in Rights, Restitution and Risk: Essays in Moral Theory 31 (J. J. Thomson & W. Parent eds. 1986).

69. F. Kamm, Morality, Mortality, Vol. 1: Death and Whom to Save from It 8 (1993); generally R. Sorenson, Thought Experiments (1992).

70. B. Hooker, Ideal Code, Real World: A Rule-Consequentialist Theory of Morality (2000); J. Raz, *The Relevance of Coherence,* in Ethics in the Public Domain 277–326 (J. Raz ed. 1994).

71. J. Rawls, *A Theory of Justice* (1971).

第 15 章

1. Frances Kamm, Intricate Ethics (2006); Bernard Williams, *A Critique of Utilitarian-ism,* in Utilitarianism: For and Against (J. C. Smart and Bernard Williams eds. 1973).
2. 德里克・帕菲特 (Derek Parfit) 的《什么是重要的》(*On What Matters*, vol. 1, 2013) 探讨了主流伦理理论之间的差异性，并表明了它们的趋同性。我始终以传统的方式反对结果论和义务论。
3. C. R. Sunstein, D. Schkade, & D. Kahneman, *Do People Want Optimal Deterrence?,* 29 J. Legal Stud. 237–253.
4. 然而请注意，相关的研究结果只涵盖了大脑区域中很小的一部分（义务论判断或由此处产生）。而且一些证据并不支持判断与自动处理显著相关的观点。Andrea Manfrinati et al., *Moral Dilemmas and Moral Prin- ciples: When Emotion and Cognition Unite,* 27 Cognition & Emotion 1276 (2013). 还要注意的是，学习和文化也很重要，我们没有太多跨文化的证据证明义务论、自动处理和文化三者之间是何关系。
5. Henry Sidgwick, The Methods of Ethics 425–426 (1981).
6. Joshua D. Greene, *Reply to Mikhail and Timmons, in Moral Psychology:* The Neuro-science of Morality: Emotion, Brain Disorders, and Development 3 (Walter-Sinnott-Armstrong ed. 2007).
7. Judith Jarvis Thomson, *The Trolley Problem,* in Rights, Restitution and Risk: Essays in Moral Theory (J. J. Thomson & W. Parent eds. 1986).
8. Joshua D. Greene, Brian R. Somerville, Leigh E. Nystrom, John M. Darley, & Jona-than D. Cohen, *An fMRI Investigation of Emotional Engagement in Moral Judgment,* 293 Science 2105, 2106 (2001). 针对格林等人著作中的方法论，人们已经提出了各种问题，尤其是推断因果关系的难度。Selim Berker, *The Normative Insignificance of Neuroscience,* 37 Phil. & Public Affairs 293, 305–313 (2009).
9. Joshua D. Greene, *The Cognitive Neuroscience of Moral Judgment,* in The Cognitive Neurosciences (M. S. Gazzaniga ed., 4th ed., 2009).
10. Fiery Cushman, Dylan Murray, Shauna Gordon-McKeon, Sophie Wharton, & Joshua D. Greene, *Judgment before Principle: Engagement of the Frontoparietal Control Network, 7 Soc. Cognitive & Affective Neuroscience* 888 (2011).
11. Id., 893.
12. Id., 894.
13. Id., 893.
14. Michael L. Koenigs, Liane Young, Ralph Adolphs, Daniel Tranel, Fiery Cush- man,

Marc Hauser, and Antonio Damasio, *Damage to the Prefrontal Cortex Increases Utilitarian Moral Judgments,* 446 *Nature* 908, 909 (2007).

15. Id., 909–910.

16. Joshua D. Greene, *Why Are VMPFC Patients More Utilitarian? A Dual-Process Theory of Moral Judgment Explains,* 11 Trends in Cognitive Sci. 322 (2007).

17. Mario Mendez, Eric Anderson, & Jill S. Shapira, *An Investigation of Moral Judgment in Frontotemporal Dementia,* 18 Cognitive & Behav. Neurology 193 (2005).

18. Id. 需要注意的是，功能磁共振成像研究本身只表明相关性，并不能区分因果关系。如果在我们做出决定 Y 的过程中，区域 X 是活跃的，那么并不一定是 X 产生了 Y 决定，也不一定是 Y 导致了 X 活跃，也有可能两者都是由其他因素引起的。例如，做出义务论判断的行为可能会引起情绪反应（由大脑杏仁核和 / 或前额叶皮层处理）。而病变研究则可能显示原因和结果。

19. Elinor Amit & Joshua D. Greene, *You See, The Ends Don't Justify the Means: Visual Imagery and Moral Judgment,* 23 *Psychol. Sci.* 861, 862 (2012).

20. Id., 866.

21. Joshua D. Greene, Sylvia A. Morelli, Kelly Lowenberg, Leigh E. Nystrom, and Jonathan D. Cohen, *Cognitive Load Selectively Interferes with Utilitarian Moral Judgment,* 107 *Cognition* 1144, 1151 (2008).

22. Andrea Manfrinati et al., *Moral Dilemmas and Moral Principles,* 27 Cognition & Emotion 1276 (2013) . 与结果论相比，义务论思维方式的形成需要更多时间，且认知过程和情感过程参与了两种思维方式的道德判断。

23. Joseph M Paxton, Leo Ungar, & Joshua D. Greene, *Reflection and Reasoning in Moral Judgment,* 36 *Cognitive Science* 163, 171–172 (2012).

24. Id., 166.

25. Joshua D. Greene, *The Secret Joke of Kant's Soul,* in 3 Moral Psychology: The Neu- roscience of Morality: Emotion, Brain Disorders, and Development 36 (W. Sinnott- Armstrong ed. 2007);

26. Joshua D. Greene, *From Neural "Is" to Moral "Ought" : What Are the Moral Implications of Neuroscientific Moral Psychology?,* 4 Nature Reviews Neuroscience 847–850, 847 (2003) R. Dean, *Does Neuroscience Undermine Deontological Theory?,* 3 Neuroethics 43–60 (2010). Joshua D. Greene, *Beyond Point-and-Shoot Morality: Why Cognitive (Neuro)Science Matters for Morality,* 124 *Ethics 695* (2014). 这篇概述特别有价值，我从中受益颇多。

27. N. Paharia, K. S. Kassamb, J. D. Greene, and M. H. Bazerman, *Dirty Work, Clean Hands: The Moral Psychology of Indirect Agency,* 109 Organizational Behav.

& Hum. Decision Processes 134–141, 140 (2009); S. Berker, *The Normative Insignificance of Neuroscience,* 37 *Phil. & Pub. Aff.* 293–329, 327–329 (2009).

28. Cass R. Sunstein, David Schkade, & Daniel Kahneman, *Do People Want Optimal Deterrence?,* 29 *J. Legal Stud.* 237, 248–249 (2000).

第 16 章

1. Shanto Iyengar, Guarav Sood, & Yphtach Lelkes, *Affect, Not Ideology: A Social Identity Perspective on Polarization,* 76 *Pub. Opinion Q.* 405 (2012).
2. Id.
3. Id.
4. Anthony Greenwald, Debbie E. McGhee, & Jordan L. K. Schwartz, *Measuring Individual Differences in Implicit Cognition: The Implicit Association Test,* 74 *J. Personality & Soc. Psychol.* 1464 (1998); N. Sriram & Anthony G. Greenwald, *The Brief Implicit Association Test,* 56 Experimental Psychol. 283 (2009). 自引入以来的 11 年里，内隐联想测验作为衡量关联强度的方法已经被用于几百项研究中。
5. Greenwald, McGhee, & Schwartz, supra note 4, at 1474; Scott A. Ottaway, Davis C. Hayden, & Mark A. Oakes, *Implicit Attitudes and Racism: Effects of Word Familiarity and Frequency on the Implicit Association Test,* 19 Soc. Cognition 97, 130 (2001); Shanto Iyengar & Sean J. Westwood, *Fear and Loathing across Party Lines: New Evidence on Group Polarization,* 59 Am. *J. Polit. Sci.* 690 (2015).
6. Iyengar & Westwood, *Fear and Loathing across Party Lines,* supra note 5, at 9.
7. Iyengar, Sood, & Lelkes, supra note 1, at 416 (showing a steady decrease in racial polarization from 1964 to 2008).
8. Id. at 415–418.
9. Id.
10. Id.
11. Paul Taylor et al., The Rise of Intermarriage, Pew Social & Demographic Trends 7 (February 16, 2012),.
12. Id. at 36.
13. Frank Newport, In U.S., 87% Approve of Black-White Marriage, vs. 4% in 1958, Gallup (July 25, 2013).
14. Iyengar & Westwood, supra note 5, at 14.
15. Id. at 15–16.
16. Id。
17. Id。

18. Geoffrey D. Munro, Terell P. Lasane, & Scott P. Leary, *Political Partisan Prejudice: Selective Distortion and Weighting of Evaluative Categories in College Admissions Applications,* 40 J. Applied Soc. Psych. 2434, 2440 (2010).
19. Id.
20. Iyengar & Westwood, supra note 5, at 20.
21. Yphtach Lelkes & Sean J. Westwood, *The Nature and Limits of Partisan Prejudice* (Working Paper, 2014).
22. Id. at 9.
23. Id. at 10.
24. Id. at 11.
25. Id. at 14.
26. Lilliana Mason, *"I Disrespectfully Agree" : The Differential Effects of Partisan Sorting on Social and Issue Polarization,* 59 Am. *J. Pol. Sci*. 128 (2015); Adrian Furnham, *Factors Relating to the Allocation of Medical Resources,* 11 *J. Soc. Behav. & Person- ality* 615, 620 (1996).
27. Iyengar et al., supra note 1, at 422–423; Mason, supra note 26, at 14.
28. Iyengar et al., supra note 1, at 425–427. Guarav Sood, Shanto Iyengar, & Kyle Dropp, Coming to Dislike Your Opponents: The Polarizing Impact of Political Campaigns (Working Paper, April 2013).
29. Yphtach Lelkes, Shanto Iyengar, & Gaurav Sood, *The Hostile Audience: Selective Exposure to Partisan Sources and Affective Polarization* (Working Paper, 2013).
30. Brendan Nyhan & Jason Reifler, *When Corrections Fail: The Persistence of Political Misperceptions, 32 Pol. Behav*. 312–313 (2010).
31. Id. at 314-315.
32. Id. at 320. An important set of qualifications of these findings can be found in Thomas Wood & Ethan Porter, *The Elusive Backfire Effect: Mass Attitudes' Steadfast Factual Adherence* (2018), *Political Behavior (forthcoming)*. 论文显示，在众多领域中，即使纠正行为挑战了已存在的政治信念，也不会造成“逆火效应”。他们的研究结果显示，我们需要知道“逆火纠正”现象的边界。坚信先前的信念一定会降低纠正行为的作用(甚至可能适得其反)；不信任消息来源也与之相关。
33. Brendan Nyhan, Jason Reifler, & Peter A. Ubel, *The Hazards of Correcting Myths about Health Care Reform,* 51 *Med. Care* 127, 127 (2013).
34. Id. at 129-130.
35. Id.
36. Id.
37. Nyhan & Reifler, supra note 30, at 321.

38. Id. at 321-322.

39. Geoffrey Cohen, *Party over Policy,* 85 J. Persp. Soc. Psychol. 808 (2003).

40. 同上 .

41. The Federalist No. 10 (James Madison).

42. Pub. L. 101-510, 104 Stat. 1485 (1990).

43. The Budget Control Act of 2011, Pub. L. 112-25, S. 365, 125 Stat. 240 (2011).

44. Id.

未来，属于终身学习者

我这辈子遇到的聪明人（来自各行各业的聪明人）没有不每天阅读的——没有，一个都没有。巴菲特读书之多，我读书之多，可能会让你感到吃惊。孩子们都笑话我。他们觉得我是一本长了两条腿的书。

——查理·芒格

互联网改变了信息连接的方式；指数型技术在迅速颠覆着现有的商业世界；人工智能已经开始抢占人类的工作岗位……

未来，到底需要什么样的人才？

改变命运唯一的策略是你要变成终身学习者。未来世界将不再需要单一的技能型人才，而是需要具备完善的知识结构、极强逻辑思考力和高感知力的复合型人才。优秀的人往往通过阅读建立足够强大的抽象思维能力，获得异于众人的思考和整合能力。未来，将属于终身学习者！而阅读必定和终身学习形影不离。

很多人读书，追求的是干货，寻求的是立刻行之有效的解决方案。其实这是一种留在舒适区的阅读方法。在这个充满不确定性的年代，答案不会简单地出现在书里，因为生活根本就没有标准确切的答案，你也不能期望过去的经验能解决未来的问题。

而真正的阅读，应该在书中与智者同行思考，借他们的视角看到世界的多元性，提出比答案更重要的好问题，在不确定的时代中领先起跑。

湛庐阅读 App：与最聪明的人共同进化

有人常常把成本支出的焦点放在书价上，把读完一本书当作阅读的终结。其实不然。

时间是读者付出的最大阅读成本

怎么读是读者面临的最大阅读障碍

“读书破万卷”不仅仅在“万”，更重要的是在“破”！

现在，我们构建了全新的“湛庐阅读”App。它将成为你“破万卷”的新居所。在这里：

- 不用考虑读什么，你可以便捷找到纸书、电子书、有声书和各种声音产品；
- 你可以学会怎么读，你将发现集泛读、通读、精读于一体的阅读解决方案；
- 你会与作者、译者、专家、推荐人和阅读教练相遇，他们是优质思想的发源地；
- 你会与优秀的读者和终身学习者为伍，他们对阅读和学习有着持久的热情和源源不绝的内驱力。

从单一到复合，从知道到精通，从理解到创造，湛庐希望建立一个“与最聪明的人共同进化”的社区，成为人类先进思想交汇的聚集地，与你共同迎接未来。

与此同时，我们希望能够重新定义你的学习场景，让你随时随地收获有内容、有价值的思想，通过阅读实现终身学习。这是我们的使命和价值。

图书在版编目（CIP）数据

助推2.0 / (美) 卡斯・R. 桑斯坦著；俸绪娴，孙梁，李井奎译. -- 成都：四川人民出版社，2022.1
ISBN 978-7-220-12625-3

Ⅰ. ①助… Ⅱ. ①卡… ②俸… ③孙… ④李… Ⅲ. ①行为经济学—研究 Ⅳ. ①F069.9

中国版本图书馆CIP数据核字（2021）第266146号
著作权合同登记号
图字：21-2021-526

上架指导：行为科学 / 经济管理

ZHUTUI 2.0

助推2.0

［美］卡斯・R. 桑斯坦 著
俸绪娴 孙梁 李井奎 译

责任编辑：李真真
版式设计：湛庐CHEERS
封面设计：ablackcover.com

四川人民出版社
（成都市槐树街 2 号 610031）
石家庄继文印刷有限公司印刷 新华书店经销
字数 336 千字 710 毫米 ×965 毫米 1/16 印张 22.75 插页 0
2022 年 1 月第 1 版 2022 年 1 月第 1 次印刷
ISBN 978-7-220-12625-3
定价：129.90 元
